Reinkarnation-
Heilung ist dein Geburtsrecht

Helmut von Kritzinger

Phönix-Verlag
69080 Heidelberg

Dieses Buch ist kein Ersatz für eine medizinische oder psychotherapeutische Behandlung. Ziehen Sie bei gesundheitlichen Störungen Ihren Arzt oder Heilpraktiker zu Rate. Eine Haftung für etwaige Personen-, Sach- und Vermögensschäden ist ausgeschlossen. Die Leserin und der Leser handelt in diesem Rahmen eigenverantwortlich.

Der Autor bietet Kurse und Seminare zum Thema an. Die Adresse erfahren Sie im Anhang.

Originalausgabe

Umschlagmotiv: Birthe Svensson

ISBN 3-9807264-3-6

Für meine TeilnehmerInnen

Das Honorar für dieses Buch spende ich
für die Erhaltung des Regenwaldes in Brasilien, dem Amazonas-Fonds.

Inhalt

Vorwort

<Reinkarnation- Heilung ist dein Geburtsrecht> ist ein Buch, in dem verschiedene Wege und Formen vom Heil-Sein, dem menschlichen Grundrecht, aufgrund der ganzheitlichen Reinkarnationsarbeit, behandelt werden.

Es ist wohl das erste Mal, dass ein so fundamentaler Gedanke wie jener der Reinkarnation auch in wissenschaftlicher Hinsicht Beachtung findet. Selten ergreift uns ein ganzheitliches Modell so persönlich wie im vorliegenden Werk, da es auf vielen praktischen Erfahrungen mit Menschen aus unterschiedlichsten Bewusstseinsrichtungen beruht.

Im Mittelpunkt steht der Mensch mit all seinen Formen der Suche nach spiritueller Heilung und Bewusstseinserweiterung. Ich fordere den Leser auf, sich einen eigenen Maßstab eigener Werte hinsichtlich ganzheitlicher Heilung zu bilden.

Reinkarnationstherapie ist in unserer heutigen Zeit keine Abstraktion mehr, sondern eine Ergänzung zu bestehenden Ansätzen, den ganzen Menschen im Verbund Körper-Seele-Geist zu verstehen und zu erleben. Gregory Bateson sagte, dass nichts Bedeutung habe, außer es werde im Kontext verstanden. Er spricht vom Gesichtspunkt der Transferenz als einem allgemeinen Phänomen und universellem Charakteristikum aller Handlungen und Beziehungen zwischen den Menschen. Über die allgemeinen, vergleichbaren biologisch-organismischen Grundlagen hinaus ist jeder Mensch, ein besonderes, sozial und ganzheitlich geprägtes Individuum, dass eine einzigartige, lebensgeschichtliche Biographie vorweist.

Der Mensch ist weitaus mehr als sein Körper, er hat die uneingeschränkte Fähigkeit, sich mit der spirituellen Dimension zu verbinden, um so seine Selbstheilungskräfte zu aktivieren.

Das neue Buch zeigt ein zugegeben revolutionäres Modell ganzheitlicher Betrachtungsweise: Die vermeintlich *früheren* Leben lassen sich symbolisch exakt zu aktuellen, persönlichen Herausforderungen in der Jetztzeit zuordnen. Dadurch wird das Vakuum geschlossen, dass bisher in den meisten Heilungsansätzen vermisst

wurde: Alle Prozesse spielen sich im ewigen Jetzt, dem spirituellen Sein ab.
Das Verständnis hierfür liefern nicht nur jahrtausendalte Heilungstraditionen, sondern auch die moderne Quantenphysik.

Zeitreisen sind, vom aktuellen Forschungsstand Hawkings ausgehend, durchaus möglich. Die Quantenmechanik ersetzte die klassischen Gesetzmäßigkeiten, die auf der Unschärferelation beruhen. Die Quantengesetze sind großzügiger, da sie negative Energiedichte an einigen Stellen zulässt, solange sie durch positive Energiedichte an anderer Stelle ausgeglichen wird, sodass die Gesamtenergie insgesamt positiv bleibt.

Bei wichtigen, lebensverändernden Einschnitten im Leben, auch Krisen, erhält der Mensch eben gerade dadurch die Chance, heiler und gesünder zu werden, wenn er diese Möglichkeiten zur Verfügung gestellt bekommt, nämlich die Hilfe aus dem sog. Hyperraum, dem Zeitgedächtnis der Menschheit.

Der Leser bekommt ein wertvolles Gesundheits- und Krankheitsverständnis an die Hand, das ihn bewusst Verantwortung für sein Leben und seine Umwelt übernehmen lässt.

Helmut von Kritzinger
November 2000
Heidelberg

Reinkarnation-
Heilung ist dein Geburtsrecht

„Man sagt, dass es im Himmel Indras´ ein Netz von Perlen gibt, die so geordnet sind, dass man alle anderen in einer Einzigen von ihnen spiegeln kann."

Sanskrit

Einleitung

Die parallele Reinkarnationstherapie

Es ist an der Zeit, den Gedanken der Reinkarnation unter einem erweiterten Blickwinkel als ein ganzheitlich-holistisches System seelischer Entwicklung zu betrachten. Unabhängig von der Tradition oder dem Kulturkreis, aus welchem dieses Thema auch betrachtet werden mag, erscheint uns der therapeutische Aspekt für die spirituelle Seinsentwicklung des Menschen ebenso wichtig wie das dahinterstehende, neue transpersonale Weltbild.

In allen Kulturen und Religionen ist der Gedanke für ein substantielles Weiterleben der Seele des Menschen nach dem Tode bestens bekannt. Vielerorts ist die östliche Vorstellung der Reinkarnation eine Art Erlösungsvorstellung, die sich nicht wie im Christentum z.B. in *einer* jenseitigen Spanne der Verdammung oder ewigen Erlösung, je nach Verhalten im Diesseits abzeichnet, sondern die Möglichkeiten der Vollkommenheit oder Erlösung in vielen Erdenleben bietet.

Im Abendland zeugt die ägyptische und griechische Kultur noch von dem lebensnahen Bezug des Menschen zu den Verstorbenen, wie wir es von den Einbalsamierungen her kennen. Die Schriften des Herodot und des Pythagoras bezeugen noch die Riten solcher Transformationsprozesse.

Das Thema Reinkarnation ist heute kein Mythos mehr, sondern wird erfolgreich als eine ganzheitliche Heilmethode bei körperlichen und vor allen Dingen psychischen Problemen angewandt. Reinkarnationstherapie ist eine Heilmethode, die in den 60er Jahren u.a. von dem Arzt Dr. Morris Netherton aus Los Angeles entwickelt wurde.

Die allgemeine Formulierung „Ungelöste Probleme können genauso Magen- und Kopfschmerzen bereiten wie eine falsche Ernährung" deutet an, dass der Mensch zusehends konfrontiert wird mit der Trinität von Körper, Seele und Geist, wobei die Gefühlswelt des Menschen meist im Widerspruch zu seinem Verstand steht. Die Heilung von vielerlei psychosomatischen Störungen werden in der Reinkarnationsarbeit aufgegriffen und integriert.

Somit ist Reinkarnationstherapie einerseits ein Heilsweg, andererseits müssen wir jedoch die wichtigste Seite der Reinkarnationsarbeit betrachten, nämlich den Weg, den ganzen Menschen bei seiner Entwicklung hin zu einem autonomen, selbstverwirklichten Wesen zu betrachten. Diejenigen Probleme, die sich dem Menschen immer wieder stellen, sind gleichzeitig Reifeprüfungen und Lernaufgaben in diesem Sinne.

Unser Modell der neuen Reinkarnationstherapie entstand aus 17-jähriger Praxisarbeit mit Klienten und Seminarteilnehmern. Es unterscheidet sich im wesentlichen von den in Mode gekommenen „Past-Life-Therapien" ohne dabei eine Wertung vornehmen zu wollen dadurch, dass unserer holistischen Arbeit *nicht* das traditionelle **Kausalitätsdenken** zugrunde liegt. Unsere Forschungsarbeit ergibt das Erfahrungsmodell der Gleichzeitigkeit oder Parallelität verschiedener Leben bzw. dem Menschen verfügbaren Bewusstseinsebenen.

Damit entsteht grundsätzlich die Forderung, ein früheres Leben nicht als Projektionsfläche oder Alibi für Negationen aller Art im jetzigen Leben zu missbrauchen. Dies meint, das sich die Verantwortung für das heutige Leben des Einzelnen nicht in ein vergangenes Leben verschieben lässt!

Unter einem erweiterten Blickwinkel hinsichtlich der wissenschaftlichen Sicht von Kausalität sind folgende *7 Ergänzungen* zur herkömmlichen Reinkarnationsarbeit einzubringen:

1) Alle sog. Leben finden gleichzeitig statt. Die Quantenphysik bewies durch das Modell der Parallelwelten, dass viele Räume in einem sinnvollen Nebeneinander gleichzeitig existieren und dabei zeitunabhängig voneinander existent sind(Bellsches Theorem.)

2) Ein mechanistisches Weltbild, wie es noch im kartesianisch-newtonschen Sinne von der Psychologie vollständig übernommen wurde, lehrt ausschließlich die kausale Subjektivität einer Leidenserfahrung. Sie versucht in der Mehrzahl der Therapiefälle mit funktional-technischen Verfahren sinnloserweise Krisen und Probleme ausschließlich auf Faktoren der Vererbung, Gesellschaft und Umwelt zu verlagern und unterstützt so die Opferhaltung des Klienten und dessen Verfügbarkeit über beliebig viele Alibi.

3) Die Medizin ist von dieser eingeschränkten Sichtweise des Menschen nicht minder betroffen, diese propagiert offiziell die funktional-kausale Seite der physischen Betrachtungsweise des menschlichen Körpers. In dieser Medizin, mit Ausnahme der psychosomatischen Richtung, hat der Mensch weder Bewusstsein noch Seele, *da fälschlicherweise das obige Weltbild Energie, in welcher Form auch immer, ausschließlich an Materie gebunden sieht* und somit im übertragenen Sinn auf die seelische Funktion fast vollkommen verzichtet.

4) **Das seelische Potential des Menschen entspricht einem vollkommen eigenständiges Reservoir von autonomen Entwicklungsprozessen außerhalb der biologischen Entwicklungskette. Der Stand des kausalen Denkens entspricht dem Wissensstand der Zeit Keplers.**

Die Verdrängungstendenz beim Klienten, die sich aus dem Kausalitätsmodell ergibt, nämlich eigene Krisen in eine andere Zeitebene wie z.B. frühere Leben zu verlagern, kommt dem antiken Gedanken einer unbestimmten Heilsvorstellung gleich, dass ein spezifisches Wunsch- und Auserwähltheitsdenken ***eher Abstand***

als Übernahme eigener Verantwortung im jetzigen Leben erzeugt.

Nicht selten steht die Charakteristik eines früheren Lebens vollkommen diametral dem des jetzigen Lebens gegenüber. Ein kausales Modell unterstützt das Opfer-Denken in negativem Maße.

Ein Klient kann nur Heilung auf der Körper-Geist-Seelenebene erfahren, wenn er auf sein Opferbewusstsein vollkommen verzichtet und stattdessen Verantwortung für all sein Denken, Fühlen und Handeln übernimmt und somit zum aktiven Mitgestalter seines jetzigen Lebens wird. Dies wird ihm im Laufe der Zeit erst vollumfänglich möglich sein, wenn er das Wechselspiel der Täter-Opferrollen in Übereinstimmung mit seiner aktuellen Lebenssituation durchschaut und integrativ anwendet.

Das Wechselspiel dieser Identifikationen ist in großem Maße dafür verantwortlich, inwieweit der Klient die Zusammenhänge von Inhalten sog.*früherer* Leben mit dem Jetzt zum Ausgleich bringt.

5) Ein Opfer ist immer gleichzeitig auch Täter, sonst unterläge alles dem sog. Zufall. C.G. Jung nennt dies Koinzidenz*[1], ein sinnverwandtes Zusammentreffen von Ursache und Wirkung zu einem optimalen Zeitpunkt, zu dem der/die Betreffende auch fähig zur Umsetzung einer bestimmten Lernerfahrung ist. Ein Schicksalsmechanismus steuert über das Gesetz der Affinität synchron die qualitative Erfahrungsbreite, ***dessen Ziel es ist, aus subjektiv-quantitativen Erlebnissen objektive Erfahrungen werden zu lassen.***

Klassisch ausgedrückt, kann das Individuum aufgrund wiederholter Schicksalserfahrungen sein Bewusstsein erweitern, indem es den eigenen Lernpart erkennt und somit auf die Wiederholung

---

*[1] Koinzidenz: Sinnvolles Zusammentreffen zweier akausaler Zusammenhänge. Die übliche Kausalität, in der zwischen Ursache und Wirkung Zeit vergeht, entfällt. Ein klassisches Beispiel: Beim Tarotspiel wird aus 78 vorhandenen Möglichkeiten (Karten) eine spezifische Frage gestellt und im gleichen Moment eine Karte hierzu gezogen. Die Frage (Ursache) und die Antwort (Wirkung) fallen zeitlich zusammen. Die gezogene Karte hat immer eine verblüffend exakte Botschaft für den Fragenden, obwohl keine Kausalität besteht!

verzichten kann. Das Bewusstsein, ausschließlich von der Außenwelt manipuliert zu werden, wird somit immer geringer, gleichzeitig entfallen auch Projektionsflächen zur Schicksalsverweigerung.

Aufgrund von Koinzidenz entdeckt der Klient ein sinnverwandtes Wirken seiner eigenen Projektion auf die Außenwelt sowie deren Rückwirkung zum richtigen Zeitpunkt! Dieser Begriff verbindet sich auch mit dem Jung´schen Begriff der Synchronizität.*2

Dimensionalität enthält Zeit und Raum. Die psychische Struktur des Menschen ist zeitlos (Geist-Seele Prinzip.) Zeit ist ein Bewusstseinsphänomen, dass über den Polaritätsprozess in unserem Bewusstsein entsteht.

6) Es existiert keine schuldige Person für eine individuelle Problematik. Von daher sollte man von der allgemeinen *Sündenbocktheorie**3 absehen, da diese für die individuelle Problematik (z.B. dass von der Psychoanalyse geliebte Elternthema) völlig ablenkt und ausschließlich dem Kontext einer klassischen Projektion unterliegt. Weder Erbmasse, Umwelt oder Erziehung helfen als Projektionsfläche persönlicher Schattenintegration weiter, wenn der Eigenanteil spezifischer Lernaufgaben erkannt ist.

Sich einen Sündenbock oder stellvertretend einen anonymen Ersatz hierfür (die Gesellschaft, Umweltkrisen u.a.) zu suchen, ist eine per dato beliebte, aber schmerzhafte, Angelegenheit. *Durch die Existenz verschiedener, gleichzeitig ablaufender Synchronstrukturen**4 der persönlichen Biographie, hängt es lediglich von äußeren Protagonisten ab, d.h. von auslösenden Faktoren, in welchem Rahmen und in welcher Qualität eine negative, nicht verarbeitete Erfahrung

---

*2 Synchronizität: Zeitlich-übereinstimmendes Prinzip mehrerer zusammenhängender Strukturen im materiellen und/oder psychischen Bereich.

* 3 Sündenbocktheorie: Theorie, dass ein externes Schuldprinzip außerhalb des persönlichen Wirkungsbereichs liegen muss. Aus diesem Missverständnis heraus folgernd, kann der einzelne Mensch beliebig seine Verantwortung auf Erbmasse, Umwelt, Erziehung usw. übertragen, ohne dass er einen direkten Bezug zum Geschehen hätte. Menschen mit starken Abgrenzungsproblemen identifizieren sich häufiger mit einer Schuldprojektion einer zweiten oder dritten Person.

* 4 Durch die Existenz verschiedener, gleichzeitig ablaufender „Synchronstrukturen" vgl. auch Synchronizität.

der Vergangenheit wieder auftaucht. Fälschlicherweise werden die äußeren Begleitumstände mit den *Ursachen* einer Thematik verwechselt, dass Symptom als äußerer Auslöser erhält dadurch den Stellenwert der Ursache!

Durch das Gesetz der Affinität erzeugt jeder Mensch selbst beliebig oft eben die schicksalhaften Lebensumstände, die er gerade nicht integrieren möchte (Schattenprojektion.) Dies hat nicht im geringsten mit dem Gedanken der Reinkarnation zu tun.

7) Eine These ist, dass in Rückführungen nach dem *kausalen Modell beliebig viele Inkarnationen aufgerollt werden können*, jedoch letztendlich das „Urerlebnis" das erste Erlebnis dieser Art fehlt.

Im Beispiel der Psychosomatik haben wir ein ähnliches Problem. Die klassische Medizin arbeitet am Symptom und selten mit der dahinterstehenden seelischen Information einer Krankheit.
Jedes äußere Geschehen wurzelt im seelisch- geistigen Bereich. Der verdrängte seelischer Inhalt muss sich irgendwann auf der korporalen Ebene Ausdruck verschaffen, falls er auf der seelischen Ebene nicht verarbeitet wird. So können z.B. Magenschmerzen Ausdruck einer Identitätskrise sein und diese Problematik schlägt dem Klienten auf den Magen. Es ist jedoch unsinnig, nur dem Magen Aufmerksamkeit zu schenken, da dieser nur die äußere Ausdrucksform darstellt. Die Frage ist, in welcher Situation tritt dieser Schmerz auf, welches persönliche Lebensmuster steht dahinter?
Der Schmerz tritt immer analog zur wiederholten Problemsituation auf.

Im Fall der Psychosomatik ist es unmöglich, einen exakten zeitlichen Ursprung einer tatsächlichen Ursache zu bestimmen. Häufig genug wird daher der Auslöser mit der sog. Ursache verwechselt!

Zu den genannten Thesen wollen wir im weiteren Verlauf Beispiele aus der Reinkarnationspraxis einbringen.

Grundlagen

Historik

In dieser Abhandlung verzichte ich bewusst auf die gängigen Glaubensanschauungen hinsichtlich religiöser oder philosophischer Betrachtungsweisen. Der geneigte Leser kann heutzutage fast beliebig Quellenforschung in dieser Richtung betreiben. Für den therapeutischen Ansatz ist der Hintergrund des Reinkarnationsgedankens zwar interessant, jedoch nicht wichtig für das Gelingen einer Therapie.

Es interessiert primär die Tatsache, welche Erfahrungsbreite durch das meditative bzw. therapeutische Anwenden der Reinkarnationstherapie existiert, auf welches Angebot derzeit qualitativ zurückgegriffen werden kann.

Zunächst einmal ist die Reinkarnationstherapie eine Methode, die seit nunmehr 3 Jahrzehnten von vielen ganzheitlich-holistisch arbeitenden Therapeuten, Heilpraktikern und Ärzten angewandt wird. Hierbei wird weitestgehend auf die ursprüngliche Methodik der Regressionstechnik, der Hypnose und artverwandten Suggestionsverfahren, verzichtet.

Aufgeschlossene Reinkarnationstherapie wird heute zum Großteil durch bewusstseinserweiternde Verfahren wie Atemarbeit, Symboldrama oder meditativer Energiearbeit durchgeführt. Diese wird in vielen Fällen als erweiterte Form der Regressionstherapie angewandt.

Unbestritten sind ihre Erfolge, auch wenn manch einer, der seine früheren Inkarnationen „kennt" diese nur auf einer anderen Lebensebene weiter passiv funktionieren lässt. Gemeint ist hiermit, dass zwar bestimmte Kontrollmechanismen der Eltern bzw. der Umwelt durchschaut werden, jedoch individuelle Probleme meist auf Jahre bis zur nächsten „Sitzung „ verschoben werden.

Der Grund hierfür ist der Irrtum, es gäbe subjektive *Ursachen* für persönliche Probleme.

Ursprung und Entwicklung regressiver Verfahren

Ursprünglich stellte Sigmund Freud sein Modell der Psychoanalyse in 5 Vorlesungen u.a. an der Clark-University im Jahre 1909 in Worcester/Massachusetts mit der These vor, dass Krankheiten und Probleme des Menschen seelischer Natur sind und somit sämtliche Verdrängungen und traumatische Erfahrungen in der Vergangenheit ihren Ursprung in der Kindheit haben. So wurde zu dieser Zeit ein Grundstein der Psychotherapie (Seelenheilkunde) gelegt.

In den zwanziger Jahren entdeckte ein Schüler von ihm, Georg Groddeck, die Grundlage der Psychosomatik, welche aus diesem Gedanken heraus entstand.

Dieser in sich wertvolle Ansatz wurde im Laufe erweitert, so dass die sog. traumatische Zeit, bei Freud noch die frühe Kindheit, schon durch seinen Schüler Otto Rank, etwa auch um 1920 auf das Geburtstrauma vorverlegt wurde.

Hier vermutete man nun die Ursache aller Ursachen und kam zu beachtlichen Erfolgen. Erst Ende der 60er Jahre gelang der Durchbruch durch Dr.Netherton, welcher durch eine völlig unspektakuläre Methodik erstens die Reinkarnationstherapie weltweit bekannt machte und zweitens, eine hohe Heilungsquote bei medizinisch aussichtslosen Fällen erzielte.

Bis diese Therapieform jedoch im deutschsprachigen Raum Fuß fasste, wurde dem klassischen Regressionsverfahren in den 70er Jahren aus nichtanalytischer Richtung eine Wende durch Leonard Or gegeben.

Das von ihm unter abenteuerlichen Umständen entwickelte *Rebirthing*, das durch hyperventiliertes Atmen auch die Pränatalphase berücksichtigte, war es möglich, bei vollem Wachbewusstsein früheste Erlebnisse vor und während der Geburt zu reaktivieren.

Man erkannte, dass auch der Fötus offen ist für Konditionierungen aller Art.

Ein Schwerpunkt kristallisierte sich jedoch in dieser Zeit heraus:

Die Verfahren der Regressionen berücksichtigten Anfang der 80er Jahre primär das bewusste Erleben, bezogen also die emotionelle und intellektuelle Komponente beim Klienten mit ein, beteiligten diesen aktiv am Geschehen. Andererseits lösten sich die Ansätze vom rein technisch-funktionellen Rahmen, dem „Machen." Ganz der Forderung und dem Trend entsprechend nach *persönlicher Entwicklung* des Klienten gehörte von nun an eine bestimmte Ideologie als Rahmen oder Hintergrund dazu. Entweder entschied man sich als Kassenpatient gezwungenermaßen für Psychoanalyse oder man berücksichtigte bei ausreichendem finanziellen Spielraum ein esoterisches Institut oder eine Praxis mit östlich-orientierter Philosophie.

Positiv an dieser Entwicklung war die Forderung an sich selbst, mitzugestalten und nicht nur passiv dem Therapeuten die „Arbeit" zu überlassen.

Fakt ist, dass die natürlichen Wesensglieder des Menschen Berücksichtigung finden müssen. Das Ziel einer Behandlung oder jeder anderen therapeutischen Bemühung muss vom Arbeitsansatz die Ganzheit der Körper-Seele-Geist-Trinität als Grundlage bedienen können.

Eine Methode ist ein Instrument, um verdrängte Bewusstseinsinhalte transparent zu machen, **eine Methode ist jedoch *nicht* die Therapie selbst,** geschweige denn kann diese eine Heilung in irgendeiner Form verursachen. Somit ist ein erweitertes Verständnis über die Natur der Seele vonnöten.

Da es sich bei einer Methode jedoch um ein funktionales Instrument handelt, darf nicht vergessen werden, dass eine Methode als solche nie endgültig das Ziel, die Ganzwerdung des Menschen garantieren kann. Ein Wegweiser führt zum Ziel, der Wegweiser selbst ist jedoch nicht das Ziel.

In diesem Zusammenhang erscheint der Ansatz wichtig, dass dahinterstehende Verständnis der Seele als ebenbürtig mit einzubeziehen, da der Mensch in seinem ursprünglichen Sein als Mitschöpfer der Evolution betrachtet werden muss.

Das Modell der Reinkarnationspraxis

Kausalitätsmodell

Fast allen Reinkarnationstherapien liegt das *Kausalitätsmodell* zugrunde, d.h. für jedes Problem existiert eine sog. Ursache in der Vergangenheit oder einem früheren Leben.

Dies hat jedoch den Nachteil, dass für diese Arbeitsweise- bzw. Sicht ungeklärt bleibt, welche Rolle die Seele, der *unsterbliche* Teil des Menschen bei der Integration der auftauchenden Therapieinhalte spielt.

Die Seele ist derjenige Teil der menschlichen Trinität, welche eine Verbindung zum archetypischen Bewusstsein der Schöpfung pflegt. Aufgrund der Archetypenlehre Jungs ist es möglich, eine Beziehung der Seele zur Evolution bzw. der Schöpfung herzustellen.

Diese hat im Gegensatz zur Freudschen Lehre keine Berührungsängste mit der kosmischen Dimension des Bewusstseins, der Möglichkeit des Menschen, *an einer evolutionären Koordinierung der Bewusstseinsentwicklung bzw. einer ganzheitlichen Ausrichtung objektiver Lebensgestaltung anhand deren Integration zu partizipieren.*

Der Mensch ist eingebunden in seelische und kosmische Gesetzmäßigkeiten, die seinem Leben einen tieferen Sinn innerhalb seiner individuellen Entwicklung ermöglichen.

Der klassische Fall:

Als Beispiel mag ein Klient in diesem Leben Angst vor Wasser haben. In einer Rückführung (einem „früheren Leben“) erlebt dieser einen tragischen Schiffsuntergang und stirbt. Dieses Erlebnis wird nun mehrere Male reaktiviert und wiedererlebt, d.h. er hat sowohl eine emotionelle als auch körperliche Beteiligung an diesem Vorgang. Dies ist ein Unterschied zum Wiedererinnern, da der Klient voll im Geschehen involviert ist.

Er hat ähnliche Würgeerlebnisse und reagiert in einer oder mehreren Sitzungen dieses angstbesetzte Thema ab. Nach einiger Zeit kann er sich frei in dieses Erlebnis hineinbegeben ohne weitere, negative Reaktionen zu zeigen. Soweit, so gut. Der Klient geht nach Hause und wird feststellen, dass sein Umgang mit dem Thema Wasser normal geworden ist, es treten vorerst keine Ängste oder Phobien in diesem Zusammenhang mehr auf.

Im Beispiel führt der Therapeut den Klienten solange an der Zeitschiene zurück, bis ein konkret negatives Erlebnis mit dem Thema Wasser auftaucht. Sind beide an einem solchen Punkt angekommen, wird dieses entsprechend entladen, d.h. durch das oben beschriebene Wiedererleben. Der kausale Zusammenhang ist geklärt, die Angst wird auf ein früheres Leben verschoben, man denkt, damit sei die verursachende Seite aufgeklärt.

Das kausale Weltbild ist ein mechanistisches, d.h. ein äußerer, formaler Aspekt wird als Ursache eines Problems oder einer Krankheit angesehen (Schiffsuntergang.)

Kausalität?

Das Problem aller Kausaltherapien ist der Mangel, dass kein individuell-persönlicher Zusammenhang vergangener Erlebnisse zur jetzigen, aktuellen Lebenssituation geknüpft wird.

Dies meint, dass einschneidende Erfahrungen aus Vergangenheit und Gegenwart bei fehlender Bewusstmachung potentielle Energiemuster in der Biographie des Klienten darstellen, die durch ihre Eigendynamik ein eigenes Programm verursachen!

Ein scheinbar aus der Vergangenheit stammendes Problem und dessen Ursache taucht heute nur unter einer anderen Maskierung auf und ist daher *nicht* von der Vergangenheit zu trennen!

Inhaltlich müssen wir bedenken, dass die Erscheinungsformen eines Problems zeit – und raumunabhängig einen inhaltlich roten Faden aufweisen.

Wir alle wissen, das jede Form nur Gestalt annehmen kann, wenn ein Inhalt, ein Ursprung in geistiger Form vorher existierte (Erhaltungssätze der Physik.)

Die Falle einseitig wissenschaftlich-therapeutischen Denkens

Das kausale Prinzip von Zeit und Raum erübrigt sich durch die Erkenntnisse moderner Quantenphysik, die beweisen, dass eine räumliche Vorstellung vom Anfang und Ende der Erde bzw. des Kosmos in Wirklichkeit nicht existent ist.

So mag dieser Gedanke für all Jene nicht besonders anheimelnd klingen, die nicht gemerkt haben, dass alle Kausaltherapien auf dem gleichen wissenschaftlichen Irrtum beruhen. Hierbei macht es keinen Unterschied, ob es sich um ein klassisch-psychologisches Verfahren oder eine esoterische Therapie handelt.

In den Arbeiten der modernen Physiker wie Einstein, Bell, Heißenberg oder Niels Bohr wird Materie nur als scheinbar existente Erscheinungsform von Energie und Masse definiert. Die üblichen Raum-Zeit-Modelle verlieren hierdurch Ihre bisherige Relevanz. Licht bewegt sich bekanntermaßen als Welle und Teilchen durch den Raum, die Form der jeweiligen Bewegung ist abhängig vom Standpunkt des Betrachters.

Dadurch definiert sich Licht als ein rasch wechselndes, elekromagnetisches Feld. Nach der Relativitätstheorie ist der Raum nicht dreidimensional und die Zeit nicht linear!

Beide sind in Wirklichkeit eng miteinander verknüpft! Materie ist nicht fest als statische Größe gebunden und löst somit die veraltete Vorstellung ab, dass sich Teilchen von Materie ausschließlich in begrenztem Raum bewegen könnten (siehe auch bei Nils Bohr: „Atomphysik und menschliche Erkenntnis“)

Die heutige Physik bestätigt, dass ein Metallblock zu über 90 Prozent aus Zwischenräumen besteht, um welche sich die atomaren Teilchen bewegen.

Alle Universen existieren in einer ständigen Wechselbeziehung zueinander und können unmöglich voneinander getrennt sein.
Diese These bewahrheitet sich im einfachen Gedankengang, dass weder in diesem noch einem anderen Universum ein konkreter Anfang oder ein räumliches Ende tatsächlich existiert!
Konkret kann die Wirklichkeit aufgrund der Formulierung von Einstein verstanden werden: „Raum und Zeit sind verschiedene Aspekte desselben Etwas. Es gibt keinen universellen Zeitfluss. Die klassische Vorstellung von Raum als der Bühne für materielle Ereignisse wird aufgegeben. Der Raum selbst ist gekrümmt. Die Struktur von Raum und Zeit ist eine geometrische Eigenschaft der Krümmung. Es ist das Nichts, dass gekrümmt ist"

Das Atommodell ist der Beweis

Basierend auf dem Quantenmodell versteht es sich von selbst, dass die klassische Psychologie die Existenz eines unsterblichen Seelenkerns im Menschen leugnet, da diese wie die übrige Wissenschaft glaubt, dass ohne biologische Funktionen auch keine Seelenfunktion beim Menschen möglich sei.

So gesehen, sind für rein wissenschaftlich orientierte Menschen Gefühle und Gedanken, aber auch tiefe seelische Empfindungsqualitäten wie Liebe, Harmonie oder dem Einssein mit der Schöpfung abhängig von physikalischen Funktionen wie z.B. dem Atem oder dem Pulsschlag.
Glücklicherweise zeigen die Arbeiten aus dem Forschungsbereich der Thantalogie, wie Sie von Frau Dr. Kübler-Ross oder Dr. Raymond Moody publiziert wurden, dass Gegenteil auf, indem diese mit über 20.000 klinisch reanimierten Personen Nahtoderfahrungen auswerteten.

Die Erfahrung zeigt, dass sich ein Klient, der ausschließlich als Opfer, also innerlich unbeteiligt an seiner äußeren Erleidensform isoliert an einem Lernthema arbeitet, das Problem auf die nächste Bewusstseinsebene verschieben muss. Um unser Beispiel weiter zu führen, wurde durch Wiedererleben die Angst vor Wasser (Ertrinken in einem früheren Leben) kurzfristig gelöst, dafür taucht später ein Problem mit seiner Kommunikation in Mann-Frau-Beziehungen auf. Das einseitig bearbeitete Thema zeigt sich nun auf der Stufe, seinem symbolischen „Wasserelement“ seinem Gefühlsleben. Hier beginnt der einschneidende Punkt: Der kausale Verdrängungsmechanismus verschiebt das Problem von einem Auslöser zum nächsten Auslöser!

Da der individuelle Bezug zum Jetzt in Bezug des seinerzeitigen „Schiffsunterganges“ des Klienten fehlt, muss sich seine Seele andere, jedoch adäquate Wirkungsebenen suchen.

Die Angst vor dem Wasser war lediglich Auslöser, *also Formaspekt und nicht Inhalt!*

Das Kausalitätsdenken hat folgendes Problem: Bei der Suche nach Ursachen landet man immer weiter zurück im Dunkel der Geschichte, bis irgendwann der biblische Sündenfall von Adam und Eva zutage tritt. Die Frage lautet ja immer, was war davor und wiederum davor usw. Den tatsächlichen Ursprung kennt niemand!

Wo liegt das Urerlebnis?

Eine These ist, dass in Rückführungen nach dem *kausalen Modell beliebig viele Inkarnationen aufgerollt werden können*, jedoch letztendlich das „Urerlebnis“ das erste Erlebnis dieser Art fehlt.

Zum Beispiel haben wir in einer evtl. psychosomatischen Betrachtung ein ähnliches Problem. Die klassische Medizin arbeitet am Symptom und selten mit der dahinterstehenden seelischen Information einer Krankheit.

Jedes äußere Geschehen wurzelt im seelisch-geistigen Bereich. Ein verdrängter seelischer Inhalt muss sich auf der korporalen Ebene Ausdruck verschaffen, falls er auf der seelischen Ebene nicht verarbeitet wird. So können Magenschmerzen Ausdruck einer Identitätskrise sein und eben gerade diese Problematik schlägt dem Klienten auf den Magen. Es ist jedoch unsinnig, nur dem Magen Aufmerksamkeit zu schenken, da dieser nur die äußere Ausdrucksform darstellt. Die Frage ist, in welcher Situation tritt dieser Schmerz auf, welches persönliche Lebensmuster steht da-

hinter? *Der Schmerz tritt immer analog zur wiederholten Problemsituation auf.*
Dieser Vorgang ist absolut subjektiv und kann nicht pauschal auf jedes Magenproblem angewendet werden, da sich jeder Mensch mit seiner individuellen Problematik „sein" Problemorgan selbst aussucht. Es wäre unsinnig, pauschal Magensymptome nur einer spezifischen Problematik zuzuordnen.
Das Modell der Psychosomatik zeigt im übrigen jedem aufgeschlossenen Menschen, dass ein verdrängtes Problem imperfekt zeitlos wirken kann, indem sich dieses je nach äußerem, nach dem Prinzip der Ähnlichkeit wirkenden Auslösungsfaktoren, wiederholt. So ist z.B. die Chronologie einer Krankheit sehr eindeutig mit der Zeitlosigkeit einer persönlichen Leidensthematik verbunden. Raum und Zeit verlieren schon hier ihre traditionelle Gültigkeit.

Rückführung oder Reinkarnationstherapie?

In der herkömmlichen Reinkarnationstherapie geschieht das Gleiche: Die Verantwortung, d.h. das bewusste Verstehen und dessen Integration in den Alltag wird mit allen Rückführungen auf ein anderes Leben *verschoben.* Man hat somit eine neue Projektionsfläche als Opfer geschaffen und macht ein anderes Leben als Ursache für ein heutiges Problem verantwortlich. Das entspräche dem kausalen Konzept der Schulmedizin. In unserem psychosomatischen Beispiel wäre der Magen isoliert betrachtet die Ursache für das Problem und nicht der Mensch selbst. So kann man seine Verantwortung fast beliebig auf äußere Projektionsflächen übertragen, trägt damit aber keine Verantwortung für den eigenen Heilungsprozess.

Unsere Erfahrung zeigt, dass Heilung erst dann möglich wird, wenn abgelehnte Persönlichkeitsanteile bzw. Schattenseiten angenommen werden können und somit auf der seelischen Seite ausbalanciert sind.
Ein Symptom ist also eine Manifestation eines Schattenthemas. Es ist an dieser Stelle gleichgültig, ob der Klient sein verdrängtes Lebensmuster auf den Magen, auf Wasser, auf Erdstrahlen, auf die

Sterne oder seine Ehefrau projiziert, was geschieht, ist, dass er sich als Leidender anhand äußerer Umstände seiner Lebensverantwortung entzieht.
Da wir Opferbewusstsein nie vom Täterbewusstsein trennen können, tritt als erstes in der neuen Reinkarnationstherapie die Frage auf: Wo ist meine persönliche Identifikation mit meinem Problem, warum erlebe bzw. erleide ich passiv ein spezifisches Problem oder Schicksal? Auf welcher Ebene liegt die tatsächliche Ursache hierfür?
Die Aufgabe eines therapeutischen Verfahrens muss in erster Linie darin liegen, den rein mystischen oder teilweise spektakulären Aspekt früherer Leben aufzuheben und diese erlebbaren Bewusstseinsinhalte in das Hier und Jetzt zu transportieren. Eine ganzheitliche Heilung kann nur erfolgen, wenn sich der Mensch mit sich selbst aussöhnt, sich so annimmt, wie er im *adäquaten* Zeitmaß ist!

Aussöhnung mit den inneren Figuren

In der *parallelen Reinkarnationstherapie* wird der Klient zusätzlich an allen Täterinkarnationen entlang geführt, dem aktiven Verursacherprinzip also entgegengeführt. Diese effektive Form der Schattenaufarbeitung ist eine tatsächliche Erlebnisform, worin beide Teile, die bewussten den unbewussten, verdrängten Persönlichkeitsanteilen bei vollem Bewusstsein gegenübergestellt werden, also in einem nichthypnotischen Zustand. Der Klient lernt, Parallelen zu seinem aktuellen Zustand herzustellen, indem dieser sein Lebensmuster in immer wiederholter Form bis heute realisiert.

Sein Problem mit Wasser oder später seiner emotionalen Problematik erhält nun einen wirkungsvollen Zusammenhang. Er erkennt mit der Zeit die Sinnlosigkeit dieser *endlosen* Wiederholungskette.

Dies ist der wichtigste Punkt: Der Klient lernt sich von beiden Seiten her kennen, einerseits in der Opferrolle als Erleidender, andererseits als Täter, selbst würgend, manipulierend und Macht

ausübend. Erst wenn der Zusammenhang in einem Prinzip, nämlich dem der Ausübung von Macht in passiver oder aktiver Form, bewusst vereint wird, versteht er sein Leiden in der Jetztzeit als endlose Wiederholung eines immer gleichen Themas.
Ein Mensch, der die Schuldfrage immer auf äußere Themen oder seine Mitmenschen projiziert, verfällt immer tiefer in eine Lethargie und wird zudem immer abhängiger von Therapien und Therapeuten!
Das Wasser-Thema betrifft also seinen emotionalen Persönlichkeitsanteil, sein Gefühlsleben, und dieses spielt sich im Jetzt ab. Sie werden an späterer Stelle sehen, warum.
Der Schiffsuntergang ist lediglich eine Variation seines ungelösten Problems.

Was ist gut und böse?

Dieser Prozess drückt sich in der Koordination eines in der Vergangenheit wie in der Gegenwart existierenden immer gleichen Problems aus. Die zyklische Wiederholung dieses Themas sollte dem aufmerksamen Leser schon zu denken geben, *warum* sich nach dem Gesetz der Wiederkehr des Verdrängten unabhängig von Zeit und Raum, das inhaltlich gleiche Leidensthema wiederholt?

Heilung kann unter einer Voraussetzung stattfinden: Die abgelehnten Anteile werden ins Bewusstsein aufgenommen und integriert, es gibt kein Gut oder Böse mehr. Die Aufteilung in gute oder weniger gute Erfahrungen entfällt, da im nachhinein im Aufarbeitungsprozess die jeweilige Bewusstseinsreife integriert wird. Wir verstehen, dass wir im Laufe verschiedener Lebensabschnitte die Reife erhalten, bestimmte Muster als Wachstumsprozess zu begreifen, bis wir bestimmte Lebenserfahrungen nicht mehr benötigen.
Erst durch die üblichen Bewertungskriterien *gut* und *böse* entsteht die Abspaltung in bewusst (als angenehm eingestufte Erfahrungen) und unbewusst (unangenehm eingestufte Erlebnisse.)

Da verdrängte, und damit nicht-integrierte Bewusstseinsinhalte und Lebenserfahrungen zunehmend eine Eigendynamik entwickeln, sorgen alleine diese unterdrückten Energien aus dem Unbewussten heraus in immer kürzeren Wiederholungsabständen für eine akut-einseitige Rückkehr.

Die Eigendynamik der verdrängten, emotionellen Persönlichkeitsenergie sorgt über das Gesetz der Affinität für immer gleiche Konditionierungsmuster.

Karma ist ein Gesetz der Gnade, nicht der Determination, das ein Muster in immer wieder neuen Masken erscheinen lässt, bis die abgelehnten Anteile der Persönlichkeit akzeptiert werden. Das Karmagesetz entspricht den Erhaltungssätzen der Physik. Diese besagen, dass eine einmal existente Energie (Erfahrung oder Erlebnis) nie wirklich verschwinden kann, sondern sich lediglich auf eine andere Ebene transformieren kann. Sie verändert nur ihre Erscheinungsform (Metamorphose.)

Die Frage der Heilung oder Ganzheit ist jene: Wann schaffen wir es, jede Identifikation zu erkennen und damit bewusst loszulassen, um wieder in den ursprünglichen Zustand der Einheit, der Bewertungsfreiheit zurückzukehren?

Somit „lebt" ein verdrängtes Problem unabhängig von Zeit und Raum

..... lesen Sie bitte weiter auf Seite 32!

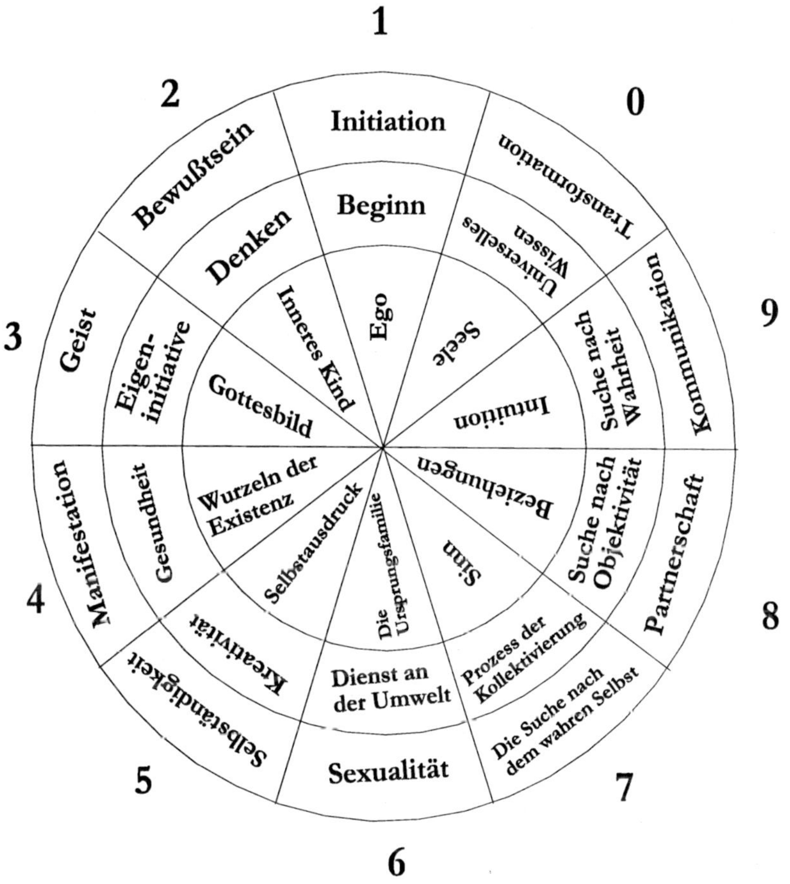

Grafik geschützt! *(**Fig.1**)*

Multidimensionales Bewusstsein

Modell der Gleichzeitigkeit von Persönlichkeitsanteilen

Textliche Begleitung zur Figur 1:

Die Parallele Reinkarnationstherapie ermöglicht den Zugang zur individuellen Archetypenstruktur.

In der Rückführung werden entlang der Zeitachse ähnlich einem Vergrößerungsglas sog." frühere Leben" als archetypische Grundmuster in subjektiven Variationen erlebt.

Ziel ist es, alle Potentiale durch Wiedererleben sinnvoll zu vernetzen. Eine Rückführung ist somit eine symbolische Projektion eines archetypischen Musters („Vergangenheit"), dass gerade jetzt im Alltag reif zur Integration geworden ist. Alle „früheren" Leben haben einen konkreten Bezug zu jetzigen Entwicklungsschritten, Problemen oder Krisen, da diese archetypisch eine Affinität zueinander bilden.

.... Fortsetzung von Seite 30:...in einer eigenständigen Struktur, man könnte es auch Parallelspur zum Schicksal bezeichnen! Das Problem des Klienten ist ein *zeitloses Problem.* Im Universum gibt es weder Anfang noch Ende. Das uralte Symbol des Ouroboros symbolisiert diesen Zusammenhang, indem sich die Schlange in den eigenen Schwanz beißt was bedeutet, dass jedes Ende gleichzeitig einen Neubeginn darstellt. *Der vielleicht heikle Punkt ist das konventionelle Zeit- und Raumverständnis, die Kausalität.*

Das wichtigste Symbol für Zeitlosigkeit ist Ouroboros. Es repräsentiert ein *zyklisches Zeitbewusstsein,* wobei die kreisende Schlange für das Unbewusste steht, in dem ungeschrieben die Gegensätze beieinander ruhen; - die Objektivität der Seele und die Subjektivität des menschlichen Bewusstseins.

Ouroboros ist das Prinzip eines geschlossenen Kreislaufs, der sich auf einen zeitlosen, unbegrenzten Raum in Ewigkeit ausdehnt. So ist in dieser uralten, alchemistischen Symbolik der Weg zu ganzheitlichem Bewusstsein vorgezeichnet, innerhalb einer Bewusstseinsdimension, die keine Kausalität kennt!

Die Aufhebung von Raum und Zeit-
Erklärung zur Auflösung subjektiver Zeitwahrnehmung

Zeit entspricht dem Alltagsbewusstsein des Menschen, dem rational-logischen Denken, dem linear-kausalen Weltbild. Somit wird eben nur ein Aspekt der Wahrnehmung in Anspruch genommen.

Bsp.: Stellen Sie sich eine CD- Scheibe mit 60 Minuten klassischer Musik vor. Die Gesamtheit von 15 Musikstücken ist gleichzeitig auf der CD enthalten. Das menschliche Bewusstsein benötigt jedoch „Zeit" also eine Abfolge von hintereinanderfolgenden Hörprozessen, um alle Musikstücke nach und nach kennen zu lernen. In Wirklichkeit ist jedoch der gesamte Inhalt gleichzeitig vorhanden.
Technisch könnte man in einer Sekunde den gesamten Inhalt hörbar machen, was wiederum zur Folge hätte, dass der Klang der Gleichzeitigkeit nicht nach der gewohnten Musik klingen würde.

Denken Sie an ein Buch mit verschiedenen Kapiteln. In dem Moment, in dem man das Buch in der Hand hält, sind Anfang und Ende gleichzeitig vorhanden. Wir bilden uns ein, in einem Prozess des „Nach- und Nach- Lesens" die Gesamtheit des Inhaltes zu erfassen. Irgendwann stellt sich jedoch der Inhalt gleichzeitig dar, nämlich im Moment, wo wir alle Inhalte in Ihrer Gesamtheit begriffen haben. Wir könnten diese Beispiele beliebig erweitern, z.B. ein Fernsehgerät kann gleichzeitig 50 und mehr Kanäle empfangen, alle Sender strahlen zur gleichen Zeit aus, wir können uns jedoch durch die Natur unseres Bewusstseins jeweils nur auf *ein* Programm konzentrieren. So betrachtet, behauptet natürlich jeder Mensch, seine spezifische Erfahrung sei einzig und allein richtig. Vom subjektiven Standpunkt her richtig, von der Objektivität her falsch, da ein bestimmter Ausschnitt der Realität nicht die *Ganzheit aller Erfahrungsebenen* darstellen kann.

Ein Mensch ist im bestimmten Maße in seinem Problem gefangen, bis er die Wiederholungsmatrix erkennt (Zeitlosigkeit eines Musters.) Dies zeigt sich meist erst in der Realität, wenn der Mensch leidet. Die Umkehr ist durch die Umpolung vom Opfer zum Täter möglich, da Schatten allmählich integriert wird.

Die Verständnisbrücke zur Zeitlosigkeit eines Problems oder Symptoms (siehe auch die chronischen Symptome einer Krankheit, die zeit- und raumunabhängig immer wiederkehren) liegt in der Natur des menschlichen Bewusstseins.

Die Subjektivität des Bewusstseins

Wir verstehen meist in einer Abfolge von Prozessen die Ganzheit einer Erfahrung. Damit ist Zeit erforderlich, was uns fälschlicherweise den Eindruck vermittelt, diese Erfahrung wäre tatsächlich kausal.

Könnten wir in einem multidimensionalen Bewusstsein verschiedene Parameter gleichzeitig wahrnehmen, so wüssten wir was Heilung oder Ganzheit bedeuten könnte: Ein wertungsfreies Erleben der Natur ohne Abstufungen in gut und böse. Der Mensch spaltet mit seinen subjektiven Bewertungen die Welt in zwei Teile (Mythos vom Sündenfall.)

Eine unbewältigte Vergangenheit prägt das Jetzt und die Zukunft des Menschen solange, bis er seine dahinterstehenden, zeitlosen Lebensmuster in sein jetziges Leben integriert. Bis zur Integration existiert das Problem tatsächlich zeitlos, auf einer oder sogar mehreren Lebensebenen.

Mathematisch ausgedrückt ist eine Linie in Wirklichkeit ein Kreis (tatsächliche Krümmung des Raumes).

In der parallelen Reinkarnationstherapie erweist sich diese Form als therapeutisch sinnvoll, da wir tatsächlich auf verschiedene Zeitebenen zurückgreifen können, die wie durch ein Vergrößerungsglas objektiv betrachtet werden.

Der Klient schaut sich Opfer- und später die analogen Täterinkarnationen an und erkennt sich in beiden wieder. Diese fügt er Teil für Teil seinem Jetztzustand an und verfügt über mehr Selbstheilungsenergie, da negative Bewusstseinsinhalte tatsächlich Lebensenergie binden bzw. Energie abziehen.

Die Gleichzeitigkeit der Lernthemen

Das heißt, alle verdrängten Bewusstseinsinhalte werden dem Leben im Hier und Jetzt angegliedert. Die unterschiedlichen Identifikationen werden als *eine* Identifikation erkannt. Ob der Klient in einem früheren Leben Mönch, Lehrer oder Mörder war, spielt keine Rolle. Entscheidend ist die Bewusstheit und die Identitätsklarheit des Bewusstseins.

Es ist so, als wählte die Seele verschiedene Rollen (Körperformen) um spezifische, aber eigenständige Erfahrungen zu machen. Der Klient erfährt in der Unterschiedlichkeit seiner Inkarnationen, dass die einmal ausgeübte Macht immer wieder auf ihn zurückkommt und er an einem bestimmten Punkt das geklärte Machtthema loslassen kann. Fortan zeigen sich keine Beschwerden mehr. Der Klient sieht sich in Bezug zum Element Wasser gegenüber nicht mehr als hilflos an. Auch seine Beziehungsqualität verbessert sich ungemein, da er die Ursache seines Problems in sich erkannt hat und nicht auf seine Partnerin projizieren muss. Von daher kann die Bewusstheit, an seinem Schatten auf diese Art und Weise zu arbeiten, eine völlig neue und damit befreiende Sichtweise des eigenen Lebens sein.

Es ist bekannt, dass wir immer nur Menschen in unser Leben einbeziehen, die für uns ein Spiegel der eigenen Seelenqualität sind (Affinitätsprinzip.)

Reinkarnationstherapie ermöglicht den Zugriff zu zeitlosen Dimensionen unserer Psyche, indem Sie den Schleier oder die Trennung zwischen den verschiedenen Existenzformen oder Leben auflöst (verursacht durch die subjektive Natur des Bewusstseins.)

Richtig verstanden, sind sog. frühere Leben nur symbolische Erscheinungsformen abgespaltener Persönlichkeitsanteile, welche sich allesamt nur in einem, nämlich diesem Leben abspielen. Es sind Märchen, an welche viele Klienten und Patienten glauben oder glauben müssen, dass Schuld nur in der Vergangenheit stattgefunden hat und wir heute nur eine ***Erinnerung,*** *aber* ***keine Verantwortung*** *mehr dafür haben.*

Solange wir Schuld- oder verdrängte Machtthemen auf Eltern, Erbmasse oder frühere Leben projizieren, werden wir unmöglich heil, da der richtige Zeitbezug zum inhaltlichen Geschehen fehlt. Hier setzt die parallele Reinkarnationstherapie an.

Viele Therapieformen unterliegen dem Trugschluss der Kausalität, da energetisch ungelöste Probleme immer als frei fluktuierende Energie existent ist.

Wer bin ich wirklich?

Die parallele Reinkarnationstherapie möchte uns über unseren Schatten hinausheben indem sie unsere einseitigen Identifikationen bewusst macht und auflösen hilft, die so gebundene Lebensenergie wird wieder frei verfügbar im Jetzt.

Stellen Sie sich einmal alle parallelen Ebenen unseres Wesens vor. Alle Identifikationen zusammen ergeben das Ganze, den kompletten Heilungszustand. Unheil entsteht durch die einseitige Identifikation mit nur *einem* Teil des Ganzen. So machen wir durch Reinkarnationstherapie nach und nach mit allen Teilen unseres Wesens Bekanntschaft und erweitern unser Bewusstsein durch sinnvolle Koordination abgespaltener Bewusstseinsspektren.

Dies ist ein möglicher Weg, der jedoch keinesfalls eine Monopolstellung als Weg zum vollkommenen Heil beansprucht. Es ist ein praktischer Ansatz, um der persönlichen Wahrheit des Einzelnen näher zu kommen bis zu einem Punkt, den wir Heil-Sein nennen können.

Wir könnten auch sagen, alle unsere bewussten und verborgenen Charakteranteile ähneln inneren Figuren, lebendige Charakterrollen, die miteinander in Harmonie gebracht werden wollen. Dies ist im „*Multidimensionales Bewusstsein*“ – *Fig. 1* ersichtlich.
Diese inneren Anteile teilen wir als negative Leid- oder positive Lebenserfahrung mit allen Menschen, da die menschliche Psyche archetypisch vollkommen gleich aufgebaut ist.

Es ist daher eher ein Märchen, dass manche Seelen angeblich älter sein wollen, meint reifer, und besonders problematische Schicksale scheinbar *jungen* Seelen zuteil wird. Seele ist ein Anteil am zeitlosen Urmuster der Archetypen, welche allesamt nichts mit Karma und Reinkarnation zu tun haben. Dieser unsterbliche Teil des Menschen, der individuelle Anteil an der Schöpfungsmatrix der Archetypen, steuert gleichzeitig auch das Gesetz der Evolution.

Viele Menschen auf dem spirituellen Weg verwechseln diesen Anteil mit einer bestimmten Form von Egomanie.

Protokoll einer parallelen Reinkarnationssitzung

Wie in der Einführung angedeutet, wird die klassische Reinkarnationstherapie meist als eine verlängerte Regressionsform angewendet. Sämtliche *Past-Life*-Verfahren, aber auch der Großteil *esoterischer* Methoden laufen nach dem gleichen Muster ab.

Durch eine Vielzahl eigener Sitzungen und Seminare über einen Zeitraum von 17 Jahren hinweg denke ich, einen praktischen Überblick zu besitzen.

Auch wenn bei der Aufarbeitung persönlicher Schattenthemen neue Bezüge und Aspekte zu Jetztproblemen geschaffen werden, sozusagen als zeitliche Verlängerungsschiene im Sinne eines Kunstgriffs dem Klienten ermöglicht wird, sich viele Rollen seines Seins zu betrachten. Es bleibt nicht aus, das der Glaube, eine *Ursache* für ein Problem käme aus der *Vergangenheit*, das eigentliche Problem selbst darstellt! Auch wenn bei diesem Gedanken dem einen oder anderen Therapeuten klar wird, dass er/sie und der Klient sich ständig im Kreis drehen muss, ist es notwendig, die Rahmenbedingungen moderner und klassischer Psychotherapie in ein neues Licht zu rücken.

So überraschend auch anfänglich die Erfolge sein mögen (wir hatten anfangs unser Beispiel eines Klienten mit der Angst vor Wasser), nach wenigen Monaten stellen sich auf einer weiteren, meist ähnlichen Ebene *alte* Probleme in *neuen* Rollen dar.

Auch wenn beide stolz darauf sind, den kausalen Zusammenhang für ein bestimmtes Problem in der Vergangenheit erkannt zu haben und sich weiter dem Irrtum hingeben, durch das Wiedererleben des *Schiffsunterganges* im vorigen Leben sei die Ladung gelöst, hat man doch in Wirklichkeit die ursächlichen Zusammenhänge energetisch und daher seelisch ungeklärt gelassen!

Auch wenn in optimistischen Anzeigen, Kurs- und Ausbildungsprospekten teilweise das Gegenteil behauptet wird („Auflösung und Heilung von altem Karma" etc.) weiß niemand so recht etwas mit dem wahren Sachverhalt etwas anzufangen.

Denken Sie an die Gestalt von Ouroboros: Anfang und Ende sind zugleich in einer Doppelfunktion zeitlos und daher ewig. Daher kann es nur eine Wahrheit, eine Schöpfung, eine Kraft, eine Energie etc. geben. Für hunderte von Problemen existieren *nicht* parallel genauso viele Ursachen! Nur die Abkehr des Menschen von seiner zeitlosen Wahrheit ließ ihn auf die Idee kommen, ursprüngliche Schöpfungsrechte für sich allein zu beanspruchen. Je nach Niveau und Charakter der einzelnen Seele setzte diese sich zwischen die ursprüngliche Wahrheit und der eigenen Definition, als Einzelkämpfer (Gurutyp) oder kollektiv (Religion u. a.)

Zum Großteil ist es einträgliches Geschäft für sog. Reinkarnationstherapeuten oder Lichtarbeiter, die Angst in diesem Leben auf eine frühere Inkarnation oder sogar einer dunklen Kraft aus dem Jenseits zuzuschreiben. Dieser Trost kann nicht heilsam sein.

Da ähnlich wie in der klassischen Schulmedizin nur verschoben wird, wird ein Normalsterblicher eigentlich *nie* mit seinem Karma fertig werden. Begründet wird dies meist mit der Auffassung, dass für die unterschiedlichsten Probleme eben die unterschiedlichsten, negativen Ursachen in der grauen Vorzeit existieren. Mit dieser merkwürdigen Sicht lassen sich ebenso viele Probleme produzieren wie auch verhindern.

Die Form kausaler Aufarbeitung produziert Schuld auf immer neuen Ebenen.

Ein Beispiel:

Klassisch treten in den ersten vier bis fünf Sitzungen meist Opferinkarnationen mit entsprechenden Szenen und Situationen auf, wobei der Klient mehr oder weniger indirekt mit Bewusstseinsinhalten konfrontiert wird, die er passiv, eben als Opfer erlebt. In weiteren Sitzungen verknüpfen sich allmählich die unterschiedlichen Inhalte zu einem roten Faden, die emotionell und körperlich sehr authentisch erlebt werden. Unzweifelhaft sind die Erlebnisinhalte weder erdacht noch programmiert, diese weisen auch eine bestimmte energetische Ladung auf, die es auch dem

geschicktesten Medium oder Schauspieler unmöglich machen würden, spontan zu reproduzieren.
Durch die Wiederholungen einzelner Sitzungsinhalte ist dies übrigens auch unmöglich. Weitere Sitzungen fördern nun eine andere Qualität von Erfahrungen ans Tageslicht: Hin und wieder erlebt sich der Klient aktiv und delegierend an einem Geschehen beteiligt, produziert nun auch manipulierend und machtausübend spezielles Material. Etwa ab der 15. Sitzung stehen sich gleichviel Opfer- und Täterinkarnationen gegenüber.

Ein geschulter Therapeut verbindet nun sinngemäße Synchronizitäten und wechselt innerhalb der Sitzung direkt von Opfer- auf Täterbewusstsein und umgekehrt. Der Klient erlebt ein Lebensmuster von beiden Seiten, solange bis der *zeitlose* Inhalt bewusst wird.

Häufig kommen weibliche Personen mit Partnerproblemen in die Praxis mit der Vermutung, dass die Ursache für eine Beziehungskrise nicht ausschließlich aus diesem Leben stamme und es doch karmisch mit einem bestimmten Mann noch mehr auf sich haben müsste. Viele meinen, sie würden in der Beziehung die unterdrückte Rolle einnehmen. Nach einem eingehenden Gespräch, einer Numeroskopbesprechung und der Anamnese begeben wir uns gemeinsam auf die Seelenebene.

Die Aufhebung von Kausalität

Im Verlauf einer bestimmten Anzahl von Sitzungen erlebt sich die Klientin in einer mittelalterlichen Folterszene, in Vergewaltigungs- und Verfolgungsszenen. Auch erlebt Sie sich in folgenden Prozessen als ertrinkend, gewürgt und ausgestoßen. Bei genauem Hinterfragen stellt sich doch tatsächlich heraus, dass ihr heutiger Partner an der einen oder anderen Szene aktiv beteiligt ist. In veränderten Umständen erlebt unsere Klientin jedoch nur in einer anderen, manchmal mystischen oder exotischen, teilweise transzendenten Variante dasselbe, was bereits von Zuhause her bekannt ist.

Insofern erhält Sie sogar Bestätigung für ihre These, ihr Partner sei natürlich schuld an der Krise, hat Sie doch das Gleiche sogar in früheren Leben miterlebt. Wir verstehen alle, dass es unverantwortlich und naiv wäre, an diesem Punkt den Prozess zu beenden.

Den Trost für ihre subjektive Vermutung hätte Sie auch beim Kartenlegen, Handlesen, Kugelschauen oder Channeln bekommen. Das Abrollen von Opferinkarnationen ist bestimmt keine Therapie, kann eher noch schaden als heilen. Es käme zu einer Inflation von Schuldgefühlen- und Gewissensbissen, die Sie und der Therapeut nie verantworten könnten! Nicht selten nennt man diese Form von Opferinkarnationsspielen „Vergangenheitstourismus." Die Auseinandersetzung mit dem eigenen Lernpart fehlt an dieser Stelle gänzlich.

Die Verantwortung würde in diesem Stadium komplett dem Erfüllungsgehilfen Ehemann zugeschoben und das verletzliche Ego hätte einen weiteren *Pyrussieg* davongetragen.

Jede Opferinkarnation ist ein Teil einer Täterinkarnation, beide stehen immer in wechselseitiger Beziehung zueinander. Es ist im übrigen unerheblich, mit welchem Teil sich die Klientin in dieser Phase identifiziert, nur *einen* Pol des Identifikationsprozesses primär als Ausgangspunkt zu wählen, wäre falsch.

Im fortgeschrittenen Stadium der Therapie erlebt und erkennt Sie nach und nach die Gleichwertigkeit beider Reminiszenzen und wird aufgefordert, das herauskristallisierte Machtthema *parallel* im heutigen Leben zu finden. Eine lange Verbindungskette von Informationen zu ihrem Thema liegt nun hinter der Klientin. In etwa 25 Sitzungen wurden alle stimmigen Bezugsebenen, nicht nur zum Machthema aufgedeckt, verbunden und gelöst. Ihre Verantwortung ist gewachsen, sie erkennt hinter Opfer- und Täterinkarnationen jeweils nur mit verändertem Vorzeichen ein immergleiches, koinzidentes Thema, das sich, solange wiederholen muss, bis die *zeitlosen* Zusammenhänge geklärt worden sind.

Sie lernt allmählich, ihre *subtilen Machtansprüche* in gesündere Kanäle zu lenken und sieht ihren Partner zugehörig zu ihrem eigenen Lernprozess neuerdings als konstruktiven Spiegel ihrer Unkenntnis.

Vielerorts ist es üblich, nach dem Abrollen einiger Opferinkarnationen, der Klientin anzuraten, sich keine Energie mehr vom Partner abziehen zu lassen.
Über Jahre erleben Partner aber affinitiv immer das Gleiche: die Beziehungsprobleme und die dahinterstehenden Probleme werden nur in immer neue Beziehungskisten *übernommen* und eigentlich projektiv mit dem falschen Partner weiter *einseitig* ausgelebt.

In der parallelen Reinkarnationstherapie setzen wir gerade dort an: Aus dem Archaum der Archetypen wird die Seele auf der Partnerebene aufgefordert, ihren Seelenfokus neutral auf das Grundlebensmuster Partnerschaft zu visieren. Wie aus dem Diagramm des multidimensionalen Bewusstseins (*Fig.1*) ersichtlich, handelt es hier um die Affinität zur Ebene 8.

Zu diesem Archetyp ist in den letzten Monaten die Affinität von unserer Klientin soweit gewachsen, dass Sie den Fokus ihrer Lebensenergie auf dieses Bewusstseinsfeld ausrichten kann, besser gesagt, auf dieser Archetypenstufe des Seins lernen zu dürfen.

Selbstverständlich hängt es nun von ihr ab, wie Sie die komprimierten Erfahrungen von der integrierten Partnerebene auf die nächsthöhere Stufe ihres Lebens allmählich auf Ebene 8 einfließen lässt um nicht stehenzubleiben in ihrem individuellen Evolutionsprozess (siehe Bewusstseinsmodell.)

Kosmos und Seele

Bei den alten Griechen würden wir im übertragenen Sinn von einem Opfer gegenüber dem Venus/Aphrodite-Prinzip sprechen, der Mensch ist reif geworden, sich mit diesem Archetyp auseinander zu setzen. Das Bewusstsein der Klientin kann sich in dieser Weise *synchron erweitern.*

Im Modell der Archetypenstruktur entspricht dies der Ebene 8.

Opfer meint jedoch sinnvollerweise nicht das moralisch-verbindliche Erfüllen einer kollektiv-narzißtischen Norm, sondern

das Erkennen eines Urprinzips, dass gerade jetzt zur Ganzheit fehlt und daher aus freien Stücken heraus integriert wird.
Opfern ist die bewusste Auseinandersetzung mit einer Gottheit (Archetyp), man gewinnt persönlich dazu anstelle etwas zu verlieren!

Analogie der Übertragungen- Heilungsprinzip

Durch das universalgültige Gesetz der *Analogie*, dass Prinzipien und Inhalte zeitunabhängig auf unterschiedlichen Ebenen erfasst, existiert die Möglichkeit, die Übertragung eines Themas auf seine Wirkungsbreite hin zu verstehen. Die projektive Übertragung des Partnerproblems kann sich auf der Analogebene Wasser (Zuordnung Emotion-Gefühl-Beziehung–Partnerschaft), später aber durchaus auf die Organbereiche des Stoffwechsels der Ausscheidungsorgane (Nieren, Blase, Unterleib u.a.) psychosomatisch übertragen.

Um nur diesen Ausschnitt des zeitlosen Projektionsspektrums zu durchleuchten, was mit verdrängten Partnerproblemen geschehen kann, ist die subjektive Wahrheit des Klienten tatsächlich zeitlos und daher parallel zum ungelösten Problem wirksam. Es ist nämlich durchaus so, dass beim Wiederauftreten einer verdrängten Beziehungsproblematik nach Jahren eine bestimmte Chronologie innerhalb der klassischen Dreigliederung Körper-Seele-Geist der zugeordneten Analogiekette auftritt:

Ebene Partnerschaft:	Ungelöster Konflikt.
Ebene Gesundheit:	Entzündung Unterleibsschleimhäute oder Pilzerkrankungen im selbigen Bereich.

Die Möglichkeiten der Übertragung können sich von hieraus beliebig ausdehnen, je nach Verweigerungsgrad, die Verantwortung für den eigenen Lernpart zu übernehmen.
Ein akutes Problem könnte entstehen, falls dieser Konflikt unbewusst auf den jeweiligen Partner übertragen wird!

Psychosomatik

Wir sehen bereits aus diesem einfachen Gedankengang, wie leicht sich nach dem chronischen Prinzip der Übertragung analog ähnliche Bereiche von der seelischen Ebene heraus geistig sowie physisch infizieren können.
Die Information bleibt immer die Gleiche. Die Matrix des Geschehens bleibt zeitlos, die Zentralinformation des Geschehens sucht sich immer neue Kanäle oder Medien, um sich Ausdruck zu verschaffen. Es kann an diesem Punkt angekommen nicht angehen, dass es sich dann angeblich um Schicksal oder Karma handeln soll, wenn ein durchaus wissenschaftlich nachvollziehbarer Prozess über Monate oder Jahre bereits vorausging!

In einer anspruchsvollen Therapie oder Beratung geht es zu Beginn der Diagnose eher um den klassischen Nachvollzug, auf welcher Analogieebene das Problem erstmals auftrat um von dort Perspektiven zu schaffen, das Muster auf der seelischen Ebene aufzugreifen.

Ich möchte ausdrücklich an dieser Stelle betonen, dass es eine Ursache im allgemeinen Sinn nicht geben kann, da archetypisch eine Seele immer zu dem Zeitpunkt mit einer Aufgabe konfrontiert wird, wenn die seelische Reife koinzident zum individuellen Reifeprozess in Übereinstimmung steht.

Die parallelen Entwicklungswege von Seele und Ego

Wir setzen sozusagen zu Beginn der Sitzungen das auskristallisierte Lebens- oder Standardmuster als roten Leitfaden an den Anfang (primäre Problemebene 7) und greifen dieses Thema sehr lebendig im weiteren Verlauf von verschiedenen Bewusstseinspositionen und- Aspekten wieder auf. Der Einstieg, das Problem, der Grund warum unsere Klientin Hilfe beanspruchte, ist jedoch nur der Auslöser, die Form.

In allen Gesprächen und Schilderungen erfahren wir zwar Wissenswertes, jedoch ausschließlich Formaspekte, deren inhaltlicher Zusammenhang fehlt. Die Grundinformation wird durch sog.

verschiedene Leben auf den drei bekannten Ebenen wie oben durchforstet, es entsteht eine künstlich erzeugte Verlängerung des Bewusstseins. Alle Bewusstseinsebenen erfahren eine deutliche Transparenz, nach obigem Verfahren werden Sinnzusammenhänge geknüpft um insbesondere die Verstrickungen des Ego zu sichten. Erfahren wir die parallele Grundinformation emotionell-psychisch und physisch, kann der Klient selbst die Wege bzw. Umwege seines Ego erkennen.

Da wir durchaus auch Informationen aus dem transzendenten, also archetypischen Bereich bekommen, sollten hierzu auch die Grundzüge der Archetypenlehre bekannt sein bzw. werden. In der parallelen Reinkarnationstherapie geht es nicht um das Auffinden von Schuld oder moralischen Verletzungen bzw. religiösen Erfüllungspflichten, es handelt sich hierbei auch nicht um ein spirituelles „Fit-for-Life“ Programm.

Vielmehr zeigen sie in einzigartigerweise die parallelen Entwicklungswege der Seele *und* des Ego auf. Sie zeigen die Verstrickungen und wandeln aus dem ursprünglichen Ego-Zustand (materielles Denken, Opferbewusstsein) zum seelischen Erkennen (Individualität, Freiheit des Bewusstseins) bzw. Licht autonomer Identität.

Die wahre Identität unterscheidet sich von all den „inkarnatorischen“ Identifikationen, sie lebt vielmehr die zeitlosen Archetypen ohne den faden Beigeschmack der Ego-Identifikationen.

In unserem Beispiel kann sich das Ego der Klientin, falls diese sich als Opfer ihrer Erfahrungen „früherer“ Leben bzw. ihres heutigen Partners fühlt, nicht aus dieser Identifikation lösen. Der Weg der Seele, im Unterschied zur Egovariante, sucht jedoch ständig nach Befreiung, Glück, Harmonie. Solange nicht der Unterschied zwischen Opfer- und Täterbewusstsein deutlich ist (zeitlosen Wirken eines Archetypus), wird die Entfaltung des eigenen Potenzials verschoben, unangenehme Wiederholungen auf immer weiteren Lebensebenen wären die Folge hiervon.

Schuld und Freiheit im Seinsbegriff

Das Ideal der Freiheit- eine multikulturelle Erlösungsvorstellung

Es ist unbestritten, dass der Reinkarnationsgedanke bzw. die Vorstellung eines Lebens nach dem Tod ein Bestandteil aller wichtigen Religionen und Philosophien sowie vieler Kulturkreise seit jeher ist. Das bloße Nachsinnen über die Funktion dieser Qualität einer archetypischen Erlösungsvorstellung birgt jedoch in der rein theoretischen Betrachtung ideologische Fehlerquellen, da diese ohne den praktischen, eben therapeutischen Wert, der dem menschlichen Leben am nächsten steht, nicht nachprüfbar ist und daher rein pragmatisch bliebe.

Durch eine Vielzahl von bewiesenen Heilerfolgen muss am Wert dieser *Erlösungsvorstellung*, die Reinkarnation in sich birgt, mehr als nur ein bloßer Nutzen vorhanden sein. Zwar sind die Meinungen in der östlichen und westlichen Tradition über die Qualität und den Verbleib der Seele nach dem Tod teilweise sehr different, jedoch sind sich alle Glaubensvorstellungen und Ideologien einig über deren tatsächlichen Fortbestand. Inwieweit die Praxis eines religiösen Rituals oder einer wissenschaftlichen Arbeit die Substanz unserer These von verschiedenen Aspekten auch beleuchten, der Mensch ist mehr als nur ein funktionierendes, biologisches Etwas, dass nach rein physikalisch-chemischen Werten beurteilt werden kann.

Betrachten wir die Arbeiten von C.G.Jung genauer, so hat dieser als roten Faden seiner Werke immer *die Individuation der menschlichen Existenz* vor Augen gehabt.

Er arbeitete sich zusätzlich zum wissenschaftlich-kausalen Denkansatz auch in das östliche Denken ein und verband seine praktischen wie philosophischen Arbeiten mit den altehrwürdigen Disziplinen westlicher Esoterik wie der Alchemie, dem Tarot und der Astrologie, um nur einige zu nennen. Weiter vertiefte er u.a. in reiferen Jahren das Gebäude der analytischen Psychologie um das

Wissen der Archetypen der griechischen Mythologie und deren Götter. Ihm ging es um das zeitlose Wissen, der *Philosophia Perennis*. Jung machte zum Glück nicht bei der Psychoanalyse halt. Er schälte z.B. das Urwissen der Menschheit aus den Träumen der wichtigsten Kulturkreise ebenso heraus, wie das zeitlose Wirken der kollektiven Energien des griechischen Götterepos. In welcher Disziplin auch immer, er fand in den Archetypen eine zeitlose Wahrheit wirkender Urprinzipien, die einzigartig das gesamte Schöpfungsgebäude dieser Welt auf die menschliche Psyche zu relativieren weiß. Der geneigte Leser sollte jedoch nicht der Vermutung verfallen, dass sein Archtetypenmodell eine Umformulierung der platonischen Weltsicht sei: dass feste Korrespondenzen zwischen den sog. *Urideen* der Schöpfung existieren. Die Archetypen untereinander stehen selbstverständlich in einem dynamischen Bezug zueinander!

Durch seine Forschungen wissen wir zumindest, dass das Schöpfungswissen um die Evolution selbst von den Religionen beansprucht wurde und *fortan in eine andere Dimension projiziert wurde.*

Spaltung in Dies- und Jenseits

Bevor sich in der Anthropologie des Menschen feste Stammesregeln und Sitten für ein soziales Miteinander ergaben, wusste der Homo Sapiens nichts über die Entstehung des Kosmos, er betrachtete primär das Geschehen um sich und am Himmel.

Durch die Wahrnehmung zyklischer Wiederholungen in der Natur stellte er sich auf diese Regelmäßigkeiten in der äußeren Natur zwecks Überleben ein.

Durch das Wissen um diese Periodizitäten entwickelte sich u.a. die soziale Intelligenz, die allmählich persönliche Individualität und somit kulturelle Eigenheiten ermöglichte. Trotzdem war das Primärkriterium das Wissen um die Natur und deren Integration in das Leben selbst *das Lebensmysterium par excellence.* Der Mensch war völlig auf dieses Wissen und dem Umgang mit der Natur angewiesen und übte sich in der Kunst der Beobachtung. Hieraus entstanden alle mantischen Systeme, die den direkten Bezug zu den

Naturerscheinungen und Himmelskörpern ermöglichten. In komprimierter Form ergaben sich später Riten und Orakel, die es dem Einzelnen sogar ermöglichten, persönliche Schicksalsbezüge zu klären. Medizin, Psychologie und Heilkunst genossen somit in ihren Uranfängen eine bemerkenswerte Gleichberechtigung.

Nun begann die Zeit derjenigen Menschen, die aus diesem Urwissen eine Kunst entwickelten und dadurch auch eine ungeheuerliche Macht besaßen, die Priester und Himmelskundigen. Einige verlangten Geld, andere bedingungslosen Gehorsam, wieder andere erwarteten keinerlei Gegenleistung, wobei dieser Teil damals wie heute eher die Ausnahme bildete.

Faktum ist, dass sich eine Schicht von Menschen zwischen das Urwissen und dem Volk schob. Diese Schicht schwingt auch heute noch das Zepter der Macht. Also dürfen wir das Kontingent aller derer nicht außer Acht lassen, die ganz menschliche Züge in der Lehrbarkeit des kosmischen Urwissens mit einbringen.

Hier kristallisierten sich nun nach und nach die bekannteren Formen der Religionen und Philosophien heraus, sozusagen im Kollektiv als Kulturerbe. *Wie Brecht es richtig formulierte, als Opium für das Volk.*

Diesen Institutionen war oder ist es bis heute mit wenigen Ausnahmen vorbehalten, zu entscheiden, welche Rolle der Mensch moralisch und ethisch innerhalb der Schöpfung spielt. Auch wenn die Naturwissenschaften in der Zeit der Aufklärung dieser Seinsfrage mit technisch funktionalen Mitteln beikommen möchte, ändert dies nichts an der Tatsache selbst.

Soweit habe ich in wenigen Grundzügen versucht, eine historische Ebene in der Entwicklung Kosmos-Mensch aufzuzeigen. Dieser Vorgeschmack rationeller Historik sollte jedoch nur eine Einleitung zum Thema sein, indem ich dem Leser klar machen möchte, woher unser Wissen stammt und durch welche Mühlen es bis heute gemahlen wurde und wird.

Es sollte klar sein, dass dieses Urwissen auch eine Frage der Macht ist, nicht umsonst werden heute zu 95 % aller Kriege aus religiösen oder ethischen Gründen geführt.

Das herausfordernde Porträt ist jedoch die Erfindung einer neuen Dimension, dem Jenseits, einen endlichen oder unendlichen

Raum, der Menschen auf dem Weg der Sinnfrage schon immer stark bewegte. Ursprünglich war dies der unendliche, kosmische Raum, weder gut noch böse, der Ursprung einfach.
Kann dieser Winkelzug einiger machtbesessener Menschen nachvollzogen werden, fällt sofort das künstliche Gebäude göttlicher Hierarchien zusammen, indem das Wechselspiel der *aufgesetzten* Polaritäten von Diesseits und Jenseits entfällt.

Viele Menschen fühlen sich unbewusst getrieben zwischen den Forderungen der Religionen, die in sich im Vergleich sowieso schon sehr widersprüchlich sind, was nun zu Lebzeiten *heilig* macht und nicht bzw. einen ganzheitlichen Zustand erzeugt. Ob nun Gebote, Verhaltensregeln, Gelübde oder andere Formen von Glaubensbekenntnissen abgelegt werden, dem Menschen wird direkt oder indirekt immer das Gefühl von Schuld zuteil, wenn er diesen Forderungen nicht entspricht.

Verkündet wird jedoch immer das Heil, wenn man anständig alles befolgt, was neurotische und eigenständig zur Göttlichkeit selbsternannte Personen so erfinden.

Die Entstehung von Zeit (Kausalität) aus religiöser Sicht

Hier entsteht ein Phänomen, das eindeutig aus menschlicher Sicht entworfen wurde. Wer es nicht schafft, den allgemeinen Heilsregeln in einem Leben zu entsprechen, hat entweder aus christlicher Sicht nur zwei Möglichkeiten, die Erlösung oder die ewige Verdammnis. Diese Aussichten sind etwas reduziert im Vergleich zu orientalischen oder östlichen Anschauungen, in denen man eben so viele Inkarnationen durchmacht, bis die Wiedergeburt im Rad des Schicksals nicht mehr notwendig ist.

Der traurige Punkt bei allen Glaubenssystemen ist der, dass scheinbar alle das Leben im Jenseits mehr bevorzugen als im Diesseits. Die Kirche oder Religion, Sekte oder Gurulehre, welche die schillernsten Versprechungen schon im Diesseits macht, haben auch die meisten Anhänger. Hier existiert naturgemäß wiederum ein Kampf an den Fronten, wer den nun die direkteste Verbindung zu Gott hat.

Die Formel lautet hier: *Diesseits = Leid und Jenseits = Vollkommenheit.*

Diese Lehren gehen grundsätzlich davon aus, dass der Mensch getrennt von der Schöpfung existiert, zutiefst schuldig von Anfang an geboren wurde und nur ganz bedingte Chancen zum eigenen Selbst, zum Heil oder zur Vollkommenheit hat, eben nur m.E. wenn autoritäre Bedingungen erfüllt werden.

Diese erklären dem Menschen in immer neuen Variationen seine Fehler und nutzen diese Projektionen wiederum gleichzeitig als Werbeargumente, sich neue Anhänger zu angeln. Also entstehen gezielt Umwege oder neue Dimensionen, auch Kausalität genannt, um einigermaßen im Lebenskampf (der ja häufig schon kollektiv vorprogrammiert wurde durch die obengenannten Institutionen) zu bestehen.

Die meisten Menschen haben alleine schon im Nachvollziehen gesellschaftlicher, sozialer und familiärer Konditionierungen soviel Arbeit mit sich selbst und der Umwelt, dass es nach obigen Muster unmöglich wird, den geforderten Leistungsumfang zu erfüllen. Da in allen Lebewesen archetypisch die gleiche Sehnsucht nach Liebe, Harmonie, Gesundheit usw. existiert, hören die Fragen nach dem wahren Sinn des Lebens nicht auf. Viele Menschen beginnen ja gerade durch das Überfunktionieren in Beruf, Ehe und Gesellschaft von einer Krise in die andere zu gleiten, dass die Sehnsucht nach seelisch-geistiger Erfüllung um so stärker ausgeprägt ist.

Je größer der Leidensdruck, um so leidenschaftlicher die spirituelle Suche.

Um es kurz zu sagen, die gängigen Reinkarnationsmodelle sind nur eine verlängerte Zeitschiene, um ans erstrebte Ziel zu gelangen. Insofern sind die östlichen Zeitvorstellungen bezüglich der endgültigen Erlösung, was auch immer damit gemeint ist, etwas toleranter. Jedoch werden diese beim genaueren Hinsehen auf die Gültigkeit der eng damit im Zusammenhang stehenden Karmagesetze doch sehr deterministisch.

Um dem geneigten Leser ein zeitgemäßes, praktisches Beispiel für offiziell falsch verstandenes Karmapraxis zu geben, sei das noch heute in Indien praktizierte Kastenwesen zu erwähnen, dass ohnegleichen auf der Welt ein totalitäres, menschenfeindliches System produziert, das dem Einzelnen kaum irgendwelche Chancen zur Selbstverwirklichung bietet!

Die Frage, die sich im Ursprungsland dieser Karmalehre stellt, ist doch wieder das von Brecht postulierte „Opium für das Volk" die Lehre der falschverstandenen Moral, da der Karmagedanke primär die Triebfeder darstellt, religiöse und philosophische Machtvorstellungen nicht zum Zweck der eigenen Selbstverwirklichung zu praktizieren, sondern dem Maß der Erfinder brav zu genügen.

Zusammengefasst spielt bei diesen Weltanschauungen die bessere Musik im Jenseits, die diesseitigen Möglichkeiten Ganzheit oder Heilung zu erfahren sind scheinbar nur unter erschwerten Bedingungen, falls überhaupt, möglich.

Trennt man nun den Entwicklungsweg der Seele von der gängigen Reinkarnationsvorstellung, welche das Leben im schwarzweißen Muster von Gut und Böse in eine Dimension von Dies- und Jenseits teilt, so wäre diese sofort mit der ursprünglichen Realität konfrontiert, ihrer eigenen Natur.

Der Zustand des Getrenntseins

Das Kausalitätsmodell, eine der folgenschwersten Lebensgrundlagen unserer Zeit, ermöglicht nun aus dieser Sicht, Zeit tatsächlich in einen subjektiv-verbindlichen Rahmen einzubringen. Aus der Subjektivität des menschlichen Wahrnehmungsvermögens heraus betrachtet, ist dies sicherlich nicht unangenehm. Das grundsätzliche Gefühl des Getrenntseins von der Schöpfung oder Gott erhält durch den Gedanken der Kausalität nun endlich eine Bestätigung. Für den Leser möge dies ein klarer Hinweis sein, woher diese Idee stammt und welche kollektive Wirkung auf die gesamte Menschheitsentwicklung dadurch entstand.

Vergewissern wir uns der Tatsache, in welchem Rahmen ursprünglich das Wissen der Schöpfung weitergegeben wurde, (kollektiv ohne Trennung der grundsätzlichen Verbindung: Schöpfung-Priester-Religion-Philosophie-Wissenschaft), so zählte scheinbar immer mehr die äußere Erfahrungsebene der Natur, abgetrennt von der seelischen Ebene des Menschen.

Was geschieht aber, wenn ein Mensch jenseits konventioneller Lebensanschauungen in vollkommener Weise sein innewohnendes Potential innerhalb einer Lebensspanne entwickelt? Haben diese Menschen kein oder ein besonderes Karma?

Zusatz: Kausalität ist das Alibi für die Trennung von Schöpfung und Mensch.
Außergewöhnliche Menschen schaffen ihre eigene Religion (Religio) und leben außerhalb von Kausalität

Betrachten wir die Entwicklung einzelner Individuen, die unabhängig von besonderen erblichen, gesellschaftlichen und umweltbedingten Voraussetzungen ihr kosmisches Bewusstseinspotential in größerem Umfang zu nutzen wussten als der Normalsterbliche.

Ob wir die Biographien von Genies wie Einstein, Aurobindo, Goethe, Mozart oder da Vinci betrachten, um nur wenige zu nennen, ist allen gemeinsam, dass Sie weder durch deren Elternhaus, Ausbildung, noch anderen, bemerkenswerten Umständen Zugriff auf ein Potenzial hatten, dass jedem Menschen zugänglich ist. Sie hatten den Vorteil, jenseits von traditionellen religiösen, gesellschaftspolitischen oder wissenschaftlichen Konditionierungen ihre eigenen, zeitlosen Werte zu entwickeln. Die Form, die es ermöglichte, war immer eine besondere Form von Kreativität, in der entweder das zeitlose Wissen der Schöpfung oder das göttliche Potential des Menschen zum Ausdruck gebracht wurde.

Ob dies nun in Form von Dichtung, Kunst oder wissenschaftlicher Forschung als Ausdrucksmittel geschah, ist Makulatur, die Quelle, des Wissens, der Muße, ist immer die Gleiche gewesen. Ist es denn nicht eher so, dass es in einem *spezifischen Bewusstseinszustand* möglich ist, mehrere Ebenen des Seins kristallklar wahrzunehmen, unabhängig von Zeit und Raum?
Machen die Forschungsarbeiten von Rupert Sheldrake über die morphogenetischen Felder nicht sehr nachdenklich, wenn es darum geht, die Gleichzeitigkeit von potentiellen Geschehen, unabhängig von Zeit und Raum (ohne dem unausgereiften Gedanken einer endlosen Kette von Inkarnationen durchlaufen zu müssen im Sinne einer persönlichen Vervollkommnung?) Was ist es, wenn Wissenschaftler unabhängig voneinander nach jahrzehn-

telangen Forschungen, ohne voneinander zu wissen, zum gleichen Zeitpunkt bahnbrechende Patente an verschiedenen Orten zur gleichen Zeit anmelden?

Potenziell sind alle Möglichkeiten vorhanden, nur die Reife des Bewusstseins entscheidet doch tatsächlich, inwieweit der Mensch aus der Welt der Archetypen das richtige Signal empfängt!

So misst der allgemeingültige Reinkarnationsmaßstab mit den falschen Mitteln: Schuld, Moral und Vergeltung, die Verhaltensregeln auf den Plan rufen, die dem evolutionären Potenzial widersprechen, weil kausale Reglements das Bewusstseinspotential eher verdrängen helfen (und daher Individualität und deren Entwicklung nicht als Ziel formulieren) und somit die Opferposition des Menschen in den Vordergrund stellen!

Wirklichkeit existiert unabhängig von Zeit und Raum, das Bewusstsein des Menschen ist nicht an den menschlichen Körper alleine gebunden, sondern an sein Seelenbewusstsein.

Im Verlauf dieses Werks werden Sie sehen, warum.

Protokoll mit Deutung

Grundlagen der parallelen Reinkarnationstherapie oder welche Mechanismen steuern den Weg unserer Seele?

Die Gründe, warum sich Menschen mit dem Thema Reinkarnation auseinandersetzen, mögen unterschiedlich sein und dem Zeitgeist entsprechen.

Setzt sich jemand therapeutisch mit der Idee von Karma und Reinkarnation auseinander, so sucht er weniger Weltanschauung oder Idealismus, sondern konkret nach Lebenshilfe. Nicht nur die traditionelle Grundsatzfrage nach dem „Wer bin ich?" brennt, sondern die Formulierung „*Warum* bin ich so, wie ich bin und wie lässt sich mein Schicksal verstehen und ändern?"

Die Frage nach dem Ursprung unseres Schicksals ist sicherlich in uns selbst begründet. Nur, wie entdeckt man die teilweise verflochtenen Wege dorthin und welche Grundlagen steuern diese Schicksalsmechanismen?

Grundsätzlich bestimmt der subjektive Leidensdruck die qualitative Suche nach Heilung. Mögen es quälende Symptome im psychischen wie physischen Bereich sein, Trennungsphasen oder Krisen, Neuorientierung oder Bewusstseinserweiterung, allen gemeinsam ist die Suche und Erfahrung einer heilenden oder ganzheitlichen Instanz in uns, die wissenschaftlich gar nicht zu existieren scheint: **Seele.**

Da es nicht die Aufgabe dieses Werkes ist, die Maschine vorzustellen, die das Vorhandensein der Seele beweist, sondern Wege zeigt, mit dieser Instanz richtig umzugehen, muss unterschieden werden, was Bewusstsein und Seele zunächst trennt.

Wie in der Einführung bereits erwähnt, bieten die Religionen, spirituelle Traditionen und teilweise die Wissenschaft unterschiedliche Ansätze zur Aufklärung, Problemlösung und teilweise Anleitung zu Heilung oder Vollkommenheit an.

Koordination Bewusstsein/Seele

Bewusstsein ist nicht ausschließlich an den menschlichen Körper gebunden, sondern geht weit über dessen biochemische Reaktionsfähigkeit hinaus. Im Traum stellt dieses eine Brücke zu einer konkreten Wahrnehmungsebene dar, die später die kognitive Seite der persönlichen Realität ergänzt und verbessern hilft.

Auch aus den Arbeiten von den bereits erwähnten Dr. Moody oder Dr. Kübler-Ross, aber auch renommierter Wissenschaftler wie z.B. Kennet Ring, lässt sich eindeutig beweisen, dass ein „nichtkörperliches Selbst" bei Nahtoderlebnissen (NDEs, engl. "near-death experiences") existiert, dass später wiederum bei Reanimierten *über* das Bewusstsein des Betroffenen das zwischenzeitlich außerkörperliche Erlebnis zu entschlüsseln hilft.

So ist dass Bewusstsein ein Instrument der Seele, ein Medium für sinnliche wie außersinnliche Wahrnehmungsebenen.

Es stellt sich hier auch nicht die Frage, inwieweit Bewusstsein jenseits der persönlichen Realität erweiterbar ist und letztendlich mit dem Seelenkern des Menschen eine endliche oder endgültige Verbindung eingeht. Im Fall eines therapeutischen Vorgehens sind die Resultate, und zwar konkrete Heilungen in über 1 1/2 Jahrzehnten verbindlich. Heilungen für die unterschiedlichsten Problemansätze, die jenseits von Glauben oder Placebo stattfanden und stattfinden!

Allen Fällen ist gemeinsam, dass nicht die funktionale Seite der Therapie, also die Technik oder das entsprechende Verfahren selbst hilft, sondern das selbständige Eingreifen dieser bereits beschriebenen Instanz, nämlich der Seele (Nennen wir es zeitgemäßer <Führung durch das Hohe Selbst>.)

Ähnlich einem Reservoir von überpersönlichem Wissen, schöpft mit zunehmender Therapiedauer das kognitive Selbst (Bewusstsein, wenn Sie so wollen) analog dem Wahrnehmungs- und Erkenntnisstand des Klienten aus einer überpersönlichen Quelle Kraft, Wissen und Verstehen, wie es zu Beginn in keinster Form existiert hätte. Weder der Therapeut noch der Klient haben anfangs Zugang zu diesen Initialen persönlicher Heilung. Viele meinen nun, und das mag der entscheidende Punkt sein, das anstelle der archetypischen Ebene, wie im Diagramm 1 vorgestellt, nun Vorwissen aus früheren Leben angezapft wird. Wie auch immer diese möglichen *Vorerfahrungen* übertragen werden sollten (persönliche Fähigkeiten, Potentiale, Ängste usw.), sie sind fiktiv. An einem bestimmten Punkt der Bewusstseinserweiterung öffnet sich der Mensch von selbst der höheren Dimension seiner eigenen Realität, seiner Seelenebene.

Wie im Diagramm 1 dargestellt, verfügt jeder Mensch grundsätzlich über diese archetypische Anlage. Was nun als Persönlichkeitsausschnitt oder einem sog. früheren Leben fehldefiniert wird, ist analog dem Entwicklungsstand des Klienten lediglich ein Zugriff auf das Modell der Gleichzeitigkeit. Exakt jener Persönlichkeitsbereich (Bewusstseinsfeld) aus diesem Modell greift nun energetisch *über* das Bewusstsein ein, der heilende Bewusstseinsenergie strömen lässt, indem bisher unbekannte Zusammenhänge aus einer objektiven Warte aus erkannt werden.

Über die sinnliche Wahrnehmungsebene des Menschen entsteht durch die vorhandene Problemaffinität in der Therapie der Zugang zur entsprechenden Archetypenstruktur.

Traum und Archetypenstruktur – Ein Parallelmodell

Um ein weiteres Beispiel zur Affinitätsstruktur zwischen Bewusstsein/Seele und einer möglichen Krise zu geben, sei hier auf die veränderten Träume des Klienten verwiesen.

Befindet sich dieser in einer Problemphase, so zeigt sich die Archetypenstruktur ebenso über intensivere Traumerlebnisse. Nicht nur, weil der Traum eine notwendige Ventil- und Ausgleichsfunktion darstellt, nein, dieser klärt häufig in präkognitiver Art und Weise auf und gibt Problemlösungen vor. C.G. Jung hat schließlich in seinen diesbezüglichen Arbeiten mit dem Stamm der Senoi dem Traum eine eigenständige Instanz zugeordnet, dem Traum-Ich, einer weisen, übergeordneten Weisheit.

Häufig ist die Erinnerungsqualität an Träume nicht so ausgeprägt, so dass dieses wertvolle Material zur Angliederung an das Bewusstsein genutzt wird.

Letztendlich bestätigen jedoch die praktizierten und angewandten Traumerinnerungen, dass deren Inhalte für die Bewusstseinserweiterung und Krisenbewältigung von großer Bedeutung sind.

Dem Leser möge allmählich klar werden, dass die unbewusste Ebene des Menschen gerade in Krisen besonders stark angeregt auf eine Persönlichkeitsklärung hin wirkt. Auch wenn dieser Prozess nicht als Chance verstanden wird, durch die Archetypenstruktur Angebote zur eigenen Problemlösung und Heilung wahrzunehmen, arbeitet die innere Struktur weiter darauf hin, durch entsprechende Schutz- oder Abwehrmechanismen eine bestimmte Verhaltensstruktur zu ändern.

In der Krise selbst wächst das Bewusstsein, seine eigene Innenwelt zu erforschen, um einen bestimmten Grad an Eigenverantwortung zu realisieren.

Der Traum selbst ist die älteste Form der Seelensprache. In jahrtausendalten gewachsenen Kulturen übernahm dieser später eine kollektive Heilungsform: als Grundlage und Inspiration aller wichtigen Künste, für jedwede Forschungsarbeit. Nicht umsonst haben gerade Wissenschaftler bei bahnbrechenden Entdeckungen im Traum eine Lösung gefunden, wenn all die Logik versagte-, Propheten wie Visionäre nutzten diese Wahrnehmungsebene, um deren Nachkommen wiederum eine göttliche Ordnung zu vermitteln.

Im alten Ägypten wurde der Traum sogar rituell als Einweihung und Initiation genutzt, jene Form, die heute unter dem Begriff des *Tempelschlafs* bekannt ist.

Ob der Traum nun passiv oder aktiv betrachtet wird, er ist auch ein Medium, um die persönliche Entwicklung des Menschen zu beobachten bzw. positiv zu korrigieren.

In den wichtigsten Veränderungsphasen finden wir Großteils objektive Veränderungsvorschläge durch das Traumgeschehen. Der Traum ist in seiner symbolischen Realität der dreidimensionalen Zeit insofern überlegen, da er die psychische Vergangenheit mit der gegenwärtigen häufig versucht in Übereinstimmung zu bringen.

In immer wiederkehrenden Mustern und Motiven gleicht dieser die verdrängten Bewusstseinsinhalte der Vergangenheit dem gegenwärtigen, realen Zustand des Menschen an. Das Traum-Ich ist vorteilshafterweise nicht an das Ego gebunden, so dass die psychische Realität, die daraus erwächst, die Integration unserer Schattenseiten positiv stimuliert. Jung nennt in diesem Zusammenhang die Möglichkeit, eine transzendente Sichtweise zum Jetztgeschehen zu entwickeln (siehe auch Kapitel Transformation und Bewusstsein)

Der Traum zeigt gegenüber dem verletzlichen Ego des Menschen mit all seinen egoischen Selbsttäuschungsversuchen immer den nächsten Schritt. So greift diese Instanz nicht in den freien Willen des Betreffenden ein, sondern erarbeitet in eigenständigen Mechanismen die bestmöglichste Integration der vorhandenen Möglichkeiten. Um ein Beispiel zu nennen, existieren außer dem visionären Wunschpotential als Ausgleich- und Ventilfunktion auch zukunftsträchtige Lösungsmöglichkeiten, wie die inneren Widersprüche in Einklang gebracht werden können. Studien der Reinkarnationsforscherin Helen Wambach u.a. haben ergeben, dass jeder vierte Traum Persönlichkeitsanteile enthält, die bis dato als frühere Leben bezeichnet wurden.

Abschließend sei darauf hingewiesen, dass das Traum-Ich ausschließlich auf das Ziel hinarbeitet, den eigenen Ursprung zu entdecken um das wahre Selbst, das Zentrum der Persönlichkeit praktisch zu verwirklichen. Es entspricht in der Archetypenstruktur der Ebene 0 bzw. 10.

Das Wesen der Seelenenergie im Selbsterkenntnisprozess

Da diese Energie, wie oben beschrieben aus dem Seelenbereich des Einzelnen strömt, ist diese *intelligent organisiert.* Sie ist nicht einfach eine unbestimmte Quantität von Schwingung, sondern entsprechend dem Bewusstseinslevel des Betreffenden so dosiert, dass der qualitative Aspekt des entsprechenden Bewusstseinsfeldes zum Tragen kommt.

Der Zugang zur individuellen Archetypenstruktur wird gemäß dem Problemfeld oder der Krankheit des Betroffenen eben gerade dadurch ausgelöst bzw. aktiviert! Definieren wir Seele erst einmal als neutrale, überpersönliche Instanz, die individuell die Archetypenstrukur, sog. die seelische DNS verwaltet und organisiert. Wird nun durch einen außergewöhnlichen Prozess die Wahrnehmungsstruktur im Leben des Einzelnen verändert oder dieser zu Veränderungen gezwungen (Schicksalsschlag, Krankheit, Krise), beschäftigt er sich mit der kognitiven Realität seines Bewusstseins. Das Hinterfragen, unabhängig vom Entwicklungsstand, beginnt.

Der Grad der Selbstverantwortung prägt nun die Qualität des Hinterfragens. Nehmen wir an, ein Mensch kann in seiner momentanen Lage seine Lernaufgabe nicht mehr verweigern, also er verschiebt seinen persönlichen Lernprozess nicht durch Medikamente, Operationen oder Schuldprojektionen auf andere Personen, Umstände oder auf die Außenwelt. Instinktiv spürt er, dass eine psychische Veränderung immer notwendiger wird. Analog dieser Erkenntnis reift auch die Bereitschaft, sich selbst zu verändern. Dieser Veränderungsprozess beginnt im Bewusstsein und lässt die Gedanken wie die Gefühlswelt in einem anderen Licht erscheinen.

Wenn Selbstbetroffenheit zur Folge hat, dass ein Mensch nicht nur über sich nachdenkt, sondern das Spektrum seines eigenen Bewusstseins zu erforschen beginnt, öffnet dieser sich gleichzeitig seiner seelischen Realität (Archetypenstruktur)! Er ändert seine Resonanz psychisch wie physisch. Es handelt sich bei diesem Vorgang um das bekannte Gesetz der Affinität (siehe 2.hermetisches Gesetz.) Diese Resonanzveränderung bewirkt zusätzlich und unwillkürlich in der Alltagsrealität neue Kontakte, fruchtbare Gespräche und eine konstruktivere Auseinandersetzung mit der Lernaufgabe (Schicksalsthema.)

Es kann hier nicht die Rede von einer Manipulation durch andere Kräfte sein, da der Ausgangspunkt immer das *kognitive Bewusstsein* darstellt. Im Gegensatz zur pedantischen, klerisch-geprägten Vorstellung von Schuld und Sühne bzw. einem endlos negativ wiederkehrenden Karma, beginnt ja der Betroffene selbst aus seiner eigenen Entscheidung heraus, seinen freien Willen bzw. erweiterte, persönliche Möglichkeiten zu gebrauchen. Er ist es ausschließlich selbst, der die Fäden seines Schicksals beginnt zu verstehen und nach und nach dadurch seine persönliche Seelensabotage auflöst.

Ist dem Leser an dieser Stelle klar geworden, dass es sich um eine selbstinduzierte Bewusstseinserweiterung handelt, so verschafft unser Ansatz der parallelen Reinkarnationstherapie die Grundlage zum weiteren Verstehen.

Bewusstsein und Seele verbinden sich im optimalen Fall zu einer Energiestruktur, die über diese Symbiose die Ganzheit der Selbsterkenntnis fördert. Im Vergleich zu einer herkömmlichen Psychoanalyse ist dies weitestgehend ausgeschlossen, da primär weder die Archetypenstruktur, noch der seelische Anteil am Entwicklungsprozess als Grundlage verstanden werden. Es ist dort das Ziel, aus der vollkommenen Struktur der Seele Informationen und koordinative Zusammenhänge aus dem spirituellen Kontext abzurufen.

Zudem kann unmöglich die Eigenverantwortlichkeit dadurch gefördert werden, dass nach der Sündenbocktheorie beliebige Projektionsflächen wie z.B. das beliebte Elternthema, die Erziehung, Umwelt u.a. Faktoren die Ursachen anstelle des Auslösers missverstanden werden.

Insofern ist die Beziehung Bewusstsein/Seele erläutert, diese stellt im Zusammenspiel die Grundlage zu persönlicher Transformation und Heilung auf dem Weg zur Individuation dar.

Der Mensch besitzt ein Potential, dass wie bereits in der Einführung beschrieben, ein geniales Bewusstseinsfeld darstellt. Außergewöhnliche Neigungen, Fähigkeiten und Talente stehen nicht nur bestimmten Personen zur Verfügung, sondern sind denjenigen Spezis zugänglich, die eine bewusstseinserweiternde, eigene Vision von persönlicher Regie innerhalb ihrer Biographie entworfen haben.

Auch neueste Forschungen über das menschliche Gehirn belegen, dass die durch Problemumgang neu entstandenen Neuronenstrukturen im Gehirn sich als selbständige, neue Vernetzungen in den Hemisphären einprägen.

Es mag gar nicht so um die Definition dieser objektiven Instanz gehen, ich nenne sie eben Seele oder Archetypenstruktur, sondern um die verfügbare Heilkraft für Körper und Geist, sowie der damit verbundenen Lebensweisheit.

Meiner Erfahrung nach drängt sich die Frage auf, *wie* wir Zugang zu ihr bekommen und diese Verbindung dauerhaft gestalten können.

In unserem vorangegangenen Beispiel hatte unser Klient Angst vor Wasser. Wir stellten fest, dass nach dem kausalen Reinkarnationsmodell (dass leider in den meisten Fällen noch angewandt wird) durch das Wiedererleben entsprechender Situationen aus sog. *früheren Leben* ein formaler Zugang zum Problem geschaffen wurde, dieser bewusst gemacht und abreagiert wurde. Die Angst vorm Wasser verschwand, man meinte, das Problem wäre gelöst.

Die Entschlüsselung

Nun zur Deutung: Das vermeintliche frühere Leben entpuppt sich in Wirklichkeit als eine unbewältigte Konfliktsituation im emotionalen Bereich des Klienten. Gerade dann, wenn im Alltag das Problem auf der zwischenmenschlichen Ebene auftaucht und akut wird, erlebt dieser projektiv in der Sprache der Seele verschlüsselt seine subjektiven Wahrnehmungen aus dem Element Wasser bzw. der Archetypenstruktur- Ebene 8. Da die Ursache dem früheren Leben zugeschrieben wird, kann das Partnerproblem nicht gelöst werden, da nur der Auslöser (symbolisches Wasserelement) verarbeitet wird, nicht aber die konkreten, analog zugeordneten Bewusstseinsebenen im Jetzt!

Wenn in einer regressiven Sitzung Inhalte, gleich ob in realen oder symbolischen Bezügen, auftauchen, so erleben wir diese im *Jetzt*. Auch wenn tatsächliche Erfahrungen aus diesem Leben auftreten würden, so ist immer ein Bezug zum Jetztzustand gegeben!

Auslöser und Parallele

Es können unmöglich Inhalte einer persönlichen Biographie auftauchen, die nicht mit der gegenwärtigen Situation des Klienten im Zusammenhang stehen. Der Grund, warum überhaupt der Schritt zu einer Veränderung getätigt wird, der Ausgangspunkt einer jeden Bemühung, der Einstieg um ein Problem zu lösen, ist doch der Klient selbst. **Das Problem** ist sein **Auslöser,** eine Energie, die ihn in Bewegung hält und letztendlich in die richtige Richtung treibt.

Die Begleitumstände, die Entstehungsgeschichte, die internen Verbindungen, wie sich das spezielle Problem des Klienten koordiniert, sind Auslöser. Gleichzeitig entsteht das Bemühen, eine gesetzmäßige Wiederholung des Problems zu vermeiden. Die Konfrontation mit dem Thema bleibt auch bei häufiger Verdrängung des Problems nicht aus (*siehe Fig.2- Gesetz des Rhythmus*) bzw. 5. hermetisches Gesetz.

Realität oder früheres Leben?
Erste Zuordnungen

Vom Grundsatz her sind verdrängte Problemstrukturen immer als symbolische Muster im Unbewussten gespeichert. Die Seelensprache ist prinzipiell bildhaft. So kann es nicht angehen, dass dieses Material, dass nicht selten eine hohe persönliche Spannung aufweist, eben nur symbolisch behandelt wird ohne konkrete, persönliche Bezüge zu schaffen.

Es wäre geradezu naiv, eine mittelalterliche Folterszene, eine Szene des Ertrinkens oder Erhängtwerdens usw. so wortwörtlich zu nehmen und mangels Wissen und Erfahrung einem sog. früheren Leben zuzuordnen! Da es bisher unbewiesen geblieben ist, ob sich tatsächlich in der Vergangenheit diese Szene abgespielt hat, vergleicht das kognitive Bewusstsein des Betreffenden mit der Archetypenstruktur und kommt auf der subjektiven Ebene zu dem Schluss, auch mangels konkreter Zuordnung, dass eine fiktive Zeitebene *als Projektionsebene* herhalten muss. Es ist nichts gegen dieses Weltbild der klassischen, *kausalen Reinkarnationsauslegung* zu sagen, jedoch bleibt es in den meisten Fällen eine subjektive Projektionsfläche, der Klient fühlt sich weiterhin als Opfer, eben auf der nächsten, verdrängten Ebene.

Der fatale Schluss, der sich hieraus ergibt, bleibt eine vermessene Unglaubwürdigkeit und Unseriosität gleichzeitig, da das *Schuldbewusstsein* nun zeitlich auf ein paar Jahrhunderte vorverlegt wird und damit gewährleistet bleibt, dass dieser Schattenanteil, der nichts anderes als ein *verdrängter Persönlichkeitsanteil* ist, im Unbewussten weiter seiner Eigendynamik folgt.

Ähnlich der Eskalationsstufen der Psychosomatik wird das Symptom, in diesem Fall noch ein psychisches Problem, weiter und weiter nach vorne verschoben, bis es zu tatsächlichen Erkrankungen kommen muss (siehe auch im Beispiel des 5. hermetisches Gesetz.) Tatsache bleibt, dass die psychisch gebundene Energie, die Ladung der Angst vor Wasser weiter existent ist, jedoch nur symbolisch auf die nächste Ebene verschoben wurde (anfänglicher Konflikt auf Ebene 8 chronologisiert sich.)

Es ist etwa so logisch, als wenn ein Raucher suggestiv das Rauchen abgewöhnt bekommt, und danach nicht Heißhunger auf Süßigkeiten oder andere Lebensmittel bekäme. Solange ungeklärt bleibt, welche internen Assoziationen der Raucher mit dem Rauchen verbindet (z.B. Geselligkeit, Kommunikation, Genuss) wird ihn dieses Bedürfnis, das eben mit den persönlichen Assoziationen verbunden ist, zu *Ersatzhandlungen* zwingen. Wo ist dann der Unterschied zwischen Fettleibigkeit und Nikotinsucht mit all den damit verbundenen Gefahren zu finden?

Der Auslöser ist als Einstieg zu betrachten und muss konkret entschlüsselt werden.

Opfer oder Täter?

In unserem Beispiel, und diese Sitzungsinhalte kommen seit Jahren häufig vor, geht der Therapeut immer weiter an der „Zeitschiene" zurück, um die „Ursache" aufzudecken. In den ersten Sitzungen erlebt sich der Klient naturgemäß als Opfer, Szenen tauchen in unterschiedlichsten Variationen auf, die dem Klient andeuten, warum eine Abneigung bzw. Schutzhaltung zum Thema besteht. Im weiteren Verlauf jedoch wandelt sich proportional die Opferhaltung.

Bei einer seriösen Therapie tauchen nun allmählich Erlebnisinhalte auf, die den Klienten auch als Täter zeigen. Dieser wird nun angeregt, Parallelen zu beiden Vorzeichen zu suchen.

Es mag an dieser Stelle ausreichen, den Vorgang klassisch darzustellen, ohne den Leser mit seitenweisen Sitzungsprotokollen von Fragen und Antworten des Dialoges überzustrapazieren.

Das meint, dass zum *Opferbewusstsein* in gleichem Maße das *Täterbewusstsein* existiert, da *eine* Erlebnisqualität nicht der Wahrheit entsprechen würde. Der Klient lernt nicht nur seine persönlichen Verwicklungen und Irrungen kennen, sondern erlebt sich konkret auch als Mensch, der u.a. Macht auf andere Menschen ausübt bzw. manipulierend im „Wasserelement" auf andere Personen einwirkt.

Es ist also keineswegs ausreichend, sich auf die historische Rekonstruktion des symbolischen „Wasserkarmas" zu beziehen und die Therapie daraufhin auszurichten, diese lediglich und ohne realen Jetztbezug wiedererleben zu lassen.

In diesem Fall kann der Klient unmöglich die Verantwortung für sein Schicksal übernehmen!

Erläuterung des Modells

Die Vielzahl der sog. Inkarnationen zeigt ein Spektrum von Möglichkeiten, inwieweit der Betroffene das Thema verdrängt hat. Sein Bemühen, mit der vorhandenen Lebenserfahrung das Thema mehr schlecht als recht zu bewältigen, spiegelt sich im symbolischen Ablauf wieder.

Verknüpfen wir die Täter- und Opfererlebnisse, so kristallisieren sich zumThema *Wasser* natürlich Bezüge zu Menschen, Ereignissen und schicksalhaften Umständen. Wir setzen den Bezug zum Element Wasser. Welche Umstände auch auftreten mögen, es ist ein Spiegelbild des *jetzigen Lebens* und jede *historische* Gestalt kann in seiner charakteristischen Eigenheit tatsächlich einer Bezugsperson im Jetzt zugeordnet werden.

Natürlich zeigen sich Bezugspersonen „verkleidet" innerlich und äußerlich, und des Therapeuten Aufgabe muss es sein, diese Bezüge symbolisch mit dem Klienten zu klären.

Ähnlich einem inneren Theater läuft ein bestimmtes Muster, der rote Faden durch alle „Inkarnationen" thematisch ab. So ergibt sich letztendlich aus dem Muster eine Lern- bzw. Lebensaufgabe, der Klient beginnt allmählich sich Gedanken über sein Muster zu machen. Kennt er jedoch nicht die konkreten Bezüge im Jetzt wie oben beschrieben, *verstärkt sich seine emotionale Thematik*, auch wenn dieser eine Partnerschaft im Extremfall beenden würde. (Hier sei auf die hermetischen Gesetzmäßigkeiten in diesem Buch verwiesen.)

Sinn entsteht im Prozess selbst wenn erkannt wird, dass es keine persönliche Ursache geben kann. Klassisch ausgedrückt stellt sich die Frage, ob nun das Ei oder die Henne zuerst existent waren. Niemand konnte bisher diesen Zusammenhang aufklären! Bei der Aufarbeitung persönlicher Probleme können Sie so weit zurück gehen wie Sie möchten, Sie landen immer zum Schluss bei Adam und Eva, der Schöpfungsgeschichte und in letzter Konsequenz in einer überpersönlichen Welt, der Welt der Archetypen.

Es ist fatalistisch zu glauben, es gäbe für ein bestimmtes Problem eine erste Ursache, die aus dem persönlichen, subjektiven Bereich entstand. Jeder klar denkende Mensch weiß, dass nach dem Prinzip der Linearität, weder Anfang und Ende in Wirklichkeit existiert, außer es wird willkürlich ein Anfang gesetzt (der Punkt im Kreis.)

Der Ursprung, der Anfang des Geschehens, liegt immer im Archaum, in der kollektiven Welt des Unbewussten. Später gesellt sich der Mensch hinzu, und hat nach und nach Anteil mit seinem Bewusstsein an dieser höheren Ordnung der Gesetzmäßigkeiten. In seiner Seele spiegeln sich alle Möglichkeiten dieser grundsätzlichen Archetypenstruktur wieder.

Die Entfaltung des Selbst

Abhängig vom Entfaltungswillen des Einzelnen, an der Schöpfung zu partizipieren, entwickelt sich vom Grad der Verantwortung gegenüber eben dieser bereits vorhandenen Archetypenstruktur die Individualität des Einzelnen. Dieser Vorgang hat nicht im geringsten mit Schicksal oder Determination etwas zu tun, sondern mit dem unverzichtbarem Lebensrecht jedes Einzelnen!

Schicksal entsteht dann, wenn ein Mensch grundsätzlich nicht an der individuellen Ausprägung seines Lebens Interesse zeigt.

Um Missverständnissen vorzubeugen, wirken die Kräfte der Archetypenstruktur solange auf die Lebensstruktur des Einzelnen positiv ein, bis dieser das Interesse verliert, andere Menschen in irgendeiner Form *zu manipulieren*. Dies meint, dass ein Mensch nie beliebig viel Macht auf seine Umwelt ausüben könnte.

Es gibt keine offizielle und belegbare Forderung, die den Menschen zwingt, sich an bestimmte Gebote oder Gesetze zu halten, außer den geistigen Gesetzmäßigkeiten.

Wenn Sie weiter blicken, ist zudem der Großteil menschlichen Schicksals darin begründet, die Andersartigkeit anderer Menschen nicht zu akzeptieren. Hier stehen wir alle gemeinsam in einem kollektiven Lernprozess. Die freien Entfaltungsmöglichkeiten des Einzelnen sind das Gesetz, unter Ausschluss von persönlicher

Machtvorstellung und Manipulation. Die Religionen oder Kirchen verweigern eben gerade diesen entscheidenden Punkt, die Möglichkeit der *Individuation.*

Individuation ist die Suche nach der eigenen Wahrheit, den eigenen Wurzeln. Keine Zeit ist im übrigen stärker geprägt als die unsrige mit dem Bedürfnis, Abhängigkeiten aller Art, seien diese kulturell, sozial, human, partnerschaftlich, politisch, religiös oder wirtschaftlich zu lösen.

In der parallelen Reinkarnationstherapie entdecken wir außer den persönlichen, zeitlosen Mustern unserer Seelensabotage den Kern unserer Persönlichkeit. Dieser ist frei vom Ego und willkürlicher Manipulation. Dieses transzendente Selbst birgt die Archetypenstruktur unserer Seele, der einzigen Chance im Leben, um der persönlichen Individuation Rechenschaft abzulegen.

Es können somit beliebig viele Inkarnationen abgerufen werden, solange der Formaspekt, also der Auslöser als einzige Ursache behandelt wird. Der Inhalt der Reinkarnationstherapie muss thematisch dahingehend ausgerichtet sein, die individuell-persönliche Bedeutung für den Betreffenden wie folgt zu definieren:

Folgende Fragen tauchen für Therapeut/Klient auf:

1) *Unter welchen Begleitumständen tritt das Problem im Jetzt auf?*
2) *Existiert bereits ein Wiederholungsmechanismus?*
3) *Welche Traumbilder treten analog auf?*
4) *Welches Hauptthema kristallisiert sich durch alle Sitzungen?*
5) *Welche Projektionsflächen werden gewählt, um Verantwortung abzugeben?*
6) *Welche Begleitsymptome treten zusätzlich auf?*
7) *Welche Quintessenz gewinnen wir durch das Aufarbeiten vom Opfer/Täter-Syndrom?*
8) *Welcher Archetypenstruktur entspricht das Problem?*
9) *Welches Element ist zu berücksichtigen?*
10) *Welche anderen Persönlichkeitsanteile stehen im direkten Zusammenhang?*
11) *Erkennen beide die Synchronizität der Ereignisse?*

Zum Punkt 10 ist per Definition hinzuzufügen, dass Synchronizität als ein sinnvolles Zusammentreffen eines psychischen Zustandes mit einem objektiven, äußeren Ereignis zusammentrifft. Es handelt sich also um ein sinnvolles, zeitliches Zusammentreffen (Koinzidenz) von zwei Ereignissen ohne sichtbaren, kausalen Zusammenhang.

Schicksal und Freiheit

Ein Beispiel: Die Parallelen treffen gleichzeitig zusammen, so dass ein Mensch mit einem bestimmten Problem oder einer bestimmten Frage automatisch mit gleichgesinnten Personen zusammentrifft, auch wenn beide betroffenen Parteien subjektiv die Lösung des Problems nicht kennen. Ähnlich dem Gesetz der Fügung tritt in der Außenwelt als Spiegel ein sichtbares Problem auf, dass in meiner Innenwelt bisher verdrängt wurde.

Anstelle der Außenwelt als Spiegelfunktion treten in der Reinkarnationstherapie nun viele Projektionsflächen als synchrone Strukturen des einen Problems auf (Wiederholungsmuster.) Dass, was bisher als *Inkarnation* galt, ist als eine Vergrößerung der Seelenlandschaft zu verstehen. Allmählich schauen wir uns an, zu welcher Archetypenstruktur der Klient Vertrauen gewinnen muss, um die entsprechenden Inhalte zu lernen.

Der zwischenmenschliche Bereich (Ebene 8) tritt dann als Problem auf, falls eine ausreichend negative Affinität in wiederholter Form in diesem Leben auftrat. Der Klient beweist somit, dass er „reif" geworden ist, diesen Seelen- bzw. Persönlichkeitsanteil bewusst zu integrieren. Sein Problem enthält im Keim (Archetyp) die Kraft, in der Auseinandersetzung dieses Potential zu verwirklichen.

Würde es einen Sinn machen, Inkarnation um Inkarnation abzurollen um alle möglichen Verwicklungen symbolisch auszuagieren, ohne die konkreten Bezüge im Jetzt zu entschlüsseln? Nein!

Jedes Problem, jede Krise des Menschen, gleich wann und unter welchen Umständen, spiegelt ein Urmuster in der persönlichen Entwicklung des Einzelnen wieder.

Das Gesetz des Rhythmus deutet eine Sinuskurve mit Schwankungen nach unten und oben an, ähnlich dem Prinzip von Ebbe und Flut, einer zyklischen Wiederholung, bis der Betroffene klar und deutlich sein Urmuster erkennt. Rhythmus kompensiert ungelöste Polaritäten. Das persönliche Urmuster tritt allmählich in Erscheinung, ohne den freien Willen zu beeinflussen.

Das Problem, das dieses Urmuster beinhaltet, ist im übrigen solange existent und damit auch auf der äußeren, kausalen Lebensebene zeitlos, bis dessen Integration erfolgt!

Um es praktisch auszudrücken, die Physis des Menschen repräsentiert in seiner Eigengesetzmäßigkeit die Kausalität des Ego´s, die Endlichkeit der Materie.

Die Archetypenstruktur der Psyche stellt den zeitlosen, akausalen Teil der Persönlichkeit dar, die makrokosmische Verbindung zur Schöpfung, das ewige, ununterbrochene Sein.

Reinkarnation und Partnerschaft- Ein Sitzungsbeispiel

Häufig bilden Partnerprobleme den Hintergrund einer Reinkarnationstherapie. In unserem Ausschnitt schildere ich Sitzungsinhalte, die in der Regel über Jahre häufig bei Klienten auftraten.

In unserer Sitzung schildert eine 45-jährige Frau die Konfliktsituation mit ihrem männlichen Partner. Ihr Name ist Ursula. Zur Vorgeschichte ist zu bemerken, dass sie eine 16-jährige Tochter aus der ersten Ehe in ihre jetzige Beziehung mit ihrem Seelenpartner, 36-jährig, wie Sie diesen nennt, mit einbringt. Beide kennen sich seit 4 Jahren, leben gemeinsam seit 2,5 Jahren zusammen. Sie schildert aus ihrer Sicht die Mängel, Wünsche, Ängste, Sehnsüchte und Visionen dieser Beziehung, fühlt sich weitestgehend unverstanden sowie in den letzten Monaten persönlich manipuliert.

Sie traut ihrem Partner immer weniger die Sensibilität, die Verantwortung sowie das Erreichen ihrer gemeinsam definiert

Ziele zu (Ziel ist es u.a. ein gemeinsames Unternehmen im Dienstleistungsbereich zu gründen, der Tochter einen spirituellen Erziehungshintergrund zu vermitteln sowie zeitlich mehr Selbstbestimmung für gemeinsame Unternehmungen zu erreichen.)
Sie beschreibt ausführlich in Details die entsprechenden Situationen, fühlt sich überlastet und frustriert. Weiterhin ist Sie der Meinung, dass Sie über heilerische Kräfte verfüge, sich in diesem Bereich gerne weiterbilden möchte; dann ist es für Sie unverständlich, dass die Mutter des Partners nach ihren Aussagen ein „gehöriges" Wort in der Beziehung mitzureden hätte.

Sie weiß inzwischen, nach einigen erfolglosen Gesprächstherapien, dass Sie zur Klärung ihrer Ängste im seelischen Bereich arbeiten möchte.

In den ersten Sitzungen üben wir die passende Form von Entspannung, Imagination und Atemtechnik ein, so dass sie sich bequemerweise primär ihrer inneren Bilderwelt widmen kann.

Sie schildert eine Szene eines mittelalterlichen Marktplatzes: „.... *Ich kann einen unbekannten Ort sehen, einen Dorfplatz, erkenne meine Kleidung, ein Kleid aus grober Baumwolle, Holzschuhe......*(Beschreibung des Umfeldes*); ich bin angekettet, spüre feste, metallische Gegenstände um mein Handgelenk* (greift während der Sitzung wie in Zeitlupe tatsächlich an ihre Gelenke), *kauere am Boden, warte auf meine Verurteilung.*"

Aus Platzgründen werden nur die thematisch wichtigsten Details´ wiedergegeben, so dass ausführliche, allgemeine Beschreibungen ausbleiben.

In einer Reinkarnationssitzung kommt es öfter zu einem kontinuierlichen, deutlichen Sprachfluss, hin und wieder wird weniger gesprochen und mehr Wert auf die Kommunikation mit dem höheren Selbst gelegt, so dass ein tatsächlicher Dialog erfolgt. Von Sitzung zu Sitzung lernt die Klientin selbst Kontakt zu ihrer Archetypenstruktur herzustellen, steht also in nonverbaler Verbindung, dafür im direkten Bild- und Symbolkontakt mit ihrem höheren Selbst.
Natürlich wird der didaktische Ablauf durch die Fragen und Angebote des Therapeuten im Fluss gehalten, so dass die Rahmenbedingungen gewährt bleiben. In den meisten Fällen sind jedoch

beide, Klient und Therapeut, mehr oder weniger Zeugen einer spirituellen Kommunikationsform, die durch die spezielle Atemtechnik (kein Rebirthing) und den vorgegebenen Fragen oder Themenstellungen den direkten Kontakt zur Archetypenstruktur im Fluss halten.

Es handelt sich also nicht um ein stures Abfragen oder Assoziieren.

Nachdem die Szene deutlich wird, schildert Ursula weiter.." *eine Art Ältestenrat befindet über meine Zukunft, ich habe scheinbar gegen eine Abmachung verstoßen....".*

Nach einigen Aufforderungen, die Hintergründe, welche zur „Verurteilung" geführt haben zu nennen, sieht sie sich in einer anderen Szene.

„..ich lebe scheinbar im Wald, die Leute kommen zu mir und wollen mit Kräutern behandelt werden, die Kräuter werden als Salbe oder frisch verabreicht, auch habe ich Pulver, das ich den Leuten mitgebe. Manche kommen öfter und bringen immer mehr andere Personen mit......Sie sind zufrieden und fordern immer mehr von mir.....".

Nach eindeutigen Beschreibungen, die darauf hindeuten, dass Ursula „damals" als heilkundige, weise Frau erfolgreich Heilungen durchgeführt hat, führe ich Sie wieder in die Ausgangsszene.

Frage: Schildere mir bitte, was Du jetzt wahrnimmst, wie geht es weiter?

Antwort: ....ich werde auf eine Holzbühne gezerrt und höre kurz eine Art Urteil, dass meine Arbeit unwiederbringlich gegen bestehendes Recht verstoßen habe und ich mit dem Leben dafür bezahlen müsse..

Frage: Erkennst Du irgend jemand der anwesenden Personen, die mit deinem heutigen Leben zu tun haben, frage dein höheres Selbst und teile mir falls möglich, die Antwort mit?

Es vergehen ca. 2 Minuten.

Antwort: Einer der Richter ähnelt der Gestalt meines Vaters vor allem die Augen sind sehr ähnlich, vorhin hatte ich den Eindruck, dass meine heutige Tochter zu den Leuten gehörte, die mich im Wald besuchten.

Frage: Bitte dein höheres Selbst, dich in die nächste, wichtige Szene zu führen.

Antwort: Ich versuche mich loszureißen, schreie und spüre eine unglaubliche Wut in mir hochsteigen,..... ich habe doch niemanden etwas angetan.. nein..

(Auf der Couch bewegt Sie ihren Körper heftig und wird auch mit der Stimme lauter.)

Viele Hände packen meinen Körper, niemand erhört mich......, ich höre von ca. 30 Dorfbewohnern ein Gemurmel und Gelächter, spüre etwas festes und kratziges am Hals..... ich kann nicht mehr richtig atmen, würge mich.....schreie.... habe immer weniger Kraft..... der Druck nimmt zu.... ich wehre mich nicht mehr.... höre komische Geräusche um mich.... die Augen der Außenstehenden kommen mir sehr groß vor.... spüre Ohnmacht..... Ruhe, Leichtigkeit, Frieden.

Auf die Frage, ob Sie denn noch im Körper bzw. der Szene anwesend ist, kommt erst einmal keine Antwort. Ihre Gesichtszüge entspannen sich deutlich, das Gesicht ist nicht mehr von Anspannung und Verzweiflung gezeichnet. Allmählich spricht Sie aufgrund meiner Intervention weiter.

„Ich fühle mich gut, leicht, warm und geborgen.... kann mich von oben sehen. Ich schwebe und bin zeitlos, kenne diesen Zustand eigentlich nur aus meinen Träumen.....kein Druck, kein Schmerz mehr, nur noch Ruhe."

Ich fordere Ursula auf, das Erlebnis noch einige Male wieder zu erleben, da unangenehme, traumatische Erfahrungen kontinuierlich erlebt werden sollten, bis die Angst und die damit verbundenen unangenehmen Erfahrungen akzeptiert werden können. Das Todeserlebnis ist für die meisten Klienten sehr spontan und ungewöhnlich. Trotzdem erlebten tausende Klienten und Teilnehmer den symbolischen „Tod" im nachhinein als völlige Entstressung, als Entspannung. Weiterhin nimmt man durch das mehrmalige Wiedererleben dieser traumatischen Szene grundsätzlich die Angst vor dem Tabuthema Tod. Es handelt sich hier nicht einfach um ein technisches Detail, sondern um eine Säule im Leben des Klienten.
Auffallend ist ohne vorherige Absprache, dass sich die Erfahrungen nach dem Körperaustritt sehr den tatsächlichen Nahtoderfahrungen von Dr.Moody oder Dr. Kübler-Ross ähneln. Aussagen

und Erlebnisse mit Licht, der Zustand der Geborgenheit, Empfindungen von Wärme; manchmal erscheint ein Tunnel, an dessen Ende tatsächlich eine Lichtgestalt wartet und hilft, die wichtigsten Szenen einer Lebensspanne Revue passieren zu lassen.

Oft erleben die rationell geprägten Klienten diese spirituelle Qualität spontan und intensiver als die esoterisch-vorgeprägte Klientel!

Das Mysterium Tod und die damit verbundene Lebensangst verliert allmählich von Sitzung zu Sitzung seine Wirkung.

Bevor wir weitergehen, soll an dieser Stelle bereits der Parallelcharakter der symbolträchtigen *Inkarnationen* gedeutet und dem Jetzt entsprechend zugeordnet werden.

Zusammenfassung und erste Deutung

1) Wir beschäftigen uns ausschließlich mit Szenen, die sich in wiederholten Sitzungen inhaltlich ergänzen, so dass ausgeschlossen wird, Einmalszenen zu deuten.

2) Alle Sitzungen werden untereinander in einer Symbiose behandelt, damit die anfänglich erlebten Opferinkarnationen weder über- noch untergewichtig den erst später im Gegensatz folgenden Täterinkarnationen zugeordnet werden können.

3) Die Erlebnisse müssen einen emotionalen Gehalt aufweisen, reine Bilderlebnisse sind zu kopflastig und projektiv. Meist besteht eine Verbindung zum körperlichen Erleben, so dass nur imaginativ isoliert auftauchende Bilder nicht berücksichtigt werden! Bei späterem Eintauchen in bekannte Szenen muss ohne Vorankündigung der gleiche Ablauf gewährleistet sein.

4) Opfer- und Tätererfahrungen werden auf Affinität und Parallelen hin verglichen und später inhaltlich verknüpft.
Danach werden die bislang eher symbolischen Erlebnisse dem Jetzt inhaltlich angeglichen, Parallelen zum Jetzt werden geknüpft.

Ansonsten gelten die Hinweise für Therapeut und Klient (11 Punkte.)
Die Situation, alleine vor einer bestimmten Menge Menschen hilflos abgeurteilt zu werden, muss hinterfragt werden. Einerseits soll damit nicht der Standpunkt der Hilflosigkeit unterstützt werden, die Gefahr, weiter auf Bezugspersonen und die Umwelt Schuld und Verantwortungslosigkeit zu projizieren, wäre zu groß. Schließlich kennen wir bis dato nur die subjektive Perspektive. Andererseits wird ja gerade mit dieser Szene zum Ausdruck gebracht, alles „alleine" bewerkstelligen zu müssen, die positiven wie negativen Szenen (Waldszene, Heilerin). Grundsätzlich erleben sich fast alle Klienten und Teilnehmer bei ihren Zeitreisen zum Großteil unbegleitet oder alleine. Nur die Qualität im Austausch mit Bezugspersonen ist differenziert.

Einerseits sind die sog. Inkarnationen verschlüsselte Seelenbotschaften verdrängter Erfahrungen, andererseits zeigen Sie Wünsche und Ängste, die *der Jetztrealität auf das Konkreteste entsprechen.* So ist der Tod auf dem Marktplatz kein wirklicher Tod, sondern das symbolische Ende einer Wunschtätigkeit, dem Heilen. Die *Bestrafung*, nämlich der Tod, verstieß in ihrer persönlichen Lebensanschauung gegen die bzw. eine bestehende Lebensordnung (beziehungsintern mit dem Partner bzw. Ursulas biographischem Hintergrund.)

Gemeint ist nicht das frühe Mittelalter, sondern die Reaktionsweisen von Ursulas Umwelt auf die Idee, *heute* zu heilen. *Mittelalterlich* erscheint ihr im Sinne von <Unverständnis und völlig überholt> die Reaktion ihres Partners und einiger Freundinnen in diesem Leben incl. der zukünftigen Schwiegermutter, was sich bei späterer gemeinsamer Betrachtung auch herausstellt. Das verborgene Leben im Wald entspricht teils der Realität, dieses Interessenpotential *still* für sich alleine realisieren zu wollen; auch wünscht Sie sich gleichzeitig die Zeit und Abgeschiedenheit, um Menschen in einem bestimmten Rahmen helfen zu wollen.

Ob diese Art der Tätigkeit empfehlenswert wäre, erfahren wir später. In jedem Fall stehen die Prototypen der inkarnatorischen Erlebnisse mit dem vorzeitigen Ende der *Heilerin* in Bezug.

Weiterhin sehen wir einen zumindest symbolischen Bezug zum Vater (wurde als Richter erlebt) sowie zur leiblichen Tochter. Die Vorzeichen sind bekannt. Sie muss in jedem Fall über eine mögliche Klärung mit dem leiblichen Vater nachdenken, inwieweit eine Anerkennung durch ihn wünschenswert oder von Bedeutung ist. Ob Ursula nun als Heilerin prädestiniert ist oder diesen Bereich nur für sich selbst in Betracht zieht, spielt noch keine Rolle.
Die Tochter wird als Verbündete erlebt, was auf ein positives, nicht weiter nachzuforschendes Resultat gewertet wird.
Zum jetzigen Zeitpunkt, etwa nach der 4. Sitzung werden die Inhalte, Zuordnungen und Deutungen nicht mit der Klientin aus den allgemein bekannten Gründen besprochen.

Da Reinkarnationstherapie in einer zusammenliegenden Einheit von 15-20 Doppelstunden durchgehend auf 2-3 Wochen angesetzt wird, arrangiert man nach etwa einem Drittel der jeweiligen Sitzungsabschnitte ein klärendes, zusammenfassendes Gespräch mit Meditation.

Im Moment erfüllen wir die ersten beiden Kriterien wie eingangs beschrieben.

Wir hinterfragen gemeinsam anhand der parallelen Reinkarnationstherapie die Entwicklung von Ursulas Inkarnation bzw. Archetypenstrukturen weiter.

„Begib dich bitte wieder in die Szene am Marktplatz, wir schauen, ob weitere wichtige Elemente zu diesem Abschnitt existieren, setz dich in Verbindung mit deinem höheren Selbst und teile mir mit einfachen Worten oder Sätzen mit, was geschieht. Bis Du im Kontakt stehst, hast Du die Zeit, die Du benötigst"

Antwort:.....die Bilder tauchen langsam auf, ich bin im Moment noch Beobachterin.

Frage: Kannst Du einige der Menschen von vorhin wieder erkennen?

Antwort: Ja, meine Tochter, sie steht verborgen hinter einer Gruppe der Dorfbewohner........ sie trägt ein dunkles, langes Kleid, steht regungslos da."

Bitte dein höheres Selbst, dich in weitere, vielleicht zurückliegende Szenen von Bedeutung zu führen, die damit im Zusammenhang stehen..

Antwort: Ich sehe mich in einer anderen Umgebung, am Meer. Ich bin jung, lebe in ärmlichen Verhältnissen in einem Fischerdorf.

Frage: Wo ist deine Familie?
Antwort: In der Altstadt, beengte Verhältnisse, mein Vater trinkt, meine Mutter ist Näherin. Es wird sehr wenig gesprochen, die Tage gehen so dahin.

Es folgt wieder die Aufforderung, sich wieder mit dem höheren Selbst in Verbindung zu setzen, bis wichtiges Material auftaucht. Die Auszüge aus diesen Sitzungen sind teilweise gekürzt. Sie beschränken sich immer auf die wesentlichen Zusammenhänge, die ein Gesamtbild ergeben. Seitenweise Wiedergaben nebensächlicher Details halte ich für überflüssig und können auch keinem Leser zugemutet werden.

Antwort: Ich befinde mich in einem engen Raum, es ist dunkel, ich höre meinen Vater kommen..... Er ist angetrunken und greift nach mir. Ich versuche mich zu wehren, was mir auch gelingt. Ich renne aus dem Raum, verlasse das Haus.
Frage: Wo läufst Du hin?
Antwort: Ans Meer und harre aus.
Frage: Welche Beziehung hast Du zu deinem Vater?
Antwort: Keine gute. Ab und zu schlägt er mich und versucht mich zu berühren. Ich weiß was er will, weil ihn meine Mutter abzulehnen scheint. Trotzdem schafft er es nie, mich zu vergewaltigen, weil ich einfach wacher bin. Ich muss ständig auf der Hut sein.
Frage: Wie hängen beide Inkarnationen zusammen?
Antwort: Das Alleinsein, das Fehlen von Geborgenheit, Liebe und wirklicher Zuneigung.
Frage: Schau weiter, gibt es weitere Verknüpfungen?
Antwort: Ich erlebe mich in einer späteren Szene, ich bin etwa Mitte zwanzig und arbeite in einer großen Stadt. In einem Wirtshaus. Die Männer sind hinter mir her, ich bekomme eindeutige Angebote. Nach einigen weniger guten Erfahrungen baue ich mir eine Mauer um mich auf, ziehe mich unauffälliger an, pflege mich weniger. Ich lasse mich kaum mehr auf Gespräche ein.
Frage: Frage dein höheres Selbst, nach der Bedeutung dieser persönlichen Mauer?
Antwort: Ich fühle mich wie ein großer Knoten, da ich noch nie auf einer gleichen Ebene mit einem anderen Menschen zusammen gearbeitet habe. Ich wünsche mir nichts sehnlicher, als auf diese Art Anerkennung und Liebe zu

bekommen..... es tauchen Bilder auf, wo ich auf Versprechungen anderer Männer reagiere und Vertrauen gewinne..... immer wieder das Gleiche.... außer sexuellen Einseitigkeiten läuft gar nichts, keine Freundschaft, nichts....

Frage: Ähneln diese Bilder von der Qualität den Szenen mit dem Vater?

Antwort: Ja, ich spüre den Druck, ein beklommenes Gefühl im Raum, wenn mir ein Mann näher kommt, das Gefühl, „auf der Hut sein zu müssen." Auch die Blicke der Männer kommen mir bekannt vor.

Frage: Geh weiter voraus in diesem Abschnitt und achte darauf, was auftaucht.

Antwort: Ich erlebe eine Vergewaltigungsszene, ich befinde mich in einer anderen Stadt, ein dunkelhaariger Mann macht sich über mich her.....

Es folgt die Beschreibung der Vergewaltigungsszene.

Frage: Wie nimmst Du dich wahr?

Antwort: Wie ein Stück Dreck, wertlos, abgenutzt wie ein altes Stück Holz.

Frage: Spüre in Dich hinein, in welchem Körperbereich spürst Du deine Energie am stärksten?

Antwort: Im Unterleib, alles brennt und ist taub. Eine starke Ohnmacht taucht auf, ich habe einen starken Druck im Brustkorb.

Frage: Gehe als Energiepunkt in die Qualität dieser Energie hinein, was geschieht?

Antwort: Auch hier nehme ich einen sehr engen Raum wahr, die Energie ist drückend und explosiv. Ich glaube, es ist Wut, Verzweiflung, Angst, alles zusammen.

Stell dich der Energie, verbinde dich mit ihr und sprich weiter, nur diese Energie zählt im Moment.

Antwort: Ich erlebe eine Art Folter, ein brennender Schmerz bewegt sich im Raum. Ich bin hilflos.

Frage: Gibt es einen Ausgang, eine Tür?

Antwort: Ja, hinten rechts.

Frage: Versuch hinter den Raum zu gelangen.

Antwort: Ein Raum, der dem jetzigen Leben entspricht, ich erkenne mein Elternhaus, mein Vater bringt mich gerade ins Bett.

Frage: Wie bist Du bekleidet, beschreibe auch deinen Vater!

Antwort: Ich habe eine Art gelbfarbenen Trainer an, der kommt mir jetzt sehr bekannt vor, er stammt aber aus diesem Leben!..... mein Vater hat eine dunkelbraune Kordhose an, raucht eine Zigarette und berührt mich am Unterleib. Er spricht beruhigend auf mich ein, berührt mich dann am ganzen Körper. Ich denke mir nichts dabei.

Frage: Was fühlst Du?

Antwort: Ich verstehe als kleines Mädchen gar nichts. Nur der Druck im Brustkorb bleibt, eine Wut steigt auf, gleichzeitig tauchen die Szenen der Marktszene wieder auf,... die Verurteilung, der Richter......,die Emotionen gleichen sich. Wie von selbst reihen sich die Bilder nebeneinander, sie gehören zusammen!

Frage: Welche Szene wirkt am stärksten auf Dich?

Antwort: Keine ist stärker oder schwächer, nur die Energie, die Wahrnehmung im Brustkorb wird beim Betrachten allmählich schwächer, für mich sind eben alle Männer gleich...!"

Wir unterbrechen hier an dieser Stelle. Zum Beginn der 5. Sitzung wurden nun Verknüpfungen zu weiteren Hintergründen parallelisiert. Ein Thema kristallisiert sich immer stärker heraus, die Beziehung zum anderen Geschlecht.

Dann verbinden sich inhaltlich, also *zeitunabhängig,* die sog. früheren Leben durch eine *emotionelle Verflechtung,* der Druck im Brustraum ist ein begleitendes Kriterium, dass den bildhaften Erlebnissen zugrunde liegt. Natürlich sind die Inhalte wichtig, für die persönliche Wahrnehmung der Klientin ist jedoch die innere Verbindung, dem roten Faden der energetischen Ladungen wichtiger, da es ihre persönliche Erfahrung konkretisiert. Auf welcher Zeitschiene sich bestimmte Erlebnisse abspielen, ein sog. *Vorher* oder *Nachher* ist für uns weniger, wenn überhaupt von Bedeutung.

Die seelischen Zustände, die persönliche Realität der Klientin während der Sitzungen sind ausschlaggebende Punkte. Der Schwerpunkt dieser Sitzung lag auf Wertmaßstäben zu Männern, die als äußerst einseitig, also aus der Opferhaltung heraus, beschrieben wurden. Noch kennen wir die *Täterinkarnationen* nicht, so dass in den nächsten Protokollen auch andere Punkte ans Tageslicht treten. Wahrscheinlich ist jedoch, dass es sexuelle Verfehlungen in der tatsächlichen Kindheit durch den leiblichen Vater gab. Auch sind Hinweise gegeben, dass bei beim Bemühen der Klientin, freundschaftliche Bande zu knüpfen, kein Erfolg zustande kam.

Würden wir nun auf der Opferschiene bleiben und dem Klischee, „Männer sind alle gleich“ Glauben schenken, ändert sich, mit welchem Hintergrund und Therapieverfahren auch immer, die Einstellung der Klientin zum männlichen Geschlecht auf keinen Fall. Nicht selten kommt es vor, dass Klientinnen, wie Ursula auch, beim Kartenlegen, bei einem Medium oder beim Channeln(Mediumismus) vergleichbare Resultate zu hören bekam, nur mit dem Unterschied, dass Sie passiv den Interpretationen und Phantasien der obigen Personen ausgesetzt war. Das persönliche Erleben ist ja ausgeschlossen bei den prognostischen Erfahrungen! Eine Art esoterischer Trost, der Niemand in irgendeiner Form weiterbringt. Die persönliche Beteiligung, das persönliche Verursacherprinzip fehlt noch zu diesem Zeitpunkt, da Ursula auch in diesem Leben aus dem Kreislauf „Männer“ etwas Positives lernen will. Fest steht, dass die Zeitreisen die Wirkungen einer noch unbekannten Ursache darstellen.

Unser roter Faden, die Richtung ist bekannt. Nur wie soll Ursula aus diesem Kreislauf herauskommen, mit den Problemen des Alltags im Hier und Jetzt umgehen? Lediglich Rückführungen, die ihr Bestätigung für die einseitige Haltung Männern gegenüber schenken? Das kann es nicht sein, da Therapie nach dem Sündenbockprinzip nie funktionieren kann. Denken Sie an das Beispiel mit dem Magen im Kapitel *Gesetzmäßigkeiten der Seele.*

Eigenanteil und Verantwortung

Der Eigenanteil von Verantwortung und Lernerfahrung steht noch aus. Dieser Punkt ist jedoch enorm wichtig, da bei Schuldzuweisungen und weiteren Projektionen zusätzlich das unterbewusste, schwache Vertrauen zum anderen Geschlecht abnimmt.

Die eingangs erwähnten Ziele mit ihrem jetzigen Lebenspartner könnten sich unter diesen Umständen so gut wie nie erfüllen.

Die sexuellen Belästigungen aus der Kindheit sollten jedoch überprüft werden, da häufig bei solchen Kindheitserfahrungen dieser *Inkarnationen* entweder die subjektiven Wertmaßstäbe sexuellen Erlebens symbolisch nacherlebt widergespiegelt werden oder tatsächlich eine Wiedergabe der seelischen Verletzungen aus der Kindheit darstellen. Hier gilt es, die Klientin zu entsprechender Aufklärung diesbezüglich anzuhalten.

Synchronizität der Ereignisse- Parallelleben

Bis zu diesem Punkt, war noch keine selbständige Verknüpfung verschiedener Zeitsequenzen (Inkarnationen) zu erkennen. Auf der Spitze der somatischen Wahrnehmung (Druck im Brustkorb in Verbindung als Parallele und Verknüpfung ähnlicher, inhaltlicher Erlebnisse) erlebte die Klientin *Inkarnation* zu *Inkarnation* als getrennt bzw. in einer getrennten Abfolge. Durch die Kraft der energetischen Ladung ihrer Erlebnisse, die bis dato zwar Ähnlichkeiten in der Beschreibung, jedoch keine emotionelle Koinzidenz aufwiesen, wurde ihr weder vorher noch währenddem irgendein Hinweis gegeben.

Die Erfahrungen gliedern sich durch einen eigenständigen Seelenmechanismus schwerpunktsmässig an die energetische Ladung bzw. nach der Wichtigkeit des Geschehens von selbst ein.

Zeit im Sinne einer *kausalen Kette* spielt hier tatsächlich keine Rolle mehr, zumal die innere Verbindung zur Archetypenstruktur, das höhere Selbst aus einer objektiven Instanz heraus die Bilder und Wahrnehmungen im Fluss hält. Es ist nicht so, dass eine logische, rationelle Abfolge eingehalten wird, sondern von dieser objektiven Instanz Angebote gemacht werden, die Therapeut/Klient wiederum dankbar aufnehmen können in ihrer Arbeit. Insofern ist weitestgehend die übliche, subtile Form von Übertragung bei diesen Therapiesequenzen weitestgehend ausgeschlossen.

Der gleichzeitige Zugriff

Verblüffend ist auch, dass die Seele sich zeitgleich aus den unterschiedlichsten Zeitepochen *das* Material wählt, dass zur Symbiose eines Ganzen erforderlich ist. Im Vergleich dazu wäre eine klassische Psychotherapie viel aufwendiger, gemessen an den brauchbaren Resultaten intimster Erlebnisse, geschweige denn der intensiven Qualität der Erfahrungen. Um diese Konkretisierung zu erreichen, bräuchte es ca. 100-120 Stunden herkömmlicher Therapie.

Die effektive Arbeitsweise liegt im Arbeitsmodell begründet, da das Unbewusste oder die Seelenarchitektur nicht primär als Scheiterhaufen negativster Konditionierung verstanden wird, sondern als Quelle der Kraft, Heilung und Kreativität. Auch geschieht hier eine Verknüpfung zum inneren Selbst, Philemon wie Jung es bezeichnete, das Zentrum der Persönlichkeit wird zum Partner.

Weiterhin bleibt zu erwähnen, dass der Klient gleichberechtigt Anteil am Verfahren hat, wichtigstes Material selbst aus der Archetypenstruktur erarbeitet, sowie er nicht während oder nach den Sitzungen moralisierende Bewertungen seitens des Therapeuten erhält.

Auch sind die Inhalte keineswegs an die Glaubensvorstellung von Reinkarnation gebunden.

So bestätigt sich zunehmend in der Praxis die These, *dass sog. Inkarnationen Spiegelflächen von symbolisch abgelegten und häufig verdrängten Erfahrungen einer Lebensspanne sind, nur in abgewandelter, archetypischer Struktur.*

Um es zu wiederholen, eine bestimmte Problemqualität fordert die entsprechende Seelenanlage der Archetypenstruktur soweit heraus, dass diese sich untereinander über das kognitive Bewusstsein verbinden (Traum, Wiederholungszyklen, Umwelt als Spiegel verdrängter Seelenstrukturen.)
Falls nun diese Grundlagen und Zuordnungen ausbleiben, verschieben sich naturgemäß, ähnlich den Eskalationsstufen eines Symptoms, die Inhalte und Probleme gemäß dem Beispiel aus der 5.Gesetzmäßigkeit (Kapitel Rhythmus) auf weitere äußere Schichten im Leben des Betreffenden.

Häufig verstehen sich die Anbieter von Past-Life Therapien als Erfüllungsgehilfen, die sog. früheren Leben, so wie diese sind, also ohne schlüssiges Hintergrundkonzept, auszuagieren und durch

Wiederholungen abreagieren bzw. häufiger wiedererleben zu lassen.

Dies stellt sicherlich keine Kunst dar, unangenehme Erfahrungen zu reaktivieren und ausbluten zu lassen. Die persönliche Inflation nimmt jedoch zu, da Angst- und Schuldbewusstsein sich steigern werden, die Ängste werden nach der Sündenbocktheorie unzureichend aufgearbeitet, indem konkrete Zuordnungen zum Jetzt fehlen.

Die Seele bietet Lösungsmöglichkeiten an

Zusammenfassend erkennen wir, dass es das Ziel der Seele ist, durch die Auswahl spezifischer Erfahrungen in *unterschiedlichsten* Zeitebenen Parallelen zu knüpfen, die in der Verbindung selbst verschiedene Erfahrungen nach energetischen Kriterien so erleben zu lassen, dass Erkenntnis möglich wird.

Die Seele zeigt somit unterschiedliche Versionen (Inkarnationen), ein Problem von verschiedenen Seiten her bewusst zu machen.

Der Zugriff auf dieses Spektrum wäre dem Klient bzw. dem Therapeuten unmöglich, daher müssen diese Seelenbereiche erforscht werden. Es entsteht zusätzlich eine weisheitsvolle Führung durch das höhere Selbst, dass objektiv immer bestrebt ist: *den derzeitigen Entwicklungsstand des Klienten zu berücksichtigen und die internen Verknüpfungen zu einem neuen, ganzheitlichen Persönlichkeitsbereich werden zu lassen.*

Es gilt für Klient/Therapeut nach Lösungsmöglichkeiten zu suchen. Diese zeigen sich jedoch nur in der eigenen, internen Archetypenstruktur der Klientin. Nach unserem Modell bewegt sich ihre Seele in den ersten Sitzungen in den Ebenen 6 und 8. Nun sind die Verknüpfungen gefragt. Das Modell ist eine Hilfestellung in modifizierter Form.

Die Klientin begann sich wieder ca. 25 Minuten in die Thematik „einzuatmen“ bis sie von selbst an dem Ende der letzten Sitzung, der als Ausgangspunkt dient, inhaltlich „angekommen“ war.

Frage: Bitte dein höheres Selbst dir eine Inkarnation zu zeigen, wo Du das erste Mal mit dem Thema Männer und Macht *in Berührung kamst. Konzentriere dich auf das Druckgefühl im Brustkorb dabei, es ist unser roter Faden.*

Antwort:.... (atmet langsamer, fasst sich wieder in Worten........*Ich kann einen Garten erkennen, es ist ein angenehmes Klima, es scheint eine Zeit wie Rokoko zu sein, ich habe Menschen um mich herum, alles ist großzügig gestaltet.*

Frage: Siehst Du dich als Mann oder Frau?

Antwort: Als Frau. Ich fühle mich wohl und der Druck im Brustbereich nimmt ab. Ich empfinde so etwas wie Stolz, kein Stress, kein Kampf.

Bitte wieder dein höheres Selbst, dich in die Szenen zu führen, die mit den vorangegangenen Sitzungen im Zusammenhang stehen.

Antwort: Ich habe eine große Familie, mehrere Kinder, einen freundlichen Mann. Ich kann sehen, wie sich alle, ohne Aufforderung, um mich kümmern und bemühen, es fehlt an Nichts.

Frage: Gehe solange in der Zeit voraus oder zurück, bis wir eine Szene wahrnehmen, die das Verhältnis zwischen Dir und deinem Mann deutlicher werden lässt.

Antwort: Wir sind in einer Art Halle oder Foyer, dem Eingangsbereich von unserem Haus. Wir unterhalten uns und ich gestehe ihm, dass ich auch Verhältnisse zu anderen Männern habe. Ich sehe seine Wut, eine Angst in den Augen geschrieben. Ich lasse ihn jedoch nicht groß zu Wort kommen, da ich rede und es mich eigentlich gar nicht interessiert, was er dazu meint.

Es kommt zu lautstarken Auseinandersetzungen, jedoch ohne Ergebnis.

Frage: Bitte dein höheres Selbst, dir den kompletten Fortgang der Szene zu zeigen.

Antwort: Ich sehe, wie ich ihm etwas in ein Getränk gebe, das ihn später lähmt, eine starke Vergiftung mit Lähmungserscheinungen erzeugt. Ich habe das Gefühl, er hat es so gewollt, da er mir immer wieder Vorschriften, Vorschriften und wieder Vorschriften machen wollte. Jetzt ist einmal Schluss, der Spieß wird umgedreht..... nach einiger Zeit krümmt er sich..... er wird bettlägerig.

Frage: Was empfindest Du nun?

Antwort: Eigentlich gar nicht viel. Ich habe die Macht, das Sagen. Ich spüre Genugtuung, eine Art Triumph, es ist entspannend. Jedenfalls kann er so überhaupt gar nichts mehr anrichten.

Frage: Wie reagieren die anderen Familienmitglieder?
Antwort: Keiner merkt es, alle haben Mitleid und zeigen Verständnis.
Frage: Gehe in weitere wichtige Szenen, die im Zusammenhang mit unserem Thema stehen.
Antwort: Ich sehe mich auf einem Schiff, ich bin diesmal ein Mann. Etwa vierzig Jahre alt. Es gibt Unstimmigkeiten. Ich kann einen großen Teil der Besatzung für mich gewinnen, ein anderes Ziel anzusteuern, es kommt zu einer Meuterei. Bei den Auseinandersetzungen lassen viele ihr Leben, ich übernehme das Kommando. Das erste mal spüre ich die Qualität von Macht, sie fühlt sich gut an. Ich bin nach dem Sieg wie berauscht, der Steuermann nimmt einen neuen Kurs an. Die Zeit vergeht ruhig.
Frage: Wie geht es weiter?
Antwort: Nach ein paar Tagen wird es sehr unruhig, die Bilder werden immer unklarer, ein Unwetter zieht auf. Ich habe scheinbar die Route falsch definiert, wir wissen alle nicht mehr, wo wir sind...... ich spüre ein starkes Schwanken, alles dreht sich, mir wird schlecht.... schwindlig, ich höre noch Schreie, alles geht sehr schnell. Nur noch Wasser um mich, Wasser....

Der Atem wird ruhiger, die Stimme leise, Ursula ruht in sich.

Frage: Wo bist Du, was erlebst Du?
Antwort: Ich fühle mich wieder sehr leicht, sehe Licht, fühle Wärme und Geborgenheit. Bin außerhalb meines Körpers. Das Schiff ist versunken, keiner hat überlebt. Egal. Alles ist vorbei.
Frage: Gibt es aus den letzten Sitzungen, Erfahrungen, die noch einmal wegen der Ladung wiedererlebt werden sollten?
Antwort: Im Moment nicht, nein.
Frage: Bitte dein höheres Selbst, Parallelen zum jetzigen Leben zu zeigen.
Antwort: Vieles was ich bisher in die eigene Hand genommen habe, musste mit enormen Aufwand getätigt werden. Nie ging etwas leicht von der Hand, ich sehe Szenen aus meiner Kindheit und ersten Ehe, wo immer ich für die kleinsten Dinge zu kämpfen hatte. Niemand konnte sich so richtig für mein Leben und meine Interessen begeistern. Nur durch Umwege, oft Doppelwahrheiten, indem ich vorgab zu funktionieren, konnte ich durch diese Art Täuschungsmanöver einen bestimmten Grad an Wunscherfüllung erreichen. Mich hat immer der ganze Aufwand gestört, um zu normalen Ergebnissen zu kommen.

Frage: Kannst du konkrete Beispiele geben?
Antwort: Ich habe immer sensible, aber schwache Partner angezogen. Einerseits konnte ich vertrauen, andererseits hatte ich wohl oder übel das Sagen. Ich musste sozusagen die Verantwortung an einen Menschen übertragen, der sie nicht tragen konnte. Dass gemeinsame Level hat gefehlt. Immer wieder ging es nur über Manipulation, dem anderen sozusagen Dinge einzureden, die er auf Dauer nicht halten oder erfüllen konnte. Meine Tochter war auch sehr schwierig, im nachhinein gesehen, so eine Mischung aus meinen Charaktereigenschaften, natürlich aus früheren Leben, naja.
Frage: Welche Zusammenhänge im Jetzt kannst du weiter erkennen?
Antwort: Das „Ruder an mich reißen" das „Schiff lenken" das konnte mein Vater schon nicht, meine Mutter wurde gezwungenermaßen der Entscheidungsträger, obwohl ich meinen Vater immer sehr liebte. Nach Außen hin hatte mein Vater das Sagen, aber nur, was meiner Mutter recht war. Schon komisch, so ein Spiel.
Dann sehe ich, dass sich die Machtinkarnationen ganz gut angefühlt haben, einfach so. Ich sehe darin nichts Schlechtes, zum damaligen Zeitpunkt, jedoch ist das Gefühl, das mich durch alle Inkarnationen begleitet hat, sehr ähnlich gewesen. Der Schmerz als Opfer fühlte sich als äußerst unangenehmer Druck an, die Macht auch, nur viel lustvoller, hier konnte ich bestimmen. Keiner merkte so richtig, wie ich es anstellte, das bereitete mir eine Freude, ähnlich wie ein Kind. Der Rausch hierdurch war so eine Art Genugtuung für alles. Ist aber keine Lösung auf Dauer. Ich sehe mich, wie ich mich im Kreis drehe. Ich möchte doch endlich so geliebt werden, wie ich wirklich bin!
Frage: Dann musst Du andere Voraussetzungen schaffen.

In der Fortsetzung der Deutung wird dem Leser allmählich klar, dass sich mit zunehmender Sitzungsdauer ein sehr persönliches Seelenbild von Ursula skizziert. Nicht nur die Inhalte und damit verbundenen Emotionen, sondern tatsächliche Seelenstrukturen,- oder besser Landschaften der Seele kristallisieren sich heraus. Auch wenn die Szenen charakteristisch spektakulär und/oder gewöhnlich sind, so ist die innere Beteiligung am Geschehen selbst primär ausschlaggebend.
Es tauchen gleichfalls, und das ist die Realität aller parallelen Reinkarnationstherapien, Täterinkarnationen, verknüpft mit den meist vorangegangenen Opferinkarnationen, auf. Neue Persön-

lichkeitsanteile zeigen sich im Licht der Oberfläche, manchmal kann der Klient diese im nachhinein so nicht akzeptieren. Häufig hat er ein anderes, eben opfergeprägtes Selbstbild mit in die Therapie eingebracht nach dem Motto „Die dort draußen verstehen mich nie“ - „Keiner liebt mich“ - „Ich funktioniere“- oder „Immer bin ich der Leidtragende.“

Die Ehrlichkeit, mit der Aussagen in den Sitzungen getroffen werden, geben jedenfalls Hoffnung darauf, dass die dort erlebten Schattenseiten konstruktiv dem aktuellen Bewußtsein angegliedert werden.

Opfer/Täterbewusstsein und Objektivität

Die Szenen der Machtinkarnationen bedingen einerseits das vorherige Erleben als Opfer, andererseits stellen sie die notwendige Balance im Bereich der Selbsterkenntnis dar. Persönlichkeitsentwicklung schließt immer das Bewusstsein mit ein, dass *aus* den Schattenanteilen der Persönlichkeitsstruktur die notwendige Kraft gewonnen wird. Das Eine kann ohne das Andere nicht ausgeglichen werden!

Deshalb ist es wenig verwunderlich, dass Ursula, subjektiv gesehen, keine Anstalten machte, den Rausch von Macht als unangenehm wahrzunehmen. Sie kann sich dadurch realer in die eigenen Positionen als Opfer hineinversetzen, ihre eigene Situation objektiver erleben.

In der Parallelisierung der Erlebnisse nimmt die Spannungsenergie, die Angst vor Wiederholung sowie das Erleben des Getrenntseins diverser Inkarnationen ab. Die Vorzeichen Opfer oder Täter verlieren ihre allgemeine Wertung, da beide gleichwertig behandelt werden. Jede Bewertung ist an dieser Stelle völlig überflüssig und würde dazu beitragen, die üblichen moralischen Bewertungsschemata von gut/böse zu verstärken, der Klient käme nicht von der Stelle.

Entstehung von Ängsten, Abneigungen, Konditionierungen

Ursula bekommt allmählich ein Verständnis dafür, dass ihre *Inkarnationen* Seelenbilder ihrer eigenen, jeweils zeitgemäßen Einstellungen und Konditionierungen in diesem Leben waren oder sind. Die persönlichen Strickmuster tatsächlicher Erfahrungen verwandeln sich mit der Zeit zu symbolischen Seelenbildern, die jedoch in dieser maskierten Form dort ihre eigene Dynamik entwickeln.

Später entstehen gerade daraus spannungsgeladene Situationen, Ängste, Abneigungen, Fehlverhalten usw., (siehe auch 5. Hermetisches Gesetz.) In Träumen, Sehnsüchten, Visionen und Hoffnungen spiegeln sich nun diese Konditionierungen über das kognitive Bewusstsein des Klienten als inzwischen zu seelisch verwandelten Bildern wieder.

Diese anfangs unbestimmten Muster und Konditionierungen sind wiederum Energien und Ladungen, die zu Beginn der Therapie hilfreich aufgegriffen werden.

Diese Seelenbilder als frühere Leben zu bezeichnen, halte ich für unangebracht, da alle Sequenzen symbolisch auftauchen und einen absolut konkreten Bezug zur aktuellen Situation des Klienten aufweisen!

So kann Ursula noch in den kommenden Sitzungen umfangreicheres Material zum Thema Beziehungen in Erfahrung bringen; dieses dient uns zur Erstellung eines Profils, wie Sie heute Beziehung gerade unter diesen Gesichtspunkten wahrnimmt, nur in *entschlüsselter* Form, ohne Abstraktionen.

Sie beschreibt sich durchgehend als allein und greift als ihr scheinbar einzig zur Verfügung stehendes Mittel zur Manipulation. Ob Sie nun manipuliert wird oder selbst manipuliert, spielt im Zusammenhang nur sekundär eine Rolle.

Sie erkennt die Mechanismen derselben und lebt beide Qualitäten in den Sitzungen durch. Nicht etwa mit dem Ziel, ihr dies zu verbieten, nein, sie muss es selbst in allen Einzelheiten erleben können um selbst eine eigene Entscheidung zu treffen.

Deutung:

Es ist wohl ein Unterschied, ob man über Manipulation redet oder diese in verschiedensten Variationen energetisch selbst durcherlebt, um später die tatsächlichen Situationen dem heutigen Leben zuzuordnen!

Wir erhalten Auskunft darüber, dass Sie heute ihr Leben als „einsames Schiff" erlebt, indem viele Entscheidungen jedoch „untergehen „ müssen, da die konkrete Richtung („Route") fehlt. Es bleibt also erst einmal beim Hoffen bis zum Zeitpunkt, *wo Spannungen und Ängste in tragfähige Konzepte transformiert werden.*

Bis jetzt erlebt sich Ursula ja als unterdrückt und manipuliert von der Männerwelt und wenn, hat Sie es mit „schwachen" Partnern zu tun, wo Sie entweder die Mutter- oder die Vaterrolle übernimmt.

Deuten wir die erste Machtszene, so spiegelt sich der Wunsch nach Ausdehnung und Expansion im häuslichen und sozialen Rahmen wieder (Geborgenheit durch Materie), ein Moment übrigens, wo sie sich richtig entspannt gefühlt hat! Trotzdem war Sie allein, was ihr nicht entgegenkommt, da Sie ja die Gleichberechtigung anstrebt, die Freundschaft, die Gemeinsamkeit.

Allesamt Erfahrungen, die sie sich in diesem Leben sehnlichst wünscht. Im späteren Gespräch weist sie auch darauf hin, dass in ihrer Kindheit viele Gemeinsamkeiten der Familie nur oberflächlich abliefen. Inzwischen weiß Sie, dass dieser Konfliktstoff die Herausforderung in sich birgt, die Ebene 1, die Transformation des Ego als Beginn ihrer eigenen Initiation mit der Ebene 5, ihr Selbstausdruck für ihre berufliche Kreativität in Verbindung mit der Ebene 7 und 8.

Weiterhin zeigt sich deutlich die Suche nach dem Selbst bzw. Partnerschaft als beglückend zu erleben.

Die dazugehörigen Inkarnationen oder Spektren der Archetypenstruktur erlebt Sie als Opfer und Täter, um parallel die Gleichzeitigkeit des heutigen Geschehens akzeptieren zu können.

Ihr jetziger Lebensabschnitt ist geprägt von dieser Struktur, nur mit dem Unterschied, dass Sie die Zusammenhänge aus eigener Kraft nicht knüpfen konnte. Auch bringt es sie auf Dauer gesehen kein Stück auf ihrem Lebensweg weiter, wenn sie Misserfolg um ihre eigene Person auf andere Menschen weiter projizieren würde! So hilft ihr die Qualität des Erlebens, ihre eigenen Muster zu durchschauen, indem notwendige Verknüpfungen erbracht werden.

Parallel dazu, gewinnt sie Vertrauen in sich selbst, lehnt das, was ihr bewusst wurde, nicht mehr ab und kann auch die „Täteranteile" lieben lernen.

Es werden Voraussetzungen geschaffen, aus der Seelenstruktur heraus neue Lebensprofile zu erschaffen.

Damit geht wie oben erwähnt, eine Ehrlichkeit sich selbst gegenüber mit einher, die meines Erachtens ein Grundstein zur Heilung darstellt.

In ihrer Seelenwelt übt sie Macht auf andere Menschen aus, Kraft der Fähigkeit der Manipulation. In Wirklichkeit erlebt sie ihr eigenes Seelentheater auf einer projektiven Schattenebene, wo eine Art selbstinduzierte Abrechnung ihrerseits stattfindet, ähnlich der Ventilfunktion des Traumes vergleichbar.

Sie erfährt das Gegenteil, um komplett zu werden, um die Konsequenz ihrer Handlungen zu erleben. Dies ist mit keiner persönlichen oder äußeren Wertung gleichzusetzen, da es ein wichtiger Verknüpfungspunkt ihres Weges ist.

Ob realistisch oder Phantasie, es ist ihr wichtig gewesen, diesen Aspekt zu erleben, um ihr Muster zu erkennen. Der Punkt ist, dass sie mit dieser Form von Manipulation umgehen lernt, diese Strategie bei anderen Menschen auch dadurch besser verstehen lernt.

Früher oder später werden wir übrigens alle mit diesen Strategien der Macht konfrontiert, um die eigene Entwicklung im Sinne der Archetypenstruktur zu einer eigenen Persönlichkeit werden zu lassen.

Individuation wird möglich sein, wenn die Reihenfolge der persönlichen Archetypenstruktur selbst bestimmt werden kann, nicht umgekehrt!

Ab diesem Zeitpunkt tritt Ursula ihrem Partner anders gegenüber. Im Wissen um die Hintergründe, warum Sie genau diesen Partner angezogen hat, mit dem sie zusammenlebt, kann sie ihm als Lehrerin und Freundin gegenübertreten, ohne unbewusst die

üblichen Erwartungen zu hegen, die bisher die Beziehung bestimmt hatten.
Ihr Partner kann kein Ersatz für eine anonyme Vaterfigur sein, er kann auch nicht unbedingt die therapeutischen Schritte für ihre Entwicklung konkret einfädeln, er ist eben ein perfekter Spiegel ihres bisherigen Lebens. Ich nenne dies einen Komplementärpartner, der fälschlicherweise von ihr als Seelenpartner verstanden wurde.

Rollen wir die restlichen Punkte und Inhalte nach den 10 Punkten wie eingangs beschrieben auf:

Zu den Traumbildern kommt hinzu, dass Ursula parallel zur Therapie, aber schon vorher wichtige Sequenzen notiert hatte. In ihren Träumen erlebte sie sich häufig als Kriegerin, die für Minderheiten kämpft. Außer dem Kampfaspekt nahm sie sich sexuell, wenn überhaupt, als Neutrum wahr, Sexualität spielte eher eine Nebenrolle, auch in ihrem realen Leben.

Durch die Missbrauchssituation in der Kindheit verarbeitete sie scheinbar diese Energie als aufopfernde Kämpferin (Traum), im realen Leben erkannte Sie durch diesen Zusammenhang später im Gespräch, dass sie nach sexuell frustrierenden Momenten sich unbewusst mehr für ihre Kolleginnen am Arbeitsplatz eingesetzt hatte, ohne genau zu wissen warum. Ihre Konstellation Sexualität/Kampf war also eine Flucht nach vorn, die Genussfähigkeit erarbeitet sie sich z.Zt. mit ihrem Partner, da sie einsah, die Energie wäre dort besser aufgehoben.

Dann tauchten zwischen den Sitzungen Träume auf, wo Sie als Reiterin (Pferde sind sexuelle Bereitschaftssymbole) nicht nur für Gerechtigkeit kämpfte, sondern neues, brauchbares Land für „ihr" Volk auskundschaftete. Sie erlebte sich mehrmals als Anführerin einer Minderheit.

In Bezug auf die Sitzungen kommt hier bereits deutlich ihre maskulin entwickelte Seelenstruktur zum Vorschein nach dem Motto „Alles muss man selbst machen."
- Ihre Träume gehören zur Ebene 6 der Archetypenzuordnung, die sich affinitiv zwischen die bereits erkannten Strukturen 5-7-8 integrierte.

- Die Themen Partnerschaft und männliches Geschlecht wurden bereits ausführlich beschrieben
- Leichte Unterleibsbeschwerden, mykotischer Entzündungskreis, Hautprobleme. Die Unterleibsbeschwerden nahmen während der Sitzungen zu, klangen nach den Abreaktionen innerhalb einer Sitzung mit anschließend angeleiteter Chi-Organmeditation fast vollständig ab. Die Klientin erkannte die psychosomatische Bedeutung darin, dass ihr Körper ein objektiver, positiver Begleiter ist und war. Die Beschwerden waren für Sie Indikatoren ihrer Selbstverweigerung.
- Der mykotische Erkrankungskreis ist ernst zu nehmen, da das gesamte Immunsystem hierbei stabilisiert werden muss. Sie unterzog sich parallel außer einer Fastenkur einer naturheilkundlichen Behandlung.

Sie versteht in diesem externen Heilungsprozess eine zunehmende Aufforderung, ihre Weiblichkeit deutlicher zu definieren, den Alltag sinnlicher zu gestalten und die damit verbundenen sexuellen Spannungen nicht nur mit ihrem Partner zu leben.

Hautprobleme sind Kontaktprobleme die darauf hinweisen, dass Ursula viel zu isoliert lebte. Sie stellt derzeit ihr Leben bewusst auf den Kopf und beginnt wieder Kontakte und Freundschaften zu pflegen. Ihre Berührungsängste waren berechtigt, sie lernt nach und nach bewusst diesen „Schutzmantel" zu öffnen.

Aufschlüsselung:

Macht/Ohnmacht: passive und aktive Selbsttäuschung- Isolierung/Zweisamkeit- Lust/Schmerz.

Ebene 5: Träume ergänzen das Feld 6; es entsteht eine Verbindung zu den Ebenen 7 und 8.

Ausgangsbasis: Wasserelement- Gemüt- Emotion- Partnerschaft.

Ziel: Feuer- Durchsetzung eigener Ansprüche und Fähigkeiten- Liebe und Sexualität.

Ziel: Luft: Kommunikation- Aufarbeitung Vaterbeziehung. Die Stärke, andere Menschen führen zu können. Heilerische Komponente. Weiblichkeit und Sinnlichkeit; Suche nach Objektivität; Überidentifikation mit dem männlichen Pol.

Ja. Es ist die Aufgabe von beiden Seiten nach Beendigung der Therapie ein Profil zu erarbeiten, wie sich die bewussten Möglichkeiten, die sich energetisch spannungsfrei im Zusammenhang bringen ließen, zukünftig im Leben umsetzen lassen. Neben den oben beschriebenen Zusammenhängen ist abzuklären, ob die ursprüngliche Zielsetzung der Klientin den tatsächlichen Möglichkeiten angepasst werden können oder noch sinnvollerweise erarbeitet werden.

Jedes Übermaß muss vermieden werden, da nach der Therapie eine sehr starke Energie zur Verfügung steht (selbsterklärend, da gebundene Energie aus den getrennten Sequenzen diverser Inkarnationen automatisch wieder zur Verfügung steht.)

In unserem Fall sollten ja beide ein Dienstleistungsunternehmen gründen mit der persönlichen Ausgangsvoraussetzung, dass Ursula wahrscheinlich die Zügel, ohne das sie dies wirklich wollte, in die Hand genommen hätte. Hier ist zu klären, ob neben den kaufmännischen und organisatorischen Basiselementen die Beziehung so fest ist, um die erste Zeit der betrieblichen Lernphasen ohne persönlichen Schaden zu überstehen. Dann ist die Lebensqualität, an der es beiden mangelte, primär zu erarbeiten. In Deutschland ist man es scheinbar gewohnt, erst zu arbeiten und dann Liebe zu machen bzw. sich um die Liebe zu kümmern. Ein fataler Trugschluss!

Nachdem beide in diesem Sinn ihr Selbstwertgefühl verbessern, machten Sie eine Ausbildung in Massage und Tantra, ihr Partner bildete sich im Management weiter und erwarb wichtiges betriebliches Know-How. Er kümmerte sich zudem liebevoller um Ursulas Tochter, obwohl dies nicht unbedingt seine Aufgabe sein müsste. Ursula selbst begann wieder soziale und familiäre Kontakte zu intensivieren, absolvierte eine Heilpraktikerausbildung in Verbindung mit ayurvedischer Kosmetik und buchte privat Qi-Gong Kurse.

Zwischenzeitlich gründeten beide eine eigene Seminarorganisation mit Warenverkauf, bieten Reisen und Expeditionen nach China an, behandeln Kunden nach kosmetischen Ayurveda-Kriterien und publizieren hin und wieder in Fachzeitschriften Artikel über ihre Arbeit an.

Vorher betrachteten Sie Menschen voller Verwunderung, die in diesen Bereichen arbeiteten!

Gesetzmäßigkeiten

Die 7 Hermetischen Gesetze®- Alchemie des Lebens

„Niemals wirst du aus den anderen Dingen die Einheit schaffen, wenn nicht zuvor du selbst ein einiger geworden bist!“

Agrippa von Nettesheim

Schicksal ein Instrument der Schöpfung, die persönliche Evolution nicht aus den Augen zu verlieren. Mit Schicksal beschäftigt sich nur, wer aus seinen normalen Lebensbahnen mehrmals herausgeworfen wurde und mit den konventionellen Strategien sein Leben nicht mehr im Griff hat.

Auf der Suche nach Antworten wirkt das Gesetz der Affinität derart, dass Leid den not-wendigen (von „der Not-wendend“) Gegenpol erschafft um sensibler für eigene, noch unbewusste Möglichkeiten hinsichtlich der Archetypenstruktur zu werden.

Dieses Kapitel beschäftigt sich mit sieben Schicksalsgesetzen, die so alt wie unsere Kultur selbst sind und heute zunehmend auf der Ebene von Physik, Medizin und Psychologie bestätigt werden.

So hat der Schicksalsbegriff immer einen Bezug zum Ursprung des Menschen, Schicksal kann nie im Zusammenhang für den Menschen alleine gelten. Jedoch ist Schicksal nur ein Sammelbegriff für ursachenschaffende Gesetzmäßigkeiten, die wiederum eine *höhere Ordnung* zum Ausdruck bringen.

Jede Form von Schicksal verbindet den Menschen näher mit seiner Umwelt, der Gesellschaft und damit seinem Lebensauftrag. Schicksal wirkt immer dann, wenn wir mental auf der Stelle treten, uns zurückentwickeln oder bereit für die nächste Erkenntnisstufe sind. Meist verbindet sich der Schicksalsbegriff mit Leid und Unvermögen.

Macht es uns doch die Gesellschaft leicht, sich als Opfer von äußeren Umständen wie Erbmasse, Elternprogramm, Politik,

Wetter usw. zu legitimieren. Jeder findet auf diese Weise ein beliebiges Alibi, um ein Versagen zu kommentieren.

Leben ist eine *neutrale* Kraft, die nicht zwingt, sondern geistige und soziale Entwicklung fördert. Es bleibt nicht aus im hermetischen Sinne, den Weg des Menschen eng verknüpft mit der Entwicklung dieser Erde zu betrachten.

Die Alten vor uns hatten damit kein Problem. Nur wir müssen uns zwangsläufig wieder den alten Wissenschaften zuwenden, um Gesundheit, Heil, Glück und Einheit zu erfahren.

Was passiert wirklich, wenn die herkömmliche Medizin und Psychologie eine Krise nicht in die positive Richtung zu lenken vermag?

Alte Heilmethoden wie Akupunktur, Ayurveda, Schamanismus, Meditation, Tempelschlaf (Reinkarnationstherapie) sowie Geistheilung um nur einige Verfahren zu nennen, bringen den gewünschten Erfolg, da diese Systeme von Natur aus den Menschen ganzheitlich als Einheit von Körper-Seele und Geist betrachten.

Kausale Therapiemethoden versprechen bei Krisen und psychosomatischen Beschwerden nicht oder nur sehr kurzfristig Erfolg.

Gleich in welcher Wissenschaft dieses Prinzip eingesetzt wird, sie ist unvollkommen, da der Mensch als bloße Funktion biochemischer Zusammenhänge missverstanden wird. Er wird auf kausale, messbare Werte reduziert.

An diesem Punkt setzt die hermetische Philosophie an mit seinem Grundsatz: „Wie Oben so Unten, wie Innen so Außen." Vereinfacht ausgedrückt gilt die hermetische Regel:

„Mikrokosmos gleich Makrokosmos"

Dieses Wechselspiel der Kräfte soll hier zum Verständnis anhand der altehrwürdigen sieben hermetischen Gesetzmäßigkeiten erläutert werden.

Evolution und Gesetzmäßigkeit

Bei der Betrachtung des Lebens als Urkraft allen Seins fällt auf, dass dieses sich im evolutiven Sinne in seinen vielfältigen Erscheinungsweisen nach bestimmten Gesetzmäßigkeiten entwickelt hat.

Unterschiedlichste Lebensformen, welche zielgerichtet sich in Zeiträumen über Millionen von Jahren in der Natur manifestiert haben, unterliegen bestimmten *Entwicklungsgesetzen.*

Jene treibende Kraft, welche allen Erscheinungsformen in deren Unterschiedlichkeit ausreichend Lebensraum zur eigenen, auf Individualität hinzielende Existenzformen ermöglicht, kann unmöglich als Zufall bezeichnet werden.

Der Begriff des Kosmos beinhaltet das übergeordnete Prinzip einer planetaren Ordnung, welche sich in allen Schöpfungsmythologien, Religionen und Philosophiesystemen widerspiegelt. Von Darwinisten leider als *Genunfall* missinterpretiert, existiert in unserem Kosmos eine höhergerichtete, auf Geistenergie beruhende Evolutionskraft.

Diese zentral wirkende Urkraft, welche als *Tao* bezeichnet wird, ist eine männlich-weibliche Urpolarität (Yin-Yang), die als verursachendes Schöpfungsprinzip gilt. Religiöse Menschen bezeichnen dieses Prinzip als Gott, was sich bei genauerer Betrachtung jedoch als Grundlage des Patriarchats herausstellt.

Die individuelle Form, am großen Ganzen teilzuhaben um sich im Sinne der Natur komplett zu entwickeln, nennt sich *Schicksal.*

Bei genauerer Betrachtung definieren sich diese beiden Silben als >Schick< von „geschickt oder gesendet" bekommen und >Sal< vom lateinischen Salus stammend was soviel wie „zum Wohl" gereicht bedeutet. Assoziationsgerecht bekommt der Mensch das, was er zu seiner Entwicklung und seinem Wohl benötigt, jederzeit über seine Außenwelt präsentiert. Viele Menschen verstehen dies meist umgekehrt, indem Sie ein Leben lang eher *Wider-*

stände gegen Ihr Schicksal aufbauen, was sinnigerweise den Zustand natürlich verschlimmert.

Auf der physikalischen Ebene betrachtet spiegelt das Atommodell im Zusammenspiel von Positronen und Negatronen diese Urpolarität wieder.

Während die Wissenschaft noch vor 20 Jahren jeden kosmischen Einfluss auf den Menschen leugnete, erfahren wir mit jedem Tag neue Tatsachen über den Zusammenhang zwischen *planetaren Einflüssen* und dem *menschlichen Sein.*

Die Schöpfungsmythologie unseres Kulturkreises entstand aus den hermetischen Lehren der alten Ägypter. Diese ursprünglichen Weisheitslehren finden sich in der „Tabula Smargdina“ einer Grabbeilage von Thoth wieder. Der Begriff Hermetik oder *Hermetica* ruht auf dem altägyptischen Weisen Hermes Trismegistos, dem 3-fachen Meister. Ursprünglich verehrten die Ägypter den Begründer der Astrologie, Alchemie und der göttlichen Heilkunde als den Mond- und Weisheitsgott *Thoth.*

Durch die in der hellenistischen Zeit (300 v.Chr. bis 1.Jh. n. Chr.) gebräuchlichen Sprachgebung wurde Thoth durch den griechischen Weisheitsgott Hermes, dem >dreifach Großen< ergänzt.

Alte Funde, so z.B. einer Inschrift des Tempels von Dendera (2. Jh. v.Chr.) erwähnen den >dreimalgroßen Thoth<.Weiterhin findet sich auf einem Krug aus Tunah al Gebel aus der gleichen Zeit die Formulierung: „Thoth, der dreimal Große, Herr von Hermopolis.“ Die hellenistische Sprachgebung beeinflusste also direkt den in Ägypten verehrten Gott.

Später wandelte sich bei den späteren ägyptischen Dynastien der Name weiter in Osiris; beim Verfall dieser Kultur verfiel diese ursprüngliche Gottheit zum Sonnengott Ra.

Bei den Griechen finden wir das Sonnenprinzip im linguistischen Zusammenhang als Götterboten Hermes wieder.

Maßgeblich ist jedoch die Verbindung zur Heilkunde, da Griechen wie Römer diesem Schöpfungsprinzip den Asklepius, verbunden mit dem Stab und seinen zwei zirkulierenden Schlangen, zuordneten, und in diesem Sinne verehrten. Noch heute zeigt sich

im Stab des Asklepius das Ursymbol der Heilkunst, wenn auch nicht mehr im klassischen Sinne.
Später formulierte Paracelsus in seinen Traktaten den vollkommenen Arzt als „Sternkundigen, welcher die Geschicke aus den Gestirnen des Alls zum Wohle seiner Patienten einsetzt."

Wo ist heute der Schwur des Hippokrates geblieben?

So ist es unmöglich geworden, auf der Suche nach dem Sinn des Lebens und dem Lebensziel, dem Heil-Sein, Schöpfungsmechanismen oder besser Schicksalsmechanismen von Spiritualität, Heilkunde und Philosophie zu trennen.

Früher war der Priester gleichzeitig Arzt, Seelenbegleiter und Botschafter des Kosmos.

Zusammenfassend verbinden die meisten Menschen den Begriff des Schicksals gleichzeitig mit der Erfüllung eines bestimmten Lebensplanes, der innerhalb der Schöpfung die persönliche Erfüllung wie auch ein bestimmter Dienst innerhalb der Schöpfung beinhaltet.

Vom Sinn des Lebens

Aristoteles sprach in diesem Zusammenhang von *Entelechie,* der Möglichkeit von Entwicklung und Entfaltung innerhalb eines Lebens, die dazu dient, seine Identität zu finden und zum Ausdruck zu bringen. Er nannte es Essenz, wenn ein Mensch in der Gesamtheit seiner individuellen Eigenschaften und Möglichkeiten seinen Lebensauftrag erfüllte.
Ohne diese anlagebedingten Möglichkeiten ist es keinem Wesen möglich, sich selbst in seiner individuellen Eigenart zu entwickeln.

Im buddhistischen Asien gebraucht man hierfür den Begriff des *Dharma.* Dies bringt zum Ausdruck, dass ein subtil wirkendes Lebensmuster den Menschen in allen Situationen bestmöglichst inspiriert, um sein schöpferisches Potential in Übereinstimmung mit der Natur zu verwirklichen.

Betrachten wir einen Apfelkern mikroskopisch, so finden wir ab der entsprechenden Vergrößerung die vollkommene Form des Apfelbaumes in der Aura des Kernes. Das ätherische Prinzip des

Apfelbaumes umgibt den keimfähigen Kern. Dieser *Plan* gilt für alle Lebewesen.

Wissenschaftlich ist ein elektromagnetisches Feld um den Kern herum messbar geworden.

In der ganzheitlichen Psychologie nennt man dies das *Selbst* oder den wahren Kern eines Menschen. Dieses Selbst oder der Lebensträger, welcher die Grundinformation unseres Schicksals oder unserer Lebensaufgabe in sich trägt, ist in Wirklichkeit die Seele, das wahre Selbst.

Seele oder die Archetypenstruktur ist im menschlichen Sein jene Kraft, die als Pendant im Vergleich zur Schöpfung der Evolutionskraft entspricht.

So entspricht der hermetische Grundsatz „Wie oben, so unten" - diesem mikro- und makrokosmischen Bezug der Seele in Beziehung zur Schöpfung. Auch in der Folgeformulierung „Wie Innen, so Außen" - erkennen wir, dass die Seele als Zentrum des Menschen dessen äußeres Schicksal erschafft.

Zusammenfassend kann das erste hermetische Gesetz auch als Gesetz der Entwicklung verstanden werden.

So ist Schicksal ein persönlicher Entwurf, innerhalb eines großen Schöpfungssystems ein eigenes, homogenes Lebenssystem aufgrund evolutiver Möglichkeiten zu entwickeln.

Das Grundaxiom „Wie Oben, so Unten- Wie Innen, so Außen" unterteilt sich nun im folgenden in sieben Untergesetze.

1. Hermetisches Prinzip- Das Prinzip des Geistes

Das erste Gesetz wiederholt zum Großteil die Einführung dieses Kapitels. Zusammenfassend kann festgehalten werden, dass alle Seinsformen dieses Universums energetische Ausformungen eines kosmischen Urmusters sind. Im Sinne von Jean Charon, ist Materie verdichteter Geist, Schwingung in jeweils modifizierter Form. Sichtbare- wie unsichtbare Universen sind miteinander symbiotisch verbunden.

Geist oder Ursubstanz ist eine Modifikation von Vibration und Schwingung.

„Die grundlegende Kraft, die alle atomaren Phänomene hervorbringt, ist die Kraft der elektrischen Anziehung zwischen dem positiv geladenen Atomkern und den negativ geladenen Ionen. Das Zusammenspiel zwischen dieser Kraft und den Elektronenwellen verursacht die ungeheure Vielfalt an strukturierenden Phänomenen in unserer Umwelt. Es ist verantwortlich für alle chemischen Reaktionen und für die Bildung der Moleküle, die durch gegenseitige Anziehung aneinander gebunden sind. Das Zusammenspiel von Elektron (negativ) und Atomkern (positiv) ist somit die Basis aller Festkörper, Flüssigkeiten und Gase sowie aller lebenden Organismen und der biologischen Prozesse, die damit in Zusammenhang stehen." (Das Tao der Physik)

Die Einzigartigkeit eines Wassertropfens oder Schmetterlings ist identisch mit der individuellen Ausdrucksweise jeden menschlichen Schicksals. Nur hat der Mensch die Möglichkeit durch Bewusstwerdung seiner seelischen Potentiale sein Schicksal zu ändern, kann also *im Sinne aristotelischer Entelechie* eine Fülle von schöpferischen Möglichkeiten zur Veränderung seines Schicksals beanspruchen. Hierfür dient der freie Wille als Werkzeug.

Der freie Wille ermöglichte im Sinne des Sündenfalls dem Menschen weittestgehende Entscheidungsfreiheit bei gleichzeitiger Übernahme von Verantwortung für alle persönlichen Entscheidungen und deren Auswirkungen.

Das erste hermetische Gesetz entspricht diesem Schöpfungsmythos und hilft gleichzeitig mit der Erkenntnis, dass alle Formen von Schicksal die Seele/Archetypenstruktur als verursachendes Prinzip ansieht. Deshalb kann eine Änderung einer bestimmten Lebensform auch nur in diesem Bereich vorgenommen werden.

Das erste hermetische Prinzip sieht die Verbundenheit der menschlichen Seele mit der Schöpfung selbst als Grundlage menschlicher Entwicklung.

2. Hermetisches Prinzip- Das Prinzip der Entsprechung

„Alles Sichtbare ist nur ein Gleichnis." Goethe

Das Prinzip der Entsprechung oder der Affinität repräsentiert das Gesetz von Form und Inhalt.

Sinngemäß kann in diesem Kosmos nichts voneinander getrennt existieren. So gelten physikalische wie geistige Gesetzmäßigkeiten und Zusammenhänge gleichfalls für feinstoffliche wie materielle Welten.

Die Formulierung „Wie Oben, so unten" macht uns im hermetischen Sinn auf diese ständige Wechselbeziehung aufmerksam.

Der Mensch kann nur jene Lebensbereiche und Seinsebenen wahrnehmen, welche seinem Bewusstsein zur Zeit entsprechen.

Außerhalb dieses Rahmens existiert zwar in Wirklichkeit *Objektivität*, die tatsächliche Wahrnehmung hängt jedoch ausschließlich von der Bereitschaft ab, den subjektiven Filter des eigenen Horizontes in Frage zu stellen. So entscheidet die Eigenresonanz zu einem Vorgang oder Geschehen selbst die Bezugsqualität zum jeweiligen Thema.

Die Subjektivität der eigenen Erfahrung kann einerseits einschränkend wirken, andererseits trägt die Bewusstwerdung desselben zur Erweiterung der eigenen Möglichkeiten bei.

Der Erlebende kann naturgemäß nur sich selbst im Mittelpunkt des Geschehens wahrnehmen. Er glaubt vorerst, dass seine Realität der gesamten Wirklichkeit entspricht. So gesehen, können wir nur über die Konfrontation mit der Umwelt zur Objektivität der tatsächlichen Wahrheit gelangen.

Umwelt als Spiegel

Um dieses hermetische Gesetz praktisch zu erklären, deuten wir den Nebensatz der Aussage „Wie Oben, so Unten- *Wie Innen, so Außen.*"

Der subjektive Bezug zum Leben, die persönliche Affinität zur äußeren Wirklichkeit spiegelt sich in der Außenwelt des Betreffenden wieder. Die Verwandtschaft zwischen Innen- und Außenwelt begegnet uns in Form von Ereignissen, Symbolen und anderen Menschen.

Diese äußeren Projektionsflächen sind Widerspiegelungen unserer Innenwelt. Das Einzige, was real geschieht, ist, dass wir tagtäg-

lich mit den Tatsachen unserer bewussten (aktiven) oder unbewussten (passiven) Seelenseite konfrontiert werden.
Es ist unmöglich mit einem Thema konfrontiert zu werden, wozu wir keine Affinität besitzen. Durch dieses Schicksalsgesetz erhalten wir die Möglichkeit der Selbsterkenntnis, weil ausschließlich der eigene seelische Zustand in der Außenwelt Formen annimmt bzw. wir nur zu solchen Erscheinungsformen des Schicksals eine Beziehung haben, die uns entsprechen.

Ein Hilfsmittel ist dabei, das kausale Denken um das analoge Denken zu erweitern. Dies meint, dass zuerst logische Zusammenhänge *nur* die sichtbaren Erscheinungen in der Welt erklären, nicht jedoch die innerseelischen Bezüge des Menschen. Das logisch-kausale Denken vermag vorerst keinen Bezug der Innen- und Außenwelt des Betroffenen herzustellen. Das analoge, in übergeordneten Zusammenhängen Denken erschließt jedoch den persönlichen Bezug.

Ein Beispiel: Beschäftigt sich eine Frau mit dem Thema Eifersucht, strahlt Sie diesen Inhalt bewusst oder unbewusst auf Ihre Umwelt ab. Ob berechtigt oder unberechtigt, Sie hat einen Bezug zum Thema und erlebt psychisch *und* gleichzeitig in der Außenwelt Szenen, die das Thema verdeutlichen. So fallen Ihr geradezu diejenigen Informationen in die Hand, die Sie benötigt (Literatur, Zeitungsartikel, TV-Sendungen). Immer häufiger trifft Sie auf Leidensgenossinnen, die ähnlich betroffen sind.

Je intensiver Sie sich mit dem Thema Eifersucht auseinandersetzt, um so öfter tauchen Bezugspersonen in der Umwelt auf, die ihr Bestätigung hinsichtlich Ihrer subjektiven, seelischen Erfahrung schenken.

So wirkt nicht mehr der kausale Zusammenhang, indem Sie das Opfer der Eifersucht ist, sondern Sie zieht nach dem Gesetz der seelischen (analogen) Entsprechung ähnliche Ereignisse auch mit unbekannten Personen an. Sie würde im fortgeschrittenen Stadium im Wartezimmer Ihres Anwaltes mit Bestimmtheit auf Frauen treffen, die Ihrer momentanen Situation entsprechen. Welche Bestätigung Sie in der Außenwelt in Ihrer Opferhaltung auch erfahren mag, äußerlich (kausal) bekommt Sie bestätigt, dass Ihr Partner der Anlass (Auslöser) für das Thema ist.

Irgendwann später wird Sie erkennen, dass Ihr Problem immer Männer und entsprechende Situationen in Ihr Leben anzieht, die das Thema Eifersucht bestätigen. Nach der herkömmlichen kausalen Betrachtungsweise, die Ursache (kausal) außerhalb von sich als Opfer zu suchen, wird das Problem nur verschoben und damit heftiger. Stellt Sie nun einen analogen, also zeit- und raumunabhängigen Bezug zu Ihrer Eifersucht her, erkennt Sie den eigenen Schattenanteil. Allmählich wird Ihr dadurch der Wiederholungszwang der Eifersucht bewusst, da Sie diesen unausgeglichenen Seelenanteil immer wieder auf Ihren Partner projiziert.

Solange Sie Ihr Unverständnis auf einen Schuldigen in der Außenwelt als Sündenbock projiziert, verstärkt sich durch die Opferhaltung das Problem. Erst bei Übernahme von Verantwortung erhöht sich die Eigenresonanz, Eifersucht aus der eigenen Perspektive zu begreifen. Das Thema wird zur Lebenserfahrung und klärt sich in zunehmenden Maße. Bis dorthin fungiert die Umwelt als Seelenspiegel. Schlussendlich zieht Sie als Schicksalsverweigerin solange Personen und Umstände als Erfüllungsgehilfen in Ihr Leben an, bis der eigene Schattenanteil zurückgenommen wird.

Wird das Prinzip der Entsprechung als Instrument der Selbsterkenntnis eingesetzt, wird das Problem überflüssig und kann sich somit in *einen besitzlosen Anspruch auf Liebe verwandeln.*

Das Gesetz der positiven oder negativen Verstärkung

(Resonanz als Opfer oder Täter)

Das Gesetz der Entsprechung kennt zwei Stufen von Resonanzfähigkeit: Einerseits erleben wir uns als Opfer äußerer Umstände, wenn wir die Erleidensform der *negativen Verstärkung* wählen.
In unserem Beispiel projiziert die Frau Eifersucht auf Ihren Partner und erhält aus der Situation des „Sich-unterlegen-Fühlens" immer häufiger Anlass, das Thema zu verstärken, anstelle sich selbst zu fragen, was die Situation für alle Beteiligten wirklich bedeutet.

Die Situation spitzt sich zu, der negative Pol verstärkt sich. Dies geschieht um so häufiger, je weniger Sie sich selbst in bezug zum

Geschehen setzt. Die Verdrängung wird ausschließlich in äußeren Faktoren gesucht (Erziehung, frühere Beziehungen, soziales Niveau u.a.) und nimmt *deswegen* in dieser Position zu!

Es muss zur Eskalation kommen. Sie zieht das Erlebnis wiederholt an, was dem seelischen Zustand ihrer Innenwelt entspricht (Spiegelfunktion.) Im Idealfall wird Sie sich an diesem Punkt angelangt nach der eigenen Lernaufgabe fragen um unangenehmere Folgen zu vermeiden. Wird der eigene Anteil nicht integriert, werden die weiteren Eskalationen Isolation und Krankheit sein.

In Wirklichkeit verstärkt sich nur die eingeschränkte Haltung des Opfers. Im Umkehrschluss gilt natürlich die bereits erwähnte Erhöhung der eigenen Resonanzfähigkeit, indem Täter und Opferbezug in der eigenen Person erkannt werden. Somit verstärkt sich die Erkenntnis, die Erleidensform nimmt *proportional* zur Einsicht ab. Jetzt verstärkt sich die positive Einsicht ins Geschehen und es entsteht ein *symbiotischer* Effekt.

Die Umkehrung setzt andere Potentiale frei und wird eine andere Qualität in ihrer Beziehung bewirken. Andernfalls zieht Sie einen anderen Partner an, mit welchem Sie in Vertrauen und Liebe zusammen sein wird.

Wiederum dürfen wir nicht vergessen, dass Ihr in einer neuen Beziehung nur die Qualität von Vertrauen und Liebe entgegengebracht wird, der ihrem eigenen Selbstvertrauen und ihrer Selbstliebe entspricht.

So verstärkt sich das Unbewusste wie auch das Bewusste im Leben als Schicksal.

3. Hermetisches Prinzip- Das Prinzip der Schwingung

„Nichts ruht, alles bewegt sich, alles vibriert und schwingt." (Kybalion)

Das dritte hermetische Prinzip ist das Gesetz der Transformation. Es verbindet die sichtbaren Aspekte mit seinen geistigen Ursachen. In der Chemie z.B. hängt die Festigkeit eines Stoffes von der Schwingungszahl seiner Atome ab.

Es formt den Inhalt zur Form und umgekehrt. Es kann nach diesem Grundgesetz keine tote Materie geben, nichts in diesem Kosmos ist unbelebt!

Alle grob- wie feinstofflichen Ebenen des Kosmos sind eng miteinander im gegenseitigen Wechsel miteinander verbunden. Wäre dies nicht so, könnten Planeten intern kein aufeinander abgestimmtes Gestirn bilden. Die Symmetrie der Schöpfung wäre gestört. So ist Materie die niedrigste Ausformung der Lichtenergie. *Einstein* bezeichnet Leben als unterschiedlich schwingende Lichtenergie.

Die Unterscheidbarkeit aller Schöpfungselemente und deren Manifestationen sind nur durch höhere und niedere Schwingungsformen möglich.

Das dritte Gesetz ermöglicht die jederzeitige Veränderung eines Zustandes in die nächsthöhere Schwingungsform.

Im Beispiel eines rotierenden Rades lässt sich das Schwingungsgesetz verdeutlichen. Zu Beginn erscheinen die Speichen eines Rades ohne Farbe. Im Laufe der erhöhten Rotation wechselt die Innenform in ein kräftiges Rot, später in ein helleres Orange usw. Nachdem die Spektralfarben durchlaufen sind, erscheint uns am kontinuierlichsten Punkt das Rad in scheinbarem Stillstand, die Speichen sind wieder sichtbar.

Ähnlich dem Propeller eines Flugzeugs ist die Höchstrate der Umdrehungsgeschwindigkeit scheinbar ein Ruhepunkt. Bei der Umkehrung der Geschwindigkeit wechseln die Spektralfarben zurück von Violett zu Rot.

Farben sind hierbei vorübergehende Zustände, Skalen der Lichtbrechung, jedoch keinesfalls beständig in deren Grundstruktur.

Die Erscheinungsformen des Lichts sind voneinander abhängig in der jeweiligen Schwingung. Die Skala der Manifestation ist jedoch nur ein Zwischenzustand.

Im Schwingungsgesetz wirkt jedoch gleichzeitig das Gesetz der *Entwicklung* mit, da sich vom Prinzip lediglich der Zustand, nicht jedoch die *Ursache* ändert.

Für das menschliche Schicksal gilt die gleiche Form von wechselseitiger Veränderung eines Lebens- oder Lernthemas´.

Nehmen wir Bezug auf das vorangegangene Beispiel zum zweiten hermetischen Prinzip. Liebe und Hass sind im Grunde völlig das Gleiche, lediglich in der Skala des jeweiligen Schwingungszustandes verschieden. Hass kann ohne Liebe überhaupt nicht existieren. Was anfänglich als tiefverbundene Zuneigung empfunden wurde, *kann* später ins Gegenteil umschlagen. Die Veränderung des zugrundeliegenden Themas *Beziehung* kann nun von zwei verschiedenen Aspekten, nämlich der niederen (Hass) und der höheren Form von Schwingung (Liebe) betrachtet werden.
Da beide Zustände voneinander abhängig sind, zeigt der aktuelle Zustand der Beziehung ähnlich einem Barometer die aktuelle Stimmungslage (Schwingung).Ist sich ein Paar dessen bewusst, überschätzen Sie weder den einen noch den anderen Schwingungszustand und wissen um die Vergänglichkeit. So kann bewusster mit Emotionen und Erwartungen umgegangen werden.

Anhand eines *schwingenden Pendels* kann sogar der eine Zustand als Grundlage für das Gegenteil davon für die Zukunft betrachtet werden. Der Pendelschlag nach Rechts wirkt in seiner Wucht gleichzeitig als energetische Grundlage für die folgende Linksbewegung. So erzeugt ein Widerstand auf Dauer das exakte Gegenteil! Je stärker jemand gegen eine Wand drückt, um so stärker ist der Gegendruck.

Wasser kann in seiner niedrigsten Form zu Eis gefrieren, in seiner höchsten Ausdrucksform wandelt sich H^{2O} als destilliertes Wasser. Die Grundsubstanz bleibt in Ihrer Urinformation von den Aggregatszuständen Hitze oder Kälte unberührt.

Integriert das Paar innerhalb einer Beziehung diese Form von Schicksal als *Gesetz des Ausgleichs*, beachten Sie hinter der schwingungsmäßigen Erscheinungsform das dahinter wirkende Urprinzip. Sie lassen sich nicht mehr von der äußeren Form täuschen und verstehen diese als Wirkung. Die Frage des Pendelschlages ist ja nicht die Bewegung, sondern die Ursache vor der ersten Bewegung.

Evolutionär betrachtet, ermöglicht das Prinzip der Schwingung den Aufstieg der Seele innerhalb der Schöpfungshierarchie zum Ich-Bin-Bewusstsein, dem autonomen Ausdruck eines eigenverantwortlichen Seins. Gäbe es nicht die Möglichkeit des Lernens

und der Entwicklung, könnte auch kein Bewusstsein entstehen. Bewusstsein als reine Energieform der Seele benötigt eine Form, einen Träger, um die Urinformation der Seele verwirklichen zu können. Jede Lernerfahrung kann auf die nächsthöhere Ebene übertragen und angewandt werden.
(Siehe auch Fig. 2)

4. Hermetisches Prinzip- Das Gesetz der Polarität

„Polarität ist eine Erfindung des Menschen!"

Die Seele sucht ständig nach der Vereinigung der als jeweils gegensätzlich empfundenen Prinzipien.
In allen alten Kulturen und spirituellen Traditionen wird im Bereich der jeweiligen Schöpfungsmythologie von der ursprünglichen Einheit allen Seins (dem zeitlosen Prinzip der Ewigkeit) berichtet. Mit der Individualisierung und der Bestimmung eines eigenständigen Lebensauftrags erhält der Mensch bzw. seine Seele, ausgestattet mit der Essenz der Schöpfung, die Möglichkeit, selbst Schöpfer seines eigenen Seins zu werden.
Ganz im Sinne des großen Entsprechungsgesetzes „Wie oben, so unten, wie Innen so Außen" vollzieht sich dieser eigenständig im kausalen Körper, jedoch verbunden mit seinem unsterblichen Selbst, im menschlichen Sein die Dramaturgie der Götter.
Vom Fall, einer Niederkunft, dem Herabsteigen u.a. Beschreibungen ist die Rede, wenn es um die Verstofflichung oder Wiederfleischwerdung (re-in-carne lat.) der Seele im menschlichen Körper geht. Manch einer spricht sogar vom klassischen Sündenfall und sieht dort in der Abspaltung vom Paradies die moralische Ursache allen Leides.
Was wäre tatsächlich passiert, wenn es im ungeborenen, zeitlosewigen Seinszustand (Paradies) weder den Baum der Erkenntnis noch die Schlange gegeben hätte?
Sie verstehen schnell, dass sich diese Parameter nicht zum moralisch-klerischen Rundumschlag verwenden lassen, da hiermit jede

Expansion der göttlichen Natur, in diesem Fall die Menschwerdung als solche ausgeschlossen worden wäre.

Durch die Erkenntniskraft der wahren Natur entsteht neues Leben. Das Urgesetz der Polarität skizziert eine Welt, wie sie vom Mensch wahrgenommen wird, jedoch nicht in Wirklichkeit existent ist.

Die Welt der Gegensätze, die durch den Eigenwillen bzw. dem subjektiven Bewusstsein des Menschen entspringt, ist nur eine Sicht der äußeren Welt. In Wirklichkeit existiert z.B. kein realer Unterschied zwischen Tag und Nacht, da die Rotation der Erde keinen statischen Zustand von nur-Nacht oder nur-Tag zulässt. Die Dynamik der ständigen Erdumdrehung verhindert den vorschnellen Trugschluss, dass sich Tag und Nacht tatsächlich als Gegensätze voneinander unterscheiden.

Ähnlich den Aggregatzuständen des Wassers bei Hitze- oder Kälteeinwirkung bleibt die molekulare Grundstruktur (H^{20}) unverändert, dem Betrachter vermittelt sich rein äußerlich in der Modifikation der Schwingungsatome ein veränderter Zustand, jedoch stellt dies keinen wirklichen Gegensatz dar.

Liebe und Hass basieren vom Grundsatz her auf Zuneigung und Abneigung, wobei jeweils der Grad der Beziehung untereinander entscheidend ist. In der Skalierung und Modifikation ihrer Auswirkungen auf den Menschen sind beide Begriffe jedoch gleich. Hass kann jedoch erst nach der Liebe wirken, nie umgekehrt.

So bedingt der eine Pol den anderen, ähnlich der Plus- und Minusphase eines geschlossenen Stromkreislaufs. Niemand käme auf die Idee zu behaupten, dass der Minuspol *ein in sich geschlossener Gegensatz* darstellen würde.

Alle bekannten Polaritäten beruhen auf diesem Missverständnis (Mann-Frau, Sommer-Winter, stark-schwach, Gesundheit-Krankheit usw.) dass Gegensätze voneinander getrennt wären. Die Spaltung in Gegensätze nimmt einzig und alleine der Mensch vor. Gemäß seinem Entwicklungsgrad und Verständnis teilt dieser in seiner Subjektivität die Welt in Gegensätze ein (z.B. gut-böse.) Häufig revidiert er mit zunehmender Reife und Weisheit seine Klischees und Vorurteile, zwingt ihn doch das Gesetz des Pendels im Laufe der Zeit, alle Einseitigkeiten mit dem Gegenteil zu vereinen.

Alle Projektionen für ein Pro oder Kontra werden ausgetauscht, verbunden, um letztendlich eine Symbiose bilden zu können.

Es scheint so, als wäre der Weg des Menschen über diesen „Umweg" vorgezeichnet, jeweils seine eigene Erfahrungswelt als die einzig Richtige darzustellen bzw. zu verteidigen. Nur über die Umwelt werden wir mit der tatsächlichen Realität konfrontiert und erweitern mit der Zeit unser Bewusstsein.

Die spezifischen Unterscheidungsmerkmale, so wie wir es gewohnt sind, die Dualität des Seins wahrzunehmen, wird demnach durch die Schulung unseres kognitiven Bewusstseins bestimmt. Jede gesetzte Grenze dient dazu, diese zu erweitern, um neues Leben hereinzulassen.

Das Bewusstsein ist polar, nicht die Wirklichkeit!

Durch die Unmöglichkeit, alle Seinsebenen gleichzeitig wahrzunehmen, teilen wir die Welt in eine lineare Abfolge ein. Die Natur des Bewusstseins ist auf eine polare Abfolge erzogen, in einem Prozess des Hintereinander Realitäten und Dinge allmählich in einem Zusammenhang zu verstehen. Schlussendlich bleibt die Gleichzeitigkeit aller Seinsebenen existent.

Von diesem Ansatz her ist es nachvollziehbar, dass *scheinbar* alle Leben, die in einem Hintereinander stattfinden, kausal gewichtet sind. Die Natur der Seele ist jedoch gleichzeitig mit allen Parallelwelten in diesem Universum sowie den Archetypenstrukturen verbunden.

Heilung oder Ganzheit kann nur stattfinden, wenn die Natur des Bewusstseins sich seines wahren Seelenkerns bewusst wird und nicht mehr die Trennung aller Geschehen und Dinge als Lebensgrundlage versteht, sondern die Einheit als Ursprung und Ziel des menschlichen Seins akzeptiert.

Verstehen wir die Natur des Bewusstseins, so können wir dort, wo scheinbar Polarität entsteht, Einheit hinzufügen. Diesen Punkt erreichen wir jedoch erst über endlose Forschungen über die Gegensätze dieser Welt, um den gemeinsamen Nenner zu finden.

Die Physik bestätigt uns, dass sich alle Erscheinungsformen auf Schwingungen reduzieren lassen. Die Grundschwingung ist jedoch das kognitive Bewusstsein, dass die Archetypenstruktur der Seele noch nicht in das materielle Sein integriert hat.

In einer zeitgemäßen Abfolge der Archetypen definiert sich Leben und füllt sich mit seelischen Inhalten. Die gesamte Abwicklung von Lebensprozessen basiert auf den individuellen Erkenntnissen einzelner Lebensstrukturen und deren Verknüpfung zu einer Ganzheit.

Von Natur aus kann sich der Mensch eine stetige Aufwärtsentwicklung nur in kausalen Zeitabständen vorstellen, obwohl archetypisch alle Möglichkeiten vorhanden sind. Nehmen Sie z.B. die Prognosen von Nostradamus, der Jahrhunderte im voraus zeitlich exakt wichtige Ereignisse voraussagen konnte. Da potentiell die Dinge so eintrafen, wie diese prognostiziert wurden, muss ein anderes Verständnis für das herkömmliche Raum-Zeit-Kontinuum entwickelt werden (Parallelwelten).

Die bereits erschaffenen, kollektiven Realitäten können durchaus vorausgesehen werden.

Der Nobelpreisträger für Physik von 1979, Steven Weinberg, entdeckte, dass bei einer Gleichschaltung beider Gehirnhälften (z.B. durch Meditation) eine andere Dimension der Wahrnehmung entsteht und über die Großhirnrinde Raumzeitinformationen transzendiert werden können.

Er meint, dass in diesem Zustand „präkognitive, außerkörperliche und Erfahrungen früherer wie zukünftiger Leben erfahren werden können“ da die rationale und die intuitive Gehirnhälfte gleichgeschaltet werden.

Weinberg bestätigt, dass in diesem Hyperraum Zeit nur als eine Konstante in der dreidimensionalen Welt gilt.

Ist es nicht eher so, dass wie Stephen Hawkins behauptet, die Zeit in ihrer linearen Natur nicht auch rückwärts fließen kann (exakt beschrieben in dem Titel: „Eine kurze Abhandlung der Zeit“ - S. Hawking) Auch wenn dies im Moment noch abstrakt klingt, es entspricht der wahren Natur des Lichts.

Lernt der Mensch sich von dieser einseitigen Weltanschauung zu befreien, benötigt er keine „Polarität“ mehr, da er um die Gleichzeitigkeit der Archetypenstruktur weiß und in persönlichen Transformationsprozessen (früher gab es hierfür rituelle Einweihungen, um sich auf archetypische Lebensprozesse bewusster einzulassen) nach und nach bewusst die Einheit anstrebt. Das Leben bzw. die Erlebnisqualität wären nicht vom Ego geprägt und hätten somit eine ganzheitliche Sicht bekommen.

Die Einstellung, die Sicht des Betrachters lässt Polarität entstehen, die Schöpfung selbst kennt keine Gegensätze!

Polarität bezeichnet die statische, subjektive Seite der Welt, eine Welt die sich intern nie verändern würde.

Sie ist jedoch in Wirklichkeit der Januskopf der Gleichzeitigkeit.

5. Hermetisches Prinzip- Das Gesetz des Rhythmus

„Alles fließt aus und ein, alles hat seine Gezeiten, alle Dinge steigen und fallen, das Schwingen des Pendels zeigt sich in allem; das Maß des Schwunges nach rechts ist das Maß des Schwunges nach links; Rhythmus kompensiert.“
Kybalion

Tod und Wiedergeburt, Metamorphose sind Begriffe, die das Werden und Vergehen, den Aufstieg und den Fall einer Kultur, einer Religion, eines Trends, eines Lebens usw. beschreiben.

Es ist das Lebensgesetz par excellence, da die Entstehung der Wirklichkeit gemäß dem Atommodell immer einen männlichen und weiblichen Pol der Erfahrung, der zur Integration der Ganzheit notwendig ist, benötigt. Die zwei Erfahrungspole einer Wahrheit, der bewusste und unbewusste, der sicht- wie unsichtbare Teil verschmelzen durch dieses Gesetz.

Man könnte auch von der Kontinuität im Wandel der Zeit sprechen, dem Prinzip der Transformation. Der Reinkarnationsgedanke umschließt dieses Wirkungsprinzip, indem er das Erfahrungsspektrum aller Archetypen dem menschlichen Bewusstsein zur Verfügung stellt. Wie im vorhergehenden vierten Gesetz dargestellt, dynamisiert das Prinzip des Rhythmus die einseitig gewordenen Lebenserfahrungen des Einzelnen, falls dadurch eine persönliche Entwicklung dauerhaft ausgeschlossen wird.

Ein Beispiel: Krankheit erscheint zunächst als Gegenpol von Gesundheit, abgetrennt vom erwünschten Zustand der körperlichen Harmonie. Die Entstehung aller Symptome entsprechen dem Unwissen bzw. dem Unverständnis des Betreffenden, sein Bewusstsein nicht an die gegebenen Entwicklungsstadien angepasst zu haben.

Wir können von einem Fall psychischer Prinzipien und Aufgabenstellungen in den physischen Bereichen sprechen, bestimmte Schattenanteile (nichtgelebte Archetypenstrukturen) manifestieren sich auf der Bewusstseinsebene, in welcher die Hauptaufmerksamkeit des Betroffenen lag und liegt.

Der Betroffene muss hinsehen und sich mit den inhaltlichen Prozessen der Krankheit auf der Bewusstseinsebene auseinandersetzen, welche er akzeptiert.

Ein ungeschriebenes Gesetz besagt, dass der Lebensbereich, welcher für die persönliche Entwicklung am notwendigsten dort erscheint, wo dieser auch ernst genommen wird.

Es ist nicht so, dass ein Problem unbedingt auf der Ebene sichtbare Wirkungen zeigen muss, auf der es verursacht wurde!

Die Energie verschiebt sich dorthin, wo Sie verstanden wird.

Der Betroffene erlebt in maskierter Form ein seelisches Prinzip dort, wo er es **z.Zt.** versteht. Einem materiell eingestellten Menschen trifft ein finanzieller Verlust weitaus mehr, als ein persönliches Defizit im partnerschaftlichen Bereich.

Ein Diagramm mag dies verdeutlichen:

A	**Gesundheit**
B	**Partnerschaft**
C	**Beruf**
D	**Sexualität**
E	**Spiritualität**

(Fig.2)

Am Anfang der Sinuskurve ist die Schicksalsspur noch geringer in deren Auswirkung im Plus (positiv) – und Minus (negativ)-Bereich, später werden je nach Verdrängungsgrad die Wiederholungen in immer kürzeren Abständen deutlicher!

Plus +

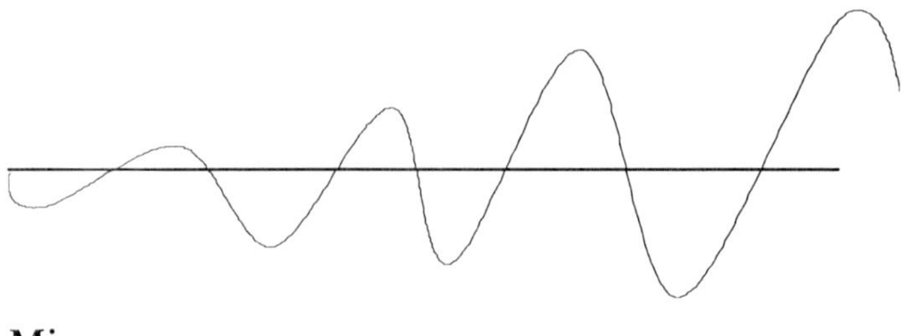

Minus -

(Fig. 3)

Modell der Gleichzeitigkeit von Projektion und Übertragung

Angenommen, ein Patient klagt über Magenbeschwerden. Der formale Aspekt (Magen) ist ein Auslöser, der unter bestimmten Gesichtspunkten in Analogie mit weiteren Bewusstseinsschichten und Lebensumständen gesetzt wird. Beginnen wir mit der typischen Frage, wann und unter welchen Umständen die Magenschmerzen auftreten (Ebene A.)

Der Patient formuliert berufliche Stressmomente, gepaart mit zunehmender Versagensangst. Weiterhin nimmt er Spannungen im partnerschaftlichen Bereich wahr sowie einer Desensibilisierung im spirituellen Bereich. Er nimmt zuerst an, dass er die Magenschmerzen auf der isolierten Ebene A durch ein entsprechendes Medikament lösen könne, hatte aber auf Dauer gesehen keinen Erfolg mit der Einnahme von Tabletten.

Ihm wird der Zusammenhang zwischen dem formalen Auslöser (Ebene C) und der Wirkungsebene A dargestellt, so dass eine zyklische Wiederholung der Beschwerden unabdingbar wird. Klassisch gesehen, drücken die im Magenschmerz enthaltenen Spannungen die ungelösten beruflichen Probleme aus. Zusätzlich bieten Sie einen konkreten Hinweis, die unbewussten Übertragungen bzw. Verlagerungen des Problems auf weitere Ebenen des Privatbereichs zu hinterfragen.

Die Dauer der ansteigenden Magenbeschwerden beschreibt dieser mit etwa drei Jahren. Die Zusammenhänge werden deutlicher, wenn der Patient mit geschlossenen Augen Zeit hat, den Vorgang energetisch und regressiv zu rekonstruieren.

Der Fall:

Das erste Auftreten der Beschwerden begann am Arbeitsplatz mit der Rationalisierung von Arbeitsplätzen sowie einer Expansion der Produktpalette firmenintern. Die Ebenen A, B, D und E waren zum Beginn völlig in Ordnung. Nach Monaten nahmen parallel seine Ängste proportional mit den Magenbeschwerden zu, die Schmerzen sind der Indikator des inneren existentiellen Ringkampfes mit sich selbst.

Es blieb nicht aus, dass die Ehefrau in die unbewältigte Arbeitssituation privat mit einbezogen wurde, was anfänglich auch zu einem Ausgleich und zusätzlicher Motivation führte.
Ab einem bestimmten Punkt, etwa nach einem Jahr wurde dass Wehklagen stärker, der Druck am Arbeitsplatz wuchs und die Beziehung zwischen beiden Ehepartnern wurde auf immer härtere Proben gestellt.

Der ursprüngliche Ausgleich auf der Privatebene gestaltete sich mit zunehmenden Druck immer unpersönlicher, so dass die Ehefrau manchmal am Gesicht des Gatten erkennen konnte, dass über Tage nur ein Thema angesagt war: der Arbeitsplatz!
Nach weiteren 7 Monaten spitzte sich beziehungsmäßig das Verhältnis ähnlich zu wie am Arbeitsplatz, Ebene B wurde somit mit einem Problem „infiziert" das dort *ursprünglich nicht existierte.*

Weiterhin wurde die Ebene D (Sexualität) auch in Mitleidenschaft gezogen, so dass eine emotionale Öffnung und die Hingabeber-eitschaft einer körperlichen Vereinigung mit Seltenheitswert, wenn überhaupt, praktiziert wurde. Natürlich entwickelte sich aus den Beschwerden eine Gastritis, ein Mediziner sprach Mut zu und verordnete stärkere Medikamente, obwohl dies die ursprüngliche Problematik zum damaligen Zeitpunkt gar nicht bereinigen konnte!

Schlussendlich konnte der Patient bei seinen privaten Meditationsübungen auch keine Harmonie mehr feststellen.
In unserem Modell ließen sich beliebige Ebenen anfügen, so z.B. die Erziehung der Kinder, das Verhältnis zu Freunden und Bekannten, die soziale Situation, um nur das allgemein übliche zu nennen.

Kausal betrachtet ergibt dies keinen Sinn, Zusammenhänge übergeordneter Natur zu entdecken, also ist der Magen erst einmal „schuld."

Analog betrachtet, verfrachtet sich das Problem immer deutlicher auf Ebenen, die dort wiederum soviel Aufmerksamkeit benötigen, damit unser Patient erkennen kann, was er selbst in seinem Verantwortungsbereich verändern muss. Die Verflechtungen sind häufig erst über Jahre hinweg sichtbar, und meist dann, wenn einiges im Argen liegt.

Der Indikator Schmerz ist in der Sinuskurve (siehe Gesetz des Rhythmus- der Plusbereich entspräche Schmerzfreiheit, - der Minusbereich entspricht dem Magenschmerz) dem Magenschmerz gleichzusetzen, der Magen selbst ist der Ort, wo unterschiedlichste Spannungen nicht mehr *verdaut* werden können.

Nun wird sichtbar, dass ein unbewältigtes Problem sich immer weiter ausdehnt, wenn die Opferhaltung nicht zur Übernahme von Verantwortung transformiert wird. Dass es normalerweise noch mehr Missverständnisse im privaten Bereich mit sich ziehen kann, dürfte dem Leser deutlich werden.

Projektion und Gegenprojektion der Partner untereinander, Schuldzuweisungen am Arbeitsplatz, Zukunftsängste, Verlust von Lebensqualität- und Freude sind häufigste Begleiterscheinungen.

An diesem Beispiel wird verdeutlicht, dass eine Verdrängung des ursächlichen Problems eine kurzzeitige Behebung bedeuten kann, bis das Problem auf der nächstfolgenden Ebene auftaucht. Das zyklische Geschehen, die periodische Wiederholung der Ursache auf immer neuen Ebenen wird von den meisten Menschen eher als Schikane empfunden, anstelle eines sinnvollen Geschehens.
Das Problem sucht immer neue Möglichkeiten des Ausdrucks um sich „Gehör" zu verschaffen, der Betroffene empfindet sich jedoch meist als Opfer von Ungerechtigkeiten.

Erst diese Gesetzmäßigkeit, wir könnten Sie auch als *Wiederkehr des Verdrängten* bezeichnen, ermöglicht eine Rekonstruktion zum Anfang hin.

Verblüffend ist jedoch das gleichzeitige Wirken der Ursache auf den Ebenen A bis E im Sinne der fortwährenden Problemverschiebung!

Rhythmus kompensiert ungelöste Polaritäten, bis Einseitigkeiten erkannt werden. Es ist ein Prinzip der Gnade, da der fehlende Erkenntnisprozess nur auf der Bewusstseinsebene stattfindet, welche dem Patienten zum Zeitpunkt des Geschehens entspricht.
Die Dynamik der zyklischen Energie erweitert den Bewusstseinsrahmen bis zur Selbsterkenntnis.

Sie ist Grundlage dafür, dass der Mensch gemäß seinem Entwicklungsgrad Verknüpfungen auf der Ebene der seelischen Archetypenstruktur erkennt und verwirklicht, um zur ersten Auslösung zurück zu kehren.

Jede Einseitigkeit im Leben fordert geradezu den Gegenpol heraus, indem der andere Pol der Wirklichkeit zuerst ausgeschlossen wird, jedoch das Ziel der Synthese beider Pole, beider Erfahrungsseiten angestrebt wird.

Wir werden solange mit einer bestimmten Einstellung oder Erfahrung auf allen Ebenen unseres Seins konfrontiert, bis wir hinter der Form (dem sichtbaren Geschehen) den Inhalt (das archetypische Prinzip) entdecken.

Ziel ist es, ein Wirkungsgleichgewicht, eine Balance zwischen den selbst produzierten Unterschieden eigener Subjektivitäten unserer Weltsicht und der realen, objektiven Umwelt herzustellen.

Gewicht und Gegengewicht ober- und unterhalb der neutralen Linie aufgrund der Sinuskurve, (*Fig.3*) entstehen durch die individuellen Bewertungskriterien, den subjektiven Konditionierungen.

Das Gesetz des Rhythmus kompensiert eine These mit der Antithese solange, bis eine Synthese und damit Unabhängigkeit entsteht.

6. Hermetisches Prinzip-
Das Gesetz von Ursache und Wirkung

KARMA

„Was mit einem Menschen geschieht, ist für ihn charakteristisch. Er repräsentiert ein Muster und alle Teile passen zusammen. Mit dem Fortschreiten seines Lebens gelangen sie Stück für Stück auf ihren Platz, entsprechend einem vorbestimmten Plan." C.G. Jung

Karma (Sanskrit: die Tat, Handlung) bedeutet Handlung aus Kenntnis der Gesetzmäßigkeiten in der selbstbestimmten Freiheit. Der Mensch kann nur innerhalb der von der Schöpfung gegebenen Möglichkeiten frei sein! Je größer die Reife eines Menschen, desto größer seine Freiheit. Freiheit heißt von innen bestimmt sein, durch sein höheres Selbst, der weisen Stimme in uns, nicht auf die abhängig machenden Wünsche des Ego-Ich.

Karma spiegelt den individuellen Freiheitszustand des Einzelnen wider. Durch die Möglichkeit der Seele, Reifeprozesse in verschiedenen Inkarnationen zu erfahren, ist Karma nicht unbedingt das Gesetz von Ursache und Wirkung, da dieser Gedanke gleichzeitig Vergeltung und Determination einschließt.

Die vedische Lehre unterscheidet drei Arten des Karma:

Pralabd Karma

Pralabd Karma ist dasjenige unter den Karmas, welches durch persönliche Entscheidungen im gegenwärtigen Leben getroffen wird. Es repräsentiert die Schicksals-Grundstruktur, ein Muster von Verhältnissen der Spannung und des Ausgleichs, mit welchem wir in dieser Inkarnation ausschließlich zu tun haben, Lernaufgaben oder Lebensprinzipien wie z.B. Lektionen der Liebe, der Gnade, des Loslassens. Auch Themen wie Aggression oder Abgrenzung gehören zu den kollektiven Lernthemen.

Pralabd Karma addiert symbolisch seelisch-geistige Gewichtungen als Summe früherer Leben.

Viel zu selten denkt man an die Möglichkeit, dass der Mensch durch Selbsterkenntnis und Erkennen seines Schattens allmählich diese Schicksalsspur ändern kann.

Wir müssen Karma allgemein so verstehen: als gegenwärtige Herausforderungen, die wir selbst einmal geschaffen und daher notwendig gemacht haben, die unser kleines Ich zum Selbst werden lassen wollen. Dieser exakt funktionierende Schicksalsmechanismus gleicht persönliche Entscheidungen des Ego an die Harmonie im Kollektiv sowie die Harmonie der Natur an.

So ist Karma ein persönliches Strickmuster, um in Gnade und Demut reifen zu können. Das Prinzip als solches können wir durch Erkennen und Einlösen unter Berücksichtigung unseres freien Willens frei gestalten, Voraussetzung bleibt jedoch die Überwindung der selbstgeschaffenen Polaritäten. Die Natur kennt keine grundsätzlichen Polaritäten. Sie werden von uns projiziert, damit wir diese in uns verarbeiten und überwinden können.

Die Evolution spaltet und wertet nicht, Karma ist ein Prinzip der Gnade. Wann wir unser persönliches Schicksal lösen, schreibt kein Gesetz vor.

Kriyaman Karma

Die zweite Karmaform ist Kriyaman Karma. Sie bedeutet, dass wir das jetzt geschaffene Karma erst später ausgleichen können, wenn wir zur Zeit nicht die Reife besitzen, für unser Tun und Denken die entsprechende Einsicht und Verantwortung zu übernehmen. In den meisten Fällen ist dieser *Aufschub* unbedingt notwendig, um uns weiterzuentwickeln, bis wir die Auswirkungen der von uns geschaffenen Ursachen verarbeiten und die in ihnen sich manifestierenden Lernprozesse nachvollziehen können.

Dieses Vakuum ist notwendig, um mit den eigenen Ursachen eine Zeitlang zu gedeihen, um Lernprozesse zu verstehen.

Kriyaman Karma bezeichnet die Gnade, dass von uns nur Einsichten und Entwicklungsschritte verlangt werden, die wir leisten können. Unser Bewusstsein muss mit den Wirkungen der selbstinduzierten Aufgaben aktiv mitschwingen, um sich infolgedessen in einem weiteren Entwicklungsschritt wandeln zu können.

Das Gesetz des Kriyaman Karma widerspricht der landläufigen Interpretation, die Karma mit gefühlloser, mechanischer Vergeltung gleichsetzt und nicht in Betracht zieht, dass die Schöpfung ihre eigenen Geschöpfe liebt.

Durchschaut der Mensch ein negatives, lebensbestimmendes Muster, dass ihn lange Zeit eingeengt und in seiner Entwicklung gehemmt hat, so wird diese Erkenntnis in die Zusammenhänge seiner Konditionierungen das Problem transformierend durchleuchten.

Das Muster wird nicht länger gebraucht und auf die damit verbundene Erfahrung kann man verzichten.

Man könnte es auch als Auswirkungstendenz bezeichnen, wie wir unsere Anlagen nützen können, das mitgebrachte (Pralabd Karma) Schicksal (von Schicken) zu Erkenntnis und Einswerdung auf unserem Lebensweg zu leben. Wünsche, Bindungen, Neigungen, Vorurteile, Abgelehntes wird selten in Einem verstanden und eingelöst. Die Schöpfung gibt dem Menschen Zeit zu seiner freien Entfaltung.

Sinchit Karma

Die dritte Form des Karma ist das Sinchit Karma, sinngemäss ist dies ein Begriff für Reserve. Es ist zum Großteil überpersönliches Karma. Es ist eine Garantie der Natur, dass menschliches Leben eben menschliches Leben bleibt und keine Stufe unter dieser Seinsform, gleich durch welche Umstände erzeugt, je erreicht wird. „Die Sonne scheint auf den Mörder wie auf den Erleuchteten, Sie verschenkt sich und bewertet nicht, das ist das Lebensprinzip!"
(Sri Yukteswar.)

Wir sollten diese esoterische Lehre so verstehen, dass nicht versucht wird, „das Beste aus einer Situation zu machen" sondern wir lernen, mit Respekt auch die kosmischen Gesetzmäßigkeiten anzuerkennen und uns ihnen vertrauensvoll zuzuwenden.

7. Hermetisches Prinzip- Das Gesetz des Geschlechts

„Alles Sicht- wie Unsichtbare hat einen zentralen, unsichtbaren Pol (Anima, die Seele- das Mondprinzip) und einen nach Außen gerichteten Pol der Manifestation (Anima, der Körper, das Sonnenprinzip), den männlichen Pol.“

Gleich dem Atommodell von Gesetz 1 zeigt das siebte hermetische Prinzip, die ständige Verbindung einer Idee, der Ursache, zu deren Wirkung. Der innere Plan verwirklicht sich gemäß der Ursache im Lauf der kausalen Zeit in der Materie.

Ein Lebensmuster verwirklicht sich unabhängig vom Vorzeichen in gleicher Weise.

Dieses Gesetz ist das Gesetz der Partnerschaft und beinhaltet alle Gesetzmäßigkeiten in höchster Vollendung. Das Ziel der Schöpfung ist die Akzeptanz der Andersartigkeit aller Menschen.

Die Vereinigung der männlichen und weiblichen Pole bezeichnet Jung als Androgynität, als conjunctio oppositorum.

Androgynität

Auf der Suche nach Harmonie und Vollkommenheit ist im Menschen die Ursehnsucht nach Vereinigung der Trinität Körper-Seele-Geist von Natur aus angelegt. Es handelt sich hierbei um eine *archetypische Anlage*, ein Urmuster, das von jedem Lebewesen dieser Erde bevorzugt wird und *nicht* durch das Wesen selbst als solche entwickelt wurde.

Nirgendwo zeigen sich die Entwicklungsmöglichkeiten des Menschen deutlicher als in zwischenmenschlichen Beziehungen. Keine Ebene des Lebens repräsentiert klarer unsere verlorenen Seelenanteile, welche meist als Schatten auf den Partner projiziert werden.

Wollen wir nun zuerst die Grundlage dieser Ursehnsucht aus kosmologischer Sicht beleuchten, der Partnerschaft zugrunde liegt.

Denkvoraussetzung

Um sich ein Bild dieser archetypischen Veranlagung zu machen, sollte folgende Denkvoraussetzung geklärt sein: Die Schöpfung selbst, eine Art universaler Schöpfungsmechanismus, unterhält durch zwei scheinbar entgegengesetzte Energien einen unvorstellbar großen Evolutionszyklus von Werden und Vergehen. Das Bild eines überdimensionalen Ovals oder einer Gebärmutter entspricht der makrokosmischen Form vieler gleichzeitig nebeneinander existenter Universen, die in astronomischer Genauigkeit in zyklischen Kreisbewegungen rotieren.

Eine Hilfe mag das Wechselspiel das Tao-Symbols sein, der Symbiose der Yin- und Yang- Energien.

Die Schöpfung selbst kann in drei Erscheinungsformen dargestellt werden:

-In nichtmanifester Form; der ursprüngliche Zustand der Schöpfung ist formlose Leere, die als Zentrum eine gewaltige Lichtquelle besitzt.

- In manifestierter, bekannter physikalischer Form; Myriaden von Planeten und offenen Materieteilen folgen dem Urgesetz von Anziehung und Abstoßung.

- Als Mensch, die mikrokosmische Nachbildung der Schöpfung.

Die Schöpfung lebt von *zwei* Aspekten der einen Schöpfungsenergie, die sich symbolisch an dem Punkt der Entstehung aller Welten trennt, um sich ausschließlich in entgegengesetzter Richtung in Kreisform von den zwei Enden dieses Kreises her gesehen, wieder aufeinander zuzubewegen. So verstehen wir auch die mythologische Bedeutung der Urschlange *Oroboros*, die zeit- und raumlos in ewiger Wiederkehr sich selbst in den eigenen Schwanz beißt; dass Ende ist gleichzeitig auch der Anfang aller Erscheinungsformen dieses Kosmos.

Gleichwohl beruht die Dynamik der Schöpfung auf der Wechselwirkung von negativen und positiven Polen, dem Evolutionsprozess selbst, der eine Urenergie trennt, um ein hohes Schwingungspotenzial auf eine niedere, molekulare Form von Materie zu transformieren, um in dieser Frequenz biologisches Lebens zu ermöglichen.

Die „Trennung" der Urenergie selbst ist keine tatsächliche Spaltung, da beide Pole, nennen wir Sie Negativ-Positiv, Männlich-Weiblich, Yin-Yang, Anima-Animus oder Elektrisch-Magnetisch sich durch einen willkürlichen Kreisbogen wechselseitig wieder anziehen müssen.

So ist das Spannungsfeld beider Pole nichts anderes als eine Erweiterung der Schöpfungsenergie auf einen unendlich großen Raum projiziert. So entsteht Leben in makro- wie mikrokosmischer Form!

Raum und Zeit sind demnach nur Erweiterungen dieser Schöpfungsmatrix, in welcher sich Materie in vielfältigster Form entwickeln kann. Betrachten wir die Schöpfung als Eiform, dehnt sich das positive Ende soweit in den kosmischen Raum aus, bis es das andere Ende, die Zeit, den negativen Pol automatisch wieder erreicht hat. Die zwischenzeitlichen „Gegensätze" die zwei Pole, ziehen sich an und vereinigen sich wieder zur Grundsubstanz.

Das Zentrum selbst bleibt bestehen, Materie füllt die Matrix, das Muster, welches durch den Urraum vorgezeichnet wurde, wird belebt und verwandelt sich in eine eigenständige Tätigkeit, nämlich der Evolution selbst.

Diese Energiesubstanz entspricht jedoch einer Erhöhung der grundlegenden Schöpfungsenergie, da sie einen Zyklus innerhalb der Schöpfung vollzogen hat und daher eine Potenz derselben darstellt.

So verstehen wir die Definition der Spirale, welche die Schöpfung visuell darstellt.

Alle alten und wichtigen Kulturen haben den Schöpfungsprozess selbst in Form einer Spirale dargestellt, Grundlage und Ausgangspunkt der Vereinigung männlicher und weiblicher Energien.

Aus diesem Zusammenhang heraus kann die Schöpfung ausschließlich nur aus der Vereinigung männlicher und weiblicher Energien entstanden sein; *das göttliche Paradoxon ist also Vater-Mutter-Geist.*

Ganzheitliches Hologramm

Daraus ergibt sich eine archetypische Gesetzmäßigkeit, dass Leben nur aus der Interaktion dieser zwei Schöpfungsenergien entstehen kann.

Durch die ständige Vereinigung des negativen und positiven Pols entsteht ein elektromagnetisches Hologramm oder Energiemuster, dass alle Lebensformen durchpulst und ein *Organisationsfeld* für diese darstellt. Zum Vergleich dieses Urmusters erinnere ich an dieser Stelle an das Atommodell. Erweiternd sei hier auf das Modell David Bohms, der *impliziten Ordnung* hingewiesen.

Reinkarnation kann an dieser Stelle in seiner ursprünglichen Bedeutung verstanden werden: *Als Geistgeburt im Körper.* Geist steht stellvertretend für die Archetypenstruktur der Seele, da sich mit zunehmender Entwicklung Prinzip für Prinzip im Bewusstsein des Verstehens *inkarniert.*

Die Wiedergeburt im Geiste entspricht der Schöpfung dieser Welt: Der Zurücknahme aller Projektionen (Egomuster) sowie die Entwicklung von Mitgefühl für alles Lebende. Das friedvolle Anstreben der persönlichen Selbstverwirklichung ohne Manipulation anderer.

Transformation und Bewusstsein-
ein Bewusstseinsmodell

In der parallelen Reinkarnationstherapie erwächst im Laufe verschiedener Sitzungen ein transformiertes Bewusstsein.

Man kann nicht ausschließlich von Therapie sprechen, in der Konflikte und Probleme lediglich besprochen und rationell ausagiert werden, um später als Mensch besser angepasst im Alltag wieder zu funktionieren.

Das erstrebte Ziel beginnt damit, dass die ersten Schritte auf diesem Weg die Verwandlung negativ besetzter Energiestrukturen in eine bewusste, konstruktive Integration des Lebens anstrebt.

Es kristallisiert sich ein durch veränderte Bewusstseinszustände bedingtes Heilungsbewusstsein. Dieses sog. Heilungsbewusstsein fokussiert sich auf die zentralen Themen dieses Lebens, zeigt die Verstrickungen des Ego.

Das Heilungsbewusstsein umfasst die Integration von drei Stufen des integrativen Prozesses, die im folgenden dargestellt werden.

Das Ego ringt während einer Krise sozusagen mit den Archetypen um eine ganzheitliche Symbiose von Körper,-Seele und Geist.

Dieser Vergleich ist nicht abträglich, da mit zunehmender Selbsterkenntnis die Übernahme von Verantwortung für die Lebensbereiche wächst, die vorher verdrängt und abgelehnt wurden.

Ich versuche aufgrund 17-jähriger Erfahrungen mit Gruppen und Klienten ein Modell zusammenzufassen, dass den metaphorischen Prozess der Seele im *transformativen Entwicklungsprozess* in ein Gesamtbild einschließt.

Der *integrative Prozess* kann klassisch in 3 Phasen unterteilt werden:

1. **Katharsis- unbewusste Stufe**
2. **Transformation- bewusste Stufe**
3. **Integration und Heilung- transzendente Stufe**

Katharsis

Ein Reinigungsprozess beginnt, wenn wiederholte Leiderfahrungen den Klienten zur einer Veränderung seiner Lebensperspektive anhalten. Gemäß dem 5. hermetischen Prinzip, werden die Abstände, in denen sich persönliche, karmische Muster wiederholen, kürzer und prägnanter. Die Deutlichkeit der Symptome und Probleme nimmt zu, der Schattenbereich scheint übervoll zu sein, Ereignisse und Erfahrungen nehmen zu, die immer weniger der bewussten Kontrolle des Betreffenden unterliegen. *Diese Phase deutet eine Krise an,* ist jedoch nur mit der Veränderung und Infragestellung der gewohnten Lebensstrukturen zu vergleichen.

Der Tod des gewohnten Ich

Meist befindet sich der Klient in einer wichtigen Übergangsphase seines Lebens, wo alte Interessen, Charakterstrukturen, Beziehungsverflechtungen und Wertsysteme einer Erneuerung oder Ergänzung bedürfen. Das Ziel dieser Phase könnte auch mit dem „Tod des gewohnten Ich" umschrieben werden. Unser Ego ist verletzlicher geworden und wir leben ichbezogener.

Die meisten Menschen spüren intuitiv, dass ein erfülltes Leben ohne Schmerz, Trauer und Transformation auf Dauer gar nicht möglich ist.

Diese erste Phase bezieht sich auf die Schwelle der Bewusstwerdung die uns sagt, dass wir mehr als unser körperbezogenes Ego sind. Alte Verletzungen tauchen auf, gewohnte Situationen, in denen wir üblicherweise souverän handelten, bringen uns ins straucheln.

Meist beginnt ein Kampf mit uns selbst und der Umwelt, indem wir die *alten* Werte unbedingt festhalten wollen.

Wir lernen unsere Bezugspersonen z.B. von einer Seite kennen, wie wir diese bisher nicht sehen wollten oder konnten. Unvermeidliches, was nach dem Prinzip des geringsten Widerstandes aufgeschoben wurde, fällt gerade in diese Zeit.

Des öfteren haben wir das Gefühl, dass sich Dinge nicht mehr umgehen lassen, die zu unserer Reifung beitragen, trotzdem beginnt der eigentliche Kampf, ein Duell mit uns selbst, wenn wir in dieser wertvollen Phase nach den gewohnten Strategien Widerstand leisten.

Die daraus zusätzlich bedingten Konflikte sind den meisten Lesern bekannt und bedürfen keiner näheren Erläuterung. Da sich dieser Prozess über Jahre hinziehen kann, sind sich viele Betroffene nicht wirklich im klaren, welche Rolle dieser Transfomationsprozess für Sie spielt. Ob Karriere, Partnerschaft, Gesundheit oder Sexualität, unser Empfinden, unsere Ziele orientieren sich zunehmend nach Innen, die Suche nach dem diesbezüglichen Sinn beginnt (siehe auch im letzten Kapitel das Thema Chakrenlehre.)

Gemeint ist jedoch nicht die Midlife-Crisis!

In der ersten Phase werden wir uns schmerzlich über unsere Vergangenheit bewusst und lernen, mit schmerzvollen, emotionalen Verletzungen umzugehen. Manch einer flüchtet sich in noch mehr Arbeit, Alkohol oder Passivität bzw. Krankheit. Ohne sich bewusst diesen Vorgängen zu stellen, entsteht daraus leicht eine Krise, da Bewährtes einfach nicht mehr funktioniert und neuer Regeln bedarf.

In der parallelen Reinkarnationstherapie steht die Opferhaltung der ersten Sitzungen im Vordergrund, Komplexe und Traumata lehren uns ein Bewusstwerden, Annehmen und Loslassen. Versöhnungsprozesse mit Schattenanteilen werden eingeleitet, danach folgt die weltliche Integrationsarbeit mit der Umwelt.

Die Identifikation unseres Ego verwandelt sich jedoch meist nur, wenn wir uns wirklich neuen, ganzheitlich-spirituellen Werten öffnen. Meist werden dann nur *alte* gegen *neue* Wertmaßstäbe eingetauscht. So kann es durchaus sein, dass sich ein materiell orientierter Mensch aus seinem Alltag flüchtet, sich von einem Workaholic zu einem Esoteriker wandelt, jedoch mit den alten Strategien in der „neuen" Welt die gleichen Enttäuschungen erleben wird. Die Verwandlung hätte sich in diesem Fall, und dies ist keine Rarität, nur auf der äußeren Egoebene abgespielt.

Im Unterschied zur therapeutischen Aufarbeitung, die durchaus mit den rituellen Begleitprozessen der alten, spirituellen Kulturen vergleichbar ist (dort wurden Reifeprozesse und Wendepunkte im Leben wie z.B. der Pubertät, der Ehe, der Lebensmitte u.a. durch spirituelle Übungen und deren Integration in den Alltag als Unterstützung eingebunden.)

Ohne den entsprechenden, spirituellen Hintergrund, legen wir uns neue Rechtfertigungs- und Verteidungsstrategien sowie weitere, einengende Verhaltensweisen zu, welche die alten Komplexe nur zudecken. Was unbewusst als Schutzmechanismus funktioniert, verstärkt in Wahrheit das Ego, eine Krise nach der anderen steht an.

In der katharsischen Phase geschieht nicht willkürlich etwas Schicksalhaftes, wenn wir bereit sind zu verstehen, dass unser spiritueller Körper (Zugang Archetypenstruktur) in manchen Lebensphasen das Egobewusstsein in Frage stellt.

Die Archetypenstruktur zeigt ihre Wirkungen besonders in folgenden Lebensabschnitten: 11.-15. Lebensjahr, 38.- 44. Lebensjahr und vom 55.- 62. Lebensjahr. In dem Kapitel über die Chakren erfahren wir mehr über die 7er Zyklen des Bewusstseins und den damit verbundenen Transformationsphasen und Chakrazuordnungen.

Psychologisch formuliert, durchbrechen wir das Netz der sozialen Konditionierungen, das Kindheits-Ich verschmilzt mit dem Erwachsenen-Ich, nur mit dem Unterschied, dass der Umwelt nicht länger verborgen bleibt, dass wir nur eine Rolle mit der anderen zwanghaft versuchen, auszutauschen.

Der Kindrollenspieler in uns wird durch den Erwachsenenrollenspieler nicht mehr flächengerecht gedeckt.

Wir spüren außerdem in uns, dass es Zeit wird, selbst Regie zu führen.

Das Drehbuch selbst ist das Aufspüren unserer *Lebenslügen.*

Die Qualität des Annehmens von wichtigen Veränderungen in unserem Leben wird darüber entscheiden, ob wir Kraft aus der Veränderung ziehen oder uns Leid und Schmerz zufügen, wenn wir uns gegen diese Veränderungen sträuben.

Viele wünschen sich während einer Krise oft den alten Zustand wieder herbei, weil wir scheinbar das Gewohnte so sehr lieben.

Wenn wir das Bekannte und Vertraute, dass uns zwangsläufig zu einem dominierenden Ego gemacht hat so sehr lieben, warum wundern wir uns dann über eine Krise?

Festhalten oder Loslassen?

Die Frage ist nicht die der Verhinderung einer Krise, sondern die Einsicht in das enorme Wachstumspotential dieser Phasen. Werden wir nicht kreativer, wacher und sensibler, zudem gesünder nach einer Krise? Niemand will sich wirklich mit Krisen, die in Wahrheit unser Ego läutern, auseinandersetzen.

Die hermetischen Gesetzmäßigkeiten verwirklichen jedoch innerhalb aller Lebensstrukturen durch Wandlungsprozesse ein Ziel: *Wachstum durch Transformation.* Aufgrund der Archetypen ist diese Konfrontation unumgänglich, was nicht bedeutet, dass der freie Wille dadurch in Frage gestellt wird.

Die freie Entscheidungsfähigkeit wird herausgefordert, um sein Bewusstsein zu erweitern!

In der Reinkarnationsarbeit würde dies bedeuten, dass unsere Biographie seelisch nach einengenden, konditionierten Mustern durchforstet wird, um die abgespaltenen Erlebnisse, die sich in der katharsischen Phase als wiederkehrende Muster und Motive zeigen.

Diese werden bewusst gemacht und zugeordnet. Die Lebensdramen entschlüsseln sich. Mit Hilfe des Therapeuten gelingt allmählich die Objektivierung unserer Egoidentifikationen.

Beispielsweise entdecken wir in den ersten Sitzungen die klassischen Festhaltemechanismen unserer Eltern, die wir oft wie selbstverständlich als *positive Lebensinhalte* erlebten, mangels objektiver Erfahrungsqualitäten.

Abnabelungsprozesse werden eingeleitet, Wut, Hass, Ärger, mangelndes Selbstwertgefühl gepaart mit Ehrgeiz tauchen auf. Szenarien, wo wir glaubten, nur durch Anpassung könnten wir überleben.

Es ist an dieser Stelle nachvollziehbar, dass die typischen Verhaltensmuster und Dramen, mit all den Einschränkungen bezüglich unserer eigenen Entwicklung aus der Kindheit auch hierzu gehören, nur wird der Kindheit als Einstieg eher eine untergeordnete Rolle beigemessen.

Es ist wohl ein Unterschied, die Kindheit, angefangen beim Akt der Empfängnis, als Eintritt in die kollektiven Konditionierungen zu werten. Diese ist als *Eintritt* in die materielle Welt wichtig, nur beschäftigen wir uns nicht 100 Sitzungen lang mit dieser Phase um festzustellen, dass unsere Eltern, wie sollte es auch anders sein, nicht fähig waren, uns zu lieben.

Diese Phase lehrt uns was es bedeutet, ohne wirkliche autonome Entscheidungen zu leben.

Das Durchleben spezifischer Stationen wirkt wie ein Rausch: Als Kind kennen wir zwar mangels Bewusstheit keine Grenzen, leben jedoch ausschließlich in Grenzen!

Die Schizophrenie der Ausgangssituation, bedingt durch den Mangel an objektiver Wahrnehmung, bringt es mit sich, dass wir lernen, über unser Ego, offen oder versteckt jeden Tag unsere Grenzen in dem Rahmen zu erweitern, *wie es dem Maß an Beachtung unserer Umwelt entspricht.* Das Vogel-Strauß-Prinzip eröffnet in uns den Wunsch nach Führung, unsere Gefühle bereits in dieser Zeit in kreative Prozesse fließen zu lassen.

Das vitale Ego, dass sich in dieser Zeit herauskristallisiert (siehe auch das *Diagramm Analogie der Chakren*) trennt sich allmählich vom Urvertrauen, das automatisch an den Eltern gemessen wurde, ab. *Später, etwa zwischen dem 38. und 44. Lebensjahr, erleben wir meist in dieser Zeit nach einer inneren Uhr gemäß, die Intension, diese Verbindung wieder aufzunehmen!*

Diese Phase ähnelt dem kritiklosen, religiösen Jünger, dem alle Versprechen persönlicher Vorteile wegen, naiv als Wahrheit akzeptiert werden. Diese unglaubliche Hingabefähigkeit, diese grenzenlose Dummheit, den Versprechungen anderer gegenüber, sollte jedem aufmerksamen Leser zeigen, dass persönliche Freiheit nur durch eigenes Engagement möglich wird. Andernfalls wirken die archetypische Strukturen in der Kompensation, also in der Hemmung.

Ein Bezugspunkt ist in diesem Zusammenhang sehr wichtig und repräsentiert die negative Kraft des *Festhaltens* während dieser

Phase: Wir halten an den alten, oft liebgewonnenen Mustern, die häufig unser Kindheits-Ich repräsentieren, fest und sabotieren so unser Wachstum.

Da wir manchmal blind vor Eifer und Wut unsere alten Muster verteidigen, werden diese in Wirklichkeit natürlich stärker und richten sich gegen uns selbst.

Die Eigendynamik unserer Komplexe nimmt zu. Dieses Duell der Selbstkasteiung ist vergleichbar mit plutonischen Krisen, wo alte Muster überfällig lange durch unser Ego gehegt und gepflegt wurden und durchbrechen müssen, weil sie uns den Großteil unserer Lebensenergie rauben. Vor der Krise kommt es nun zum Durchbruch, wenn wir nicht selbst den Zeitpunkt der Veränderung wahrnehmen.

Der Reinigungsprozess der ersten Phase setzt ein. Dieser lehrt uns, die Zepter, die uns bisher Macht, Anerkennung und Überleben, gleich in welchem Niveau, garantierten, wegzulegen und uns unserer wahren Bestimmung zu widmen.

Parallele zum Protokoll von Ursula

In den Sitzungen mit Ursula stehen Erfahrungen und Konditionierungen solange im Widerspruch, bis wir das Licht der Parallelität und der Gleichzeitigkeit innerhalb des roten Fadens als Geschehen dem Bewusstsein der Integration anvertrauen.

Dunkle Emotionen und Schattenbereiche tauchten auf: Mord, Eifersucht, Unterdrückung, Manipulation und Macht sind in Wahrheit abgespaltene Persönlichkeitsanteile, die unbeachtet ihr Eigenleben im Unbewussten solange treiben, bis es zum Eklat kommen muss. Dieses persönliche Gefängnis beinhaltet die Furien der Vergangenheit, die den Großteil unserer Stimmungen, Eindrücke, Gedanken und Ziele bestimmen würden, gäbe es nicht das innere Selbst, dass den Selbstreinigungsprozess durch die oben beschriebenen seelischen Mechanismen zum Tragen bringt.

Sicher lassen sich diese Stimmungen unter anderem auch mit den allbekannten Konditionierungen der Kindheit vergleichen, nur mit dem Unterschied, dass diese Eindrücke *nicht* aus der Kindheit selbst stammen. Es wäre fatal anzunehmen, dass dieses Material ursächlich aus der Kindheit stammt, sonst könnten wir an diesem Punkt das Buch schließen, wir hätten ja allesamt standesgemäß der Evolution gemäß, die Kindheit als Geisel erlebt.

Die Kindheit ist bei uns eben nicht dazu prädestiniert, als Projektionsschiene für alle Opferhaltungen im kausalen Sinn herzuhalten!

In der Kindheit selbst treten gemäß der Wahrnehmungsfähigkeit archetypische Erfahrungen gefiltert analog dem Bewusstseinszustand auf. Die Kindheit selbst ist nur *ein symbolisch zu bewertender Zeitabschnitt* wie jeder andere auch, gleich aus welchem Objektiv wir diese Phase betrachten.

Manchmal ähnelt das Lächeln eines Kindes auch dem Lächeln einer Gottheit und befreit beim Erwachsenen selbst seine emotionalen Puffer!

Die fehlende Selektionsfähigkeit dieser Phase ruft jedoch an späterer Stelle, und dies zum richtigen Zeitpunkt, die notwendige Reinigungsphase hervor.

Dies gilt jedoch nur für diejenigen, die Verantwortung leben möchten.

Es gleicht symbolisch dem inneren Selbst, dass uns in die richtige Richtung treibt, sei es durch Ankündigungen in Träumen, wo wir von Verlusten und Ängsten getrieben werden, sei es durch stärkere somatische Reaktionen oder anhaltender Motivationslosigkeit. Die Rastlosigkeit und die Suche nach emotioneller Orientierung bestimmen zu diesem Zeitpunkt unser Leben.

Mythologie des Geschehens: Herkules und Hydra

Folgende *achte Arbeit* des Herkules, Herkules und Hydra, hilft uns, diesen Prozess zu verstehen:

Herkules wurden vom Delphischen Orakel zwölf Arbeiten übertragen, unter anderem die achte Arbeit, die darin bestand, Hydra, die neunköpfige Schlange von Lerna, zu töten. Nicht ohne Vorbereitung tritt er diese Reise an.

Der Rat seines Lehrers lautet: „*Wir erheben uns im Knien; wir erobern durch Hingabe; wir gewinnen durch Aufgabe.*“

Der Standort Hydras´ ist eine schlammige Höhle, in der Nähe eines Sumpfs´. Sie lebt im Dunkeln und ist schwer auffindbar. Ähnlich unseren dunklen Mustern und Konditionierungen, versteckt Sie sich im Dunkel der Höhle und treibt von dort aus ihr Unwesen.

Die Frage, die hier auftaucht ist, wodurch Hydra bzw. unsere Muster überhaupt leben können?

Unsere Muster leben davon, dass wir in irgendeiner Weise bequem geworden sind und unser Ego, dass kein Interesse daran hat, etwas zu ändern, geschweige denn sich um Bewusstseinserweiterung zu kümmern, zu pflegen. Die Kraft hierfür liefern unsere Ängste, da wir wenigstens den Trott, den wir kennen, überschauen können, nach dem Motto: „Neue oder veränderte Lebensumstände sind außerdem viel zu riskant!"

Das Ziel Herkules´ ist es, Licht ins Dunkel dieser „Höhle" zu bringen, vergleichbar dem gezielten Aufarbeiten eines Musters.

Er kommt zur Höhle und schießt im ersten Eifer mehrere Pfeile hinein. Das Ungeheuer selbst bleibt unbeeindruckt im Dunkeln liegen. Nach kurzer Zeit taucht Herkules die Pfeile in Teer und zündet diese an, so dass Hydra den gewohnten Standort verlassen muss.

Das Ungeheuer verlässt wild schnaubend seine Behausung und flüchtet sich in den Sumpf vor der Höhle. Herkules kann das erste Mal die Schlange betrachten und schlägt ihre drei Köpfe ab.

Daraus bilden sich jedoch wieder jeweils drei Köpfe und das Ungeheuer selbst wirkt stärker als vorher, inzwischen neunköpfig.

In diesem Moment erinnert sich Herkules an den Rat seines Lehrers: *„Wir erheben uns im Knien; wir erobern durch Hingabe; wir gewinnen durch Aufgabe."*

Er kniet sich in den Schlamm und packt das Tier empor in die Höhe. Die Schlange verliert im Licht ihre Kraft, da sie nur im Schlamm (Konditionierungen) und ihrer Höhle (Unbewusstes) ihre Kraft entfalten kann. Hier im Licht ist sie machtlos. Herkules hält sie fest und schlägt ihr alle neun Köpfe ab. Es bildet sich diesmal nur ein Kopf nach, der sich sofort in einen Diamanten verwandelt. Diesen vergräbt er unter einem Fels, ähnlich einem Schatz.

Die Vervielfachung der Köpfe Hydra´s entspricht der Gewalt, wenn bestimmte Komplexe aufbrechen, *ohne dass wir diese erkennen.* Es entspricht der Phase, indem wir etwas in unserem Leben bekämpfen, aber den Hintergrund dafür nicht kennen. Dadurch verstärkt sich bekanntlich das Negative, wir werden immer mehr zur Marionette eines Musters.

Wenn wir planlos gegen etwas Unangenehmes kämpfen, verlieren wir den Kampf, weil die Furien unseres Unbewussten erst richtig lebendig werden.

Vergleichbar einer psychischen Inflation, wo die bewusste Trennung zwischen Bewusstsein und Unbewusstem durch Überdruck aufgeweicht ist, versinken wir im Strudel unserer vergangenen Muster.

Indem Herkules die Schlange festhält, also bewusst wahrnimmt, enthebt er diese ihrem Element, dem Schlamm und der Dunkelheit des Unbewussten.

Würden wir nur unsere Muster, Ängste und Triebe ausleben, so haben wir verloren und enden in einer Krise, die unbedingt durch eine neue Abhängigkeit, einer Sucht dauerhaft aufrecht erhalten wird.

Wir müssen unseren Ängsten und Konditionierungen genügend Raum geben, um diese auf einen objektiven Fokus zu projizieren.

Hilfreich sind alle Verfahren, die z.B. im Rollenspiel, Tagtraum oder Familienaufstellung dem Betroffenen durch die bewusste Projektion sein Drama erlebbar werden lässt. Dieser Prozess des Loslassens gründet auf Verstehen. Die Kräfte, welche gegen uns gewirkt haben, können transformiert werden.

Die Hydra, der Fokus aller Komplexe, bildet keine Köpfe mehr nach, wenn wir die Hintergründe und Ursachen verstehen und zuordnen lernen.

Alle sog. *Inkarnationserlebnisse* gleichen einem dieser Köpfe, da es immer nur einen Ursprung geben kann: der unbewusste Umgang mit unserem Ego.

Durch die Verknüpfung und Parallelisierung aller Inkarnationen, Opfer- und Täterbewusstsein mit eingeschlossen, geben wir unseren Konditionierungen den Raum, den Sie benötigen: Das Jetzt. Schließlich sind wir gegenwärtig *selbst der Fokus* aller parallel wirkenden Muster!

Die unerlöste Kraft unserer Muster erschafft Schatten in der Parallelwelt

Nach und nach wächst das *Vertrauen,* dass die unerlöste Kraft, die dauerhaft Schatten in den Parallelwelten erschafft, die wir fälschlicherweise als Inkarnationen bezeichnen, die Erlösung *selbst bedingt.*

Die Transformation selbst kann beginnen und wir kommen wieder mit unserer ursprünglichen Kraft in Berührung.

Die Triebfeder, die diese Suche nach Einheit bestimmt, ist die Suche nach Liebe und Verschmelzung, welche die abgespaltenen Persönlichkeitsanteile („Inkarnationen") zur einer Bewusstseins Einheit verbindet.

Zusammenfassend gesagt ist die Wahrnehmungsebene der katharsischen Stufe die subjektive Egowelt. Durch „Rückführung" also einer symbolisch-zeitlichen Regression in die abgespaltenen Persönlichkeitsanteile fokussieren und parallelisieren wir unsere Lebenskraft in eine objektive, Bewusstseinserweiternde Richtung (dem Jetzt.)

2. Transformation und Bewusstsein

Die veränderte Perspektive lässt in einem bestimmten Umfang einen Überblick über unsere karmischen Muster zu. Die Identifikation wurde in Richtung Archetypenstruktur gelenkt, eine Übereinstimmung der Egostrukturen mit reinen, ursprünglichen Seelenmustern wird angestrebt.

Das *Gefängnis* dieser Verhaftungen, die unweigerlich zu zyklischen Wiederholungen in der Jetztzeit und der Zukunft führen würden, wird betreten und bewusst geortet. Die Energie des Aufwandes, die Kraft des Widerstandes gegen unsere alten Muster erzeugt ja gerade die Wiederholung.

Nicht das bloße Ausleben oder Bekämpfen macht das *Gefängnis* zu einem wirkungslosen Ort, sondern die Erkenntnis um die internen Verflechtungen und Muster und deren wiederholter Wirkung im Jetzt.

Es entsteht in der zweiten Phase eine übergeordnete Sicht, C.G.Jung bezeichnet diesen Prozess als *transzendente Sicht*, bzw. transzendente Funktion des Bewusstseins innerhalb des Individuationsprozesses.

Es ergibt sich eine lebendige Synthese von verdrängten wie bereits bewussten Inhalten persönlichen Materials.

Somit kommt psychische Energie im Sinne einer natürlichen Bewusstseinserweiterung in Fluss, da sie die Verurteilung bzw. Bewertung unbewusster Inhalte nicht einseitig interpretiert oder zu lenken vermag, sondern **das** Bewusstsein schafft den Raum, in dem sich projektive Inhalte zeigen dürfen, ohne in klassisch-psychoanalytische Strukturen gepresst zu werden.

Die Einstellung zur Sichtweise „bewusst“ und „unbewusst“ wird dahingehend relativiert, dass die Gegenüberstellung beider Welten zur einer gleichberechtigten Funktion werden. Diese Sicht kumuliert im Verlangen des Klienten, sich selbst nicht ausschließlich dem Therapeuten und dessen Deutungen zu überlassen, sondern sein Leben *auch* in einer konstruktiven, symbolischen Art und Weise zu verstehen und zu leben.

Das Bemühen um Integration geht alle Beteiligten an diesem Prozess an. Der ergänzende Charakter, der nicht in der klassisch-demütigen Haltung einer Abhängigkeit zu verstehen ist, setzt den Mut des Klienten und einen gewissen Grad an Eigenmotivation voraus, durch eigene Anstrengung vermehrt auf unbewusste Inhalte zu achten.

Zum Beispiel kann das bewusste Führen eines Traumtagebuchs, Mandalatagebuchs, das bewusste Anhören von Bandmaterial der Sitzungen sowie evtl. eines privaten Studiums psychotherapeutischer Symbole die Eigenmotivation steigern.

Jung meint, indem der Klient den Mut zu sich selbst findet, unterstützt dieser damit den gesamten Prozess, ohne narzistische Tendenzen zu fördern.

Die transzendente Sicht ordnet die symbolischen Bezüge der sog. *Inkarnationen* in das reale Jetztgeschehen ein. Das Ziel besteht darin, diese Erlebnisse zu *entmystifizieren,* da unsere persönlichen Muster zu diesem Zeitpunkt noch hochgeladen und emotionell sind, mithin so komplex, dass wir das *Ungeheuer Hydra* zuerst sichten und ans Licht des Bewusstseins holen müssen.

Symbolisch verkleidete Lebensmuster werden aufgedeckt. Um als Beispiel die vorangegangenen Sitzungen zu erwähnen, bezieht sich Ursula auf das übergeordnete Thema Beziehung zu Männern. Inhaltlich erlebt sie ihre Rolle als Opfer und Täterin, sie leidet, bekämpft und manipuliert ihr persönliches Strickmuster der Macht, bis sie zum Schluss die konkreten Verflechtungen mit dem Jetzt erkennt.

Nur diese Zusammenschau löst sie vor der inneren Hemmung, ihren persönlichen Glaubenssatz „Männer sind alle gleich" realistischer zu betrachten.

Vorher wird Sie Ihr Thema unbewusst immer wieder auf das andere Geschlecht projizieren, somit sorgt Sie durch sich selbst für unangenehme Wiederholungen!

Dass Fatale in diesem Stadium wäre, dass sich ihre negativen Glaubenssätze tatsächlich in der Art und Weise wiederholen müssen, wie diese erwartet werden.

Hier greift das 2. hermetische Prinzip der Affinität in Kombination mit dem 5. Gesetz des Rhythmus. Wir erschaffen bekanntlich täglich unsere eigene Realität.

Die *transzendente Sicht* ergründet nicht nur die scheinbar kausalen Zusammenhänge, sondern die Gleichzeitigkeit der Geschehnisse und vernetzt zu einer ganzheitlichen Sichtweise im Jetzt.

Man wird zu dem, was man bekämpft

Wenn wir uns bildlich gesprochen die persönlich erschaffene Realität des Jetzt als die Summe verschiedener Vergangenheiten vorstellen, **so leben die Jetztrealitäten aus den Mustern der Vergangenheit.** Alle einengenden Strickmuster, dort wo wir uns gegen eine Persönlichkeitsentwicklung entschieden haben, binden notwendige Lebensenergie und somit auch Bewusstseinsenergie.

Diese bilden in immer grotesker werdenden Masken ein erneutes Horrorszenario.

Die Widersprüche werden durch Bewusstmachung dieser Maschine nacheinander (entspricht der Natur des Bewusstseins) versöhnt, energetisch solange miteinander abgeglichen, bis sich die Maskierung löst. Die symbolische Ebene (Inkarnationen) entschleiert sich und aus mittelalterlichen Marktplätzen wird die persönliche Jetztrealität, wie Ursula ihre Mitmenschen für sich definierte. Das „Erhängtwerden" entspricht auf einmal dem Abbruch aller für Sie wichtigen Initiativen und Aktionen, einer Art persönlichen Rache und Bestrafung gegen sich selbst für konkrete Umsetzungspläne. Da Ursula aber auf Hilfe in einem Kontext des partnerschaftlichen Miteinander wartet, gestattet Sie sich selbst scheinbar bis zum Zeitpunkt ihrer Sitzungen diese Eigeninitiativen nicht.

Paradoxerweise hat Sie das Zeug zur Umsetzung ihrer Pläne, was auch ihrer Wandlung nach der Therapie entspricht, „leider" (von unbewusst leiden) konnte Sie bis dorthin ihre Seelensabotage nicht erkennen und war somit im Gefängnis ihrer Glaubenssätze gefangen.

In dieser zweiten Phase drehen wir das Strickmuster um und entschlüsseln nach und nach das innere Szenario persönlicher Dramen.

Dieser Prozess ist aufwendig und benötigt die meiste Zeit des Prozesses. Es ist Planarbeit, da eine objektive Sicht aller Dramen erwünscht ist. In der Regel benötigt die regressive Aufarbeitung des Opfer/Tätergeschehens 15- 20 Sitzungen.

Alle Spielarten des Ego werden berücksichtigt und allmählich reift das Verständnis des Kämpfens und Ablehnens zum Annehmen und Versöhnen.

Aussöhnung bedeutet ja mehr als das gebetsmühlenhafte Aufsagen von positiven Glaubensformeln oder substitutiven Imaginationen (gegenteilige Wunschprojektionen), sondern die Integration des Schattens in der Jetztrealität.

Zeit als Hülle- Das Erkennen persönlicher Widerstände

Scheinbare Kausalitäten entpuppen sich als ein immer wiederkehrendes, *zeitloses* Muster (Macht/Männer) bei Ursula, sie erkennt, dass Zeit einen Rahmen darstellt, die ihrer Zeitwahrnehmung eine subjektive Vergrößerung verdrängter wie positiver Erfahrungen in zwei Hälften spaltet: In den Bereich des Ego und den Bereich der Selbsterkenntnis.

Aus dieser Realität heraus wird es möglich, die unterschiedlichsten Widersprüche miteinander zu versöhnen.

Persönliche Machtkämpfe, alte Verteidigungsstrategien, Selbstlügen- und Bestrafungen wandeln sich aus ihrer Torheit zu Liebe und Verstehen.

Dieser Gleichklang erzeugt zusätzlich beim Klienten eine Gelassenheit und Souveränität den eigenen Mustern gegenüber.

Vergangenheit und Gegenwart verschmelzen

Die *aufgeblasenen* Projektionen werden enttarnt, die Realität wird mit objektiven Augen betrachtet. Dieser lebensnahe und zugleich praktische Bezug unterscheidet die parallele Reinkarnationstherapie grundsätzlich von vielen artverwandten Therapieformen. Diese Art mit Karma umzugehen, gleicht nicht mehr einem inkarnationsträchtigen Spießrutenlaufen, *indem heutige Lebensbezüge in andere Zeitebenen projiziert werden.*

Beispiel: Weil sich Ursula in früheren Leben manipuliert und unterdrückt fühlte, auch noch zufälligerweise von ihrem heutigen Mann oder Vater, ist bei herkömmlichen Past-Life-Therapien auch das frühere Leben automatisch hierfür verantwortlich.

Gibt es ein größeres Missverständnis, nicht nur auf der therapeutischen Ebene, sondern auch auf der Ebene der physikalischen und menschlichen Realität?

Die Konfrontation mit der seelisch-archetypischen Ebene des Klienten macht den Klienten zu einem wachen, bewussten Menschen, der gerne Anteil an seinem Leben hat und von daher u.a. durch sein Verhalten lernt, sich selbst richtig zu beurteilen.

In der herkömmlichen Reinkarnationsarbeit entsteht zwangsläufig eine subtile Qualität von Abhängigkeit, da sich niemand mit dem Hintergrund der *zeitlosen Symbolprojektionen* integrativ auseinander setzte.
Gezwungenermaßen muss nach der *Past-Life-Theorie* eine immer neue Ursache, ein immer wiederkehrendes Davor gesucht werden; in Wirklichkeit gibt es keine konkrete, erste Ursache eines persönlichen Musters!

Der Trip, in der Vergangenheit zu forschen wird zur Farce, da Sie immer bei der Schöpfung selbst landen.

Doch selbst hier ist der Ursprung nicht zu finden, es muss weiter nach der Ur-Ursache gesucht werden, die es nicht gibt!
Ironischerweise gibt es nicht wenige Therapeuten, die ihrem Patienten Glauben schenken, in sog. *Tier- oder Mineralinkarnationen* die Wahrheit über sich zu finden!

Rückschließend benutzen einschlägige Sekten wiederum diese Form von Aberglauben (Karmalehre), um mit dem moralischen Zeigefinger anzudeuten, dass bei unerwünschtem Verhalten in diesem Leben eine Rückstufung im nächsten Leben erfolgt. Auf dieser Ebene riecht es eben dann noch penetranter!
Abschließend ist diese Sichtweise keine philosophische Sicht der Dinge, sondern wie Jung es auch definiert, ermöglicht die *transzendente Funktion* des Bewusstseins ein *persönliches Erwachen.*

Der Charakter dieser zweiten Realität ist wie ein Aufwachen aus einen Alptraum, nur mit dem Unterschied, dass wir den Alptraum ab jetzt selbst steuern und verwandeln können.

Die Transformierung unseres Seins wird durch Einsicht und Eigeninitiative gestärkt, diese bewirkt die Freisetzung eines Bewusstseins, das ich die Perspektive einer größeren Freiheit nenne.

3. Integration und Heilung

Das expandierende Ego wird Beobachter aller Teilpersönlichkeiten, die bisher in abgespaltener Form unser Unbewusstes bestimmten. *Die integrative Phase der Heilung ist das Ergebnis der zeitunabhängigen Betrachtungs- und Erlebensweise*.

Ersetzen wir die Verstrickungen unseres Ego, den sog. Inkarnationen oder karmischen Lektionen, wie diese üblicherweise bezeichnet werden, *durch die Begrifflichkeit der symbolisch abgespaltenen Persönlichkeitsanteile*, ergibt sich ein positives Gesamtbild unserer seelischen Entwicklung.

Abgespaltene Persönlichkeitsanteile sind nicht im Terminus der Psychiatrie anzusiedeln, sondern im Kontext von unbewussten Affinitäten zur Archetypenstruktur.

Gesamtbild der seelischen Entwicklung

Um keine abstrakten Begriffe wie Vollkommenheit oder Erleuchtung in den Raum zu stellen, betrachten wir zunächst alle Entwicklungsschritte der Seele durch die Widersprüche des Ego, *einer sozial konditionierten Ichhülle,* einem Gefäß der konventionellen Angepasstheiten an die Umwelt. Da das Ego als Teil unserer Überlebensstrategie auch seine Berechtigung im Sinne von emotionaler Intelligenz und Evolution besitzt, dient uns diese Ichhülle bis zu einem bestimmten Stadium der persönlichen Entwicklung.
Das Sicherheitsdenken unserer Vorfahren mag seine Berechtigung zu jener Zeit gehabt haben, wo es galt, äußere Grundlagen aus der materieller Natur heraus zu erschaffen.

Die Schattenseite dieses Aspektes zeigt, dass sich ganze Traditionen heute in religiös-bedingtenen Auseinandersetzungen bekämpfen, nur um das alte Gruppen- oder Kollektiv-Ego zu verteidigen (einseitig-traditionelles Denken.) Das Problem dabei ist, dass jedes neue, erdenkliche Ziel in Frage gestellt wird (Kirche, Politik, Gesellschaft, spirituelle Traditionen, die sich untereinander nicht tolerieren können usw.).

Unter diesen Voraussetzungen kann keine neue, spirituelle Kultur entstehen.

Die überpersönliche Realität durchbricht also die Ego-Identifikationen, die Seele erkennt durch die Archetypenstruktur, einen möglichen neuen Weg zur Ganzwerdung und Integration bisher abgelehnter Schattenanteile der Seele. Das Ego wird als

sekundär eingestuft, wenn seine Spielarten und vor allen Dingen dessen Ziele (Stillstand und Rückentwicklung) bekannt sind.
Der Wille der Seele rückt bewusst in den Vordergrund.

Atemarbeit

Der Verwandlung oder Transformation der zweiten Phase folgt nun der erste wirkliche Atemzug in jeder Hinsicht. Dies gibt zu verstehen, dass, wie auch in allen mystischen Traditionen, der Atem als Mittel zur Einweihung persönlicher Mysterien, eine besondere Stellung einnimmt.

Durch ganzheitliche Atemarbeit, dem Prana-Atmen®, kommt es zu einer symbolischen Neugeburt. Atmen bedeutet nicht nur Funktion, sondern Übernahme der vollen Verantwortung für das eigene Sein.

Der Atem ist Indikator für die Selbstheit des Menschen. Der Atem versorgt uns mit außer H^{20} auch mit psychischer Energie, Prana oder Odkraft. Dadurch existiert übrigens seit unserer physischen Geburt ein ständiger Kontakt zum kollektiven Unbewussten, dem Bereich des Akasha, da die Substanz des Akasha der Qualität dieser Prana-Energie gleicht.

Unsere Erfolge mit dieser Atemarbeit bestätigen im übrigen, dass jederzeit während der Sitzungen der Kontakt mit dem kosmischen Strom des höheren Selbst gewahrt bleibt. Durch eine ganzheitliche entwickelte Form des Atmens, transformiert der Klient im meditativen Zustand die Schattenseiten seiner Persönlichkeit in bewusste, objektive Potenziale im Jetzt. Ausführliche Informationen können an dieser Stelle nicht gegeben werden, jedoch besteht die Möglichkeit, schriftliche Unterlagen bei der Autorenadresse am Ende dieses Buchs anzufordern.

Im Fall von Ursula kann Liebe erst entstehen, wenn Sie ihren Hass gegen sich und anderen Personen akzeptiert hat. Die gebundene Energie der Ablehnung wird in Hingabe und Öffnung verwandelt, weil sie um die Quellen der Ablehnung weiß.

Nach der Gegenüberstellung von Opfer/Täterszenen erfolgt das gleichzeitige Erfahren und Erfassen einer Thematik wie oben. Die

Parallelisierung der entsprechenden Ereignisse führt zu einer energetischen Angleichung bzw. Balance, da gebundene Bewusstseinsenergie aus den Opferszenen der Jetztrealität wieder zur Verfügung steht.

Dies bringt zum Ausdruck, dass Situationen der persönlichen Vergangenheit in diesem Leben, wo Selbstbewusstheit, Toleranz, Verstehen und Liebe mangels Bewusstheit gefehlt haben, mit dem heutigen Stand der Integration und Bewusstheit „abgeglichen" werden, so dass die Trennung bzw. persönliche Spaltung dieser Rollenverteilung (das-nur-Opfer-sein) aufgehoben wird.

Heilung durch zeitunabhängige Betrachtung

Indem Herkules symbolisch die Schlange in die Höhe (bewusstes Anschauen) hält, wird dieser zuerst ihre Lebensgrundlage genommen. Exakt in diesem Moment hat der Klient die Möglichkeit, *zeitunabhängig* sein Muster zu betrachten oder wenn Sie so wollen, in Einsicht neu beginnen zu können.

Diese Erfahrung entsteht jenseits der *dreidimensionalen Zeit*.
Dieses parallele Betrachten durch alle Phasen der persönlichen Entwicklung hindurch, ermöglicht das zeitunabhängige Erleben der persönlichen Seelensabotage. Die entsprechenden Zuordnungen und Analogien sind die Hüllen, in denen der Stoff der Manifestationen persönlichen Karmas abläuft.

Anders definiert entwickelt der Klient eine Sicht, wie sich sein Muster auf immer neue Ebenen seines Lebens verwirklicht und somit eine Maske mit der anderen tauscht, jedoch unentdeckt bleibt.

Diese Eigendynamik im Unbewussten erzeugt in immer neuen Rollen und Maskierungen des immer enger werdenden Musters einen sich wiederholenden Verhaltensdruck, der nicht mehr bewusst gesteuert werden kann.

Die Negativenergie engt unser Leben zunehmend ein und wird früher oder später nach dem 5.Gesetz des Rhythmus zur Eskalation (1. Phase- Katharsis) dieser sich wiederholenden Situation führen.

Insofern macht sich jedes Lebensmuster soweit selbständig, bis es auf der körperlichen Ebene auftauchen muss und dort seine Botschaft als Symptom zeigt.

Wiederum setzt sich auch dort der gleiche Zyklus von Wiederholungen fort, bis wir das Drama rückwärts aufrollen müssen.

Zum Verständnis

Zeitunabhängig betrachten und erleben heißt, Auslöser (Jetzt) und Ursache (Vergangenheit) zu verknüpfen und den zeitlosen Inhalt des Musters im Jetzt zu erkennen. Die sog. früheren Leben gleichen inhaltlich Spiegelbildern. Auch wenn hier Gegenwart und Vergangenheit scheinbar einen kausalen Bezug zueinander haben, sind diese als Projektionsfäche zu verstehen. Durch die Archetypenstruktur empfangen wir je nach Egokonstitution auch immer den Gegenpol zu einer subjektiven Leiderfahrung, so dass Zeitabschnitte äußere Betrachtungsebenen innerhalb eines Persönlichkeitsbildes bzw. deren Entwicklung darstellen.

Dieser Prozess ist eine Synthese der vorangegangenen zwei Phasen, indem die karmischen Verstrickungen des Ego (unbewusste Phase) der objektiven Sichtweise (Transformation) der transzendenten Funktion des Bewusstseins angeglichen werden. Der persönliche Mythos der verdrängten Qualitäten (Verschleierungstaktik des Ego) wird in der Realität dem jetzigen Verständnis zur Verfügung gestellt, so dass die Inhalte der endlosen Wiederholungen mit allen Maskierungen sichtbar verstanden werden.

In Wirklichkeit ist es doch die gebundene bzw. unterdrückte Energie „vergangener Erfahrungen" welche die Trägheit unseres Ego unterstützt. Da der Mensch wiederum die Neigung hat, sich eher auf das Gewohnte zu verlassen, verschiebt dieser gerne auch persönliche Entscheidungen der Transformation und Veränderung in seinem Leben.

Um folgerichtig ein Teil dieser Evolution zu werden, greifen überpersönliche Mechanismen, um die Klarheit des Verstehens zu fördern. Wir würden dies Schicksal nennen. Kann der Mensch selbst die abwechselnden Verstrickungen des Ego nicht erkennen, so greift um so mehr im positiven Sinn die Archetypenstruktur der Seele ein.

Dieser Tendenz können wir versichert sein, da der Mensch selbst als Individuum ein energetischer Strahlungsorganismus ist, der in seiner individuellen Schwingung oder Strahlungsqualität immer mit der Gesamtenergie der Schöpfung bzw. der Summe aller Energien im Makrokosmos in wechselseitiger Beziehung steht.

Heilung und Integration als dritte Phase beruht auf der Versöhnung dieser Gegensätze, die vom Mensch selbst erschaffen wurden.

Die Bereitwilligkeit zur Selbstannahme in allen dunklen und lichten Seelenbereichen führt allmählich zur Integration und Heilung.

Das Spektrum der Ego-Selbste

Was bisher als Inkarnation verstanden wurde, entspricht den persönlichen Abspaltungen unserer subjektiv-geprägten Lebenseinstellung.

Alle unterschiedlichen Erfahrungen Ursulas haben zwar ihren Ursprung daselbst, sind jedoch durch das Ego in positive und negative Bewertungen gespalten worden. Die Gruppierungen persönlicher Erfahrungen durch dieses schwarz/weiß-Muster erzeugen eine Einstellung zum Leben, die in zunehmenden Maße wichtige Persönlichkeitsbereiche *voneinander trennen.*

Gruppierung meint eine Anhäufung selbstinduzierter Lebensmuster, die nicht in Übereinstimmung mit objektiven Lebensmustern (kosmische Gesetzmäßigkeiten bzw. Summe aller Energien dieses Universums) stehen.

Um die unterschiedlichen Ego-Selbste oder Untergruppierungen unseres Bewusstseins zu veranschaulichen, verweise ich auf das Diagramm, *Fig.1*.

Hier überträgt sich ein Problem auf immer weitere, ursprünglich nicht beteiligte Lebensebenen, „infiziert" diese mit Inhalten, die ursächlich nicht im Zusammenhang standen.

Ziel und Aufgabe des integrativ-heilenden Prozesses ist die Rückverbindung zu diesen in sich getrennt existenten Teilen unserer Persönlichkeit.

Die wiedergewonnene Energie, die durch das Betrachten und Einleben in diese Strukturen zur Verfügung steht, kommt der Psyche nun konstruktiv zugute.

Das Spektrum dieser Ego-Selbste lebt von der Verdrängung und der Angst davor, dass negative Inhalte im Alltag zum Vorschein kommen könnten.

Der Aufwand, den wir betreiben, dass nichts von alledem zum Vorschein kommt, wird in konstruktive Bahnen der Bewusstheit gelenkt.

In Wirklichkeit haben wir Angst, das Risiko einzugehen, von unserer Umwelt nicht mehr akzeptiert oder geliebt zu werden.

Schlussendlich gären die internen Verstrickungen solange im „Sumpf" des Unbewussten, bis wir über Krisen dem nachgeben, was Heilung bewirkt: Das Unbewusste (die Vervielfachung der Köpfe Hydra´s) schafft den Raum, den wir zur Entfaltung beider Anteile, dem Schatten und Licht unserer Persönlichkeit, gewähren müssen.

So ist es nicht zufällig, dass wir zuerst über unsere Umwelt, dann in unseren persönlichen Beziehungen und zum Schluss über Krankheit mit den Furien der abgespaltenen Schattenanteile dauerhaft konfrontiert werden.

Der Schatten zeigt sich als Schicksal

Bei Ursula zeigt sich dieser Kampf in der Affinität zu „schwachen" Partnern im Jetzt, weil Sie den Mangel an Liebe zum Vater (symbolisch in früheren Leben als anonym und zweifelhaft erlebt) in Hass und Abneigung gegenüber dem männlichen Geschlecht gelebt hat. Diese Form entspricht jedoch nur der Kompensation dieses Komplexes, den Sie in immer veränderten Opfer/Tätersituationen im jetzigen Leben unbefriedigenderweise erlebt.

Indem Sie einen Zugang zu ihren Instinkten und Schattenbereichen schafft, verfügt Sie zunehmend über die Fülle und Kraft ihrer Archtetypenstruktur.

Anstelle nur noch im Kopf die kompensierten Verdrängungen ihrer unbewältigten Beziehungen zu leben, erfüllt Sie ihr Leben neuerdings wie beschrieben mit konstruktiven Initiativen, die im übrigen Ihr, dem Partner und der Tochter wohlwollend zugute kommen.
Ihre Energien werden gleichberechtigt, da gelöst, in privaten wie beruflichen Initiativen eingesetzt.

Integration Ego und Archetypenstruktur

Die Folge dieser Auseinandersetzungen ist die Aufgabe des Ego, negative Muster in die Zukunft auf immer weitere Lebensbereiche zu projizieren.
Hat der Klient die weise Führung seines höheren Selbstes zugelassen und peu a´ peu seiner Jetztrealität, dem persönlichen Alltag Integrationsmöglichkeiten verschafft, verliert der im unbewussten wirkende Mechanismus des Ego seine Kraft.
Wenn wir erkennen, *was uns wohin steuert* (durch unzählige Wiederholungen eines negativen Musters) gewinnen wir Vertrauen in die Archetypenstruktur der Seele. Das Ego, soz. ein Teil unseres inneren Kindes, erkennt lichtere und realistischere Strukturen und ordnet sich dem Willen der Seele unter.
Das Merkmal in diesem Stadium ist die *Versöhnungsbereitschaft* des Klienten mit seinen Dramen.
Er lernt von sich aus, im Alltag Situationen und Dingen objektiv zu begegnen, die vorher verdrängt wurden.

Wir gewinnen dadurch Zugang zu unserer eigenen Religio, der Rückverbindung zum kosmischen Ursprung unseres Wesens.
Studieren wir die Archetypenstruktur genauer, so leben die meisten Menschen scheinbar zuerst genau das Gegenteil dieser ursprünglichen Schöpfungsstruktur, also in der Kompensation.
Erst durch die Neuorientierung in die spirituelle Dimension unseres Seins wird es möglich, sich dauerhaft Krisen zu ersparen, die nur eines zum Ziel haben: Einswerdung aller Persönlichkeitsanteile; das zentrale Selbst löst das Ego ab, ohne das Ego und dessen Strukturen zu unterdrücken.

Klassisch ausgedrückt bedeutet dies die stufenweise Rücknahme aller Projektionen (Egoinhalte.)

In der kausalen, sichtbaren Welt der Wirklichkeit, gilt das Veränderungsprinzip der sich ständig verwandelnden Materie. Hier ist unser Ego an die sicht- und messbaren Werte des Lebens orientiert. Alles Beweisbare wird als einzige Wahrheit verstanden, all das wissenschaftlich nicht Erklärbare wird zum Schattenbereich abgestempelt.

In der akausalen Welt der Archetypenstruktur gelten die zeitlosen Gesetze der Seele. Das menschliche Sein ist geprägt vom Kampf, sich für eine dieser Welten zu entscheiden, jedoch sorgt auch hier das goldene Prinzip der Mitte für die erwünschte, persönliche Freiheit.

Alle Religionen, Philosophien und transpersonalen Therapien haben ein und das gleiche Ziel: *Die Seele zu erfahren, um deren Kraft zur Bewältigung persönlicher Prozesse innerhalb der Materie wirken zu lassen.* Dieser Prozess hat die Einswerdung zum Ziel, der Weg dorthin ist für die Einen eine große schmerzliche Krise ohne Bewusstheit; für die Anderen ein segensreicher Transformationsprozess, an dessen Ende das Licht der Erkenntnis wartet.

Eine Formulierung Graf Dürckheims mag Aufschluss über die Einheit beider Welten, in materieller wie persönlicher Hinsicht geben:

„Unsere Zeit erkennt und anerkennt endlich das Primat der inneren Erfahrung als Quelle für das, was für die Vollendung des Menschseins Gültigkeit hat. Erkenntnistheoretische Voraussetzung hierzu: Die Unterscheidung zwischen den beiden Bewusstseinszentren, dem Welt-Ich, dessen Wirklichkeit durch die Kategorien Raum, Zeit, Kausalität, Identität (Kant) bestimmt ist, aber für das Reich der inneren Erfahrung nur subjektive Wirklichkeit hat. Zum anderen dem des Wesens, des transzendenten Zentrums, dessen Wirklichkeit jenseits der fünf großen W ist, des Was, Wo, Wann, Woher und Wozu. Die Gültigkeit, der in der Seinserfahrung vom Wesen aufgenommenen Erkenntnisse, Impulse und Weisungen erscheint in der Tiefe und Verwandlungskraft der *Erfahrung.* Was vom Wesen her einsichtig, einfach und verpflichtend sein kann, mag für das Ohr des Welt-Ichs unverständlich, unnachvollziehbar, wirklichkeitsfern und anstößig klingen."

Vereinigung Physis und Psyche

Der Prozess von Identifikation und Integration ist die Verschmelzung zwischen Materie und Bewusstsein (Zusammenschluss innerer und äußerer Welten). In der Psyche des Menschen wirkt komplett die Archetypenstruktur über das Unbewusste. Carl Gustav Jung erkannte als erster, dass die messbare, kausale Welt nicht die Grundlage der seelischen Natur des Menschen darstellt.

Er bewies, das die unbewussten Strukturen des Menschen eine transzendente oder religiöse Grundlage haben und die Abspaltung des Menschen der Trennung von Ego und Seele entsprechen (entgegen der Parabel vom Sündenfall im Paradies). Jung verstand das Zusammenwirken von Bewusstsein und Unbewusstem als Energieaustausch psychischer Elemente.

Dieser Dynamik entsprechend ist das Unbewusste kein Müllplatz triebhafter Regungen und verdrängter Komplexe, sondern ein kreatives und intelligentes Prinzip, dass den Menschen mit der Natur, dem Kosmos und allen anderen Menschen auf der seelischen Ebene verbindet.

Im Unterschied zu herkömmlichen, kausal-geprägten Vorstellungen ist die Synchronizität der Archetypen und deren Erscheinungen auf der personalen Ebene, erfahrbar.

Die Widerspiegelung kosmischer Urmuster im Lebensgeschehen des Menschen innerhalb der Reinkarnationssitzungen wiederzufinden, ist ein königlicher Weg der Selbsttransformation.

Der Mensch kann seine eigenen Ich-Grenzen überschreiten und darüber hinaus sein Ego als Vehikel benutzen. Er erreicht dadurch eine Vereinigung mit dem zentralen Selbst (Jung) oder der Archetypenstruktur. *Dieses Gesamtbild des Kosmos lässt sich stufenweise als Bewusstseinserweiterung erfahren.*

In diesem Sinn übernimmt folgerichtig das bewusste Selbst, die Bewusstseinsstruktur, welche aus der dritten Phase erwächst, die

Führung im Leben. *Das Zentrum innerhalb der Archetypenstruktur wird erkannt und dient fortan als Lebensgrundlage.*

Der Mensch ist in diese grundlegende Harmonie der Natur eingebunden.

Gleichzeitig tritt ab diesem Moment oft eine spontane Gesundung körperlicher Symptome ein, dass Immunsystem wird gestärkt, viele Spannungen und Muskelblockaden, die Auskunft über unsere seelische Situation über Jahre gaben, verschwinden.

Der psychosomatische Bezug ist teilweise derart überraschend und faszinierend, dass angenommen werden muss, dass in der parallelen Reinkarnationstherapie nicht nur Blockaden und tiefsitzende Konflikte gelöst, sondern durch die Spannungsentladung im Zellsystem selbst ein gesundender Verjüngungseffekt eintritt. Dies lässt sich mit dem bioenergetischen Effekt vergleichen.

Die Entwicklung der Persönlichkeit kann innerhalb der drei beschriebenen Strukturen eine positive und heilende Reflexion erfahren.

Dieses Bewusstseinsmodell, das folgerichtig dem klassischen Therapieverlauf entspricht, ermöglicht gleichzeitig eine bewusste Betrachtung der persönlichen Entwicklungsstufen eines Menschen.

Tod und Wiedergeburt– Entwicklungsstadien der Seele

Das Trauma der Wissenschaft

Aufgrund der Dreigliederung des integrativen Prozesses innerhalb der parallelen Reinkarnationstherapie wird dem Leser deutlich, dass bewusste wie unbewusste Transformationsphasen oder wichtige Veränderungen in unserem Leben einer zentralen Struktur (Archetypen) zugeordnet werden können. Dieser rote Faden eines spezifischen Lebensprozesses macht uns auf einer Ebene mit einem archetypischen Lernthema bekannt, dass wir, bedingt durch persönliche Verdrängungen und Ängste, im Sinne der hermetischen Lebensgesetze notwendig gemacht haben.

Affinitiv betrachtet bedeutet dies jedoch im Sinne jung'scher Synchronizität, dass der Betreffende jetzt gerade die Reife zu dieser Lernerfahrung besitzt und dadurch den anstehenden, neuen Lernprozess im Spektrum seiner Möglichkeiten konstruktiv erweitern kann.

Der Betreffende selbst ist Urheber und Weiser im gleichen Sinne, wenn er die nichtkausalen Zusammenhänge einer höheren Gesetzmäßigkeit begreift.

Die drei Phasen des integralen Transformationsprozesses helfen den heilsamen Zugang zur Archetypenstruktur zu finden und diese durch die parallele Reinkarnationstherapie zur konstruktiven Lebensgestaltung einzusetzen.

Manche Menschen würden dies einfach als die Weisheit des Lebens bezeichnen oder als Wink einer subjektiven Allmacht, die Gott oder ähnlichen Dimensionen zugeschrieben würden.

Das Bewusstsein, das eine zentrale Rolle in der Vermittlung archetypischer Strukturen und persönlicher, eigenverantwortlicher Lebensgestaltung spielt, ist also nicht mit dem wissenschaftlichen Grundsatz zu verwechseln, dass jede bewusste Existenz *organischer Natur sein müsse*!

Ähnlich einem Filter reguliert es durch die jeweiligen, integrierten Lernerfahrungen im Spektrum des Archetypenmodells des Betreffenden die Qualität seines Seins. Es ist unmöglich, grundsätzlich einem Menschen diese Möglichkeit vorzuenthalten, da Krisen und Wendepunkte im Leben immer notwendige Entwicklungsschritte nach sich ziehen.

Wenn wir uns jedoch generell eher eine Strategie der Angst und der Abwehr zulegen, Krisen zu verhindern, und dies exerzieren zum Großteil die psychologischen und psychotherapeutischen Schulen, kann außer einer umfangreichen Symptombehandlung unmöglich eine Bewusstseinsentwicklung stattfinden, da das linear-mechanistische Weltbild von Zufälligkeiten und der altbekannten Sündenbocktheorie ausgeht.

Der „Filter“ Bewusstsein als Brücke der oben beschriebenen Wirkzusammenhänge steht im Vordergrund und fördert zudem die Verantwortungsbereitschaft des Patienten/Betroffenen, am Prozess selbst aktiv mitzuwirken. Dieser versteht außerdem leichter das Zusammenspiel von Therapeut/Klient, da *erstgeborene* Abhängigkeitsverhältnisse nie zu einer langfristigen Heilung führen können.

Der Klient geht eigentlich durch das fatale System der kausalen Therapie eine zusätzliche, leidvolle Verbindung ein, ein Korsett, dass er zum Zeitpunkt seiner Krise nicht zusätzlich benötigt.

Das symbiotische Zusammenwirken der Verbindungen Seele/Archetypen und Bewusstsein/Materie innerhalb des dreifachen, integrativen Prozesses ist primär zu beachten.

Ich selbst habe des öfteren bei Patienten beobachten können, dass unangenehme, schmerzvolle Erfahrungen überhaupt erst einmal die persönliche Subjektivität des Einzelnen widerspiegeln und von daher erst eine konstruktive Übersicht zur Biographie des Einzelnen dargestellt werden kann.

Allen Herausforderungen unseres Lebens gemeinsam ist der Energieaufwand der Kompensation, den wir entweder im konstruktiven oder destruktiven Sinn einbringen bzw. aufwenden müssen, um mit einem Problem umzugehen.

Hierfür benötigen wir ein synchrones Modell das es ermöglicht, wie die seelische Archetypenstruktur durch das Bewusstsein abgerufen werden kann.
Daraus folgernd ist es um so einfacher, die Beziehung von Bewusstsein und Materie zu verstehen, da *aus* den seelischen Leitlinien die äußeren Lebensprozesse entstehen. Für die Bereiche Psychotherapie und Heilpraktiken eröffnen sich aus den geschilderten Zusammenhängen völlig neue Perspektiven ganzheitlichen Heilens.

Das Unbewusste ist keine programmierte Maschine, kein mechanistischer, vorbestimmt-deterministischer Apparat, von dem der Mensch, gesteuert wäre.

Zeitlose Bewusstseinsräume
Die Frage nach der Unsterblichkeit

Um absolut richtig verstanden zu werden, muss das gewöhnliche, wissenschaftliche Weltbild umgekehrt werden, indem es eben nicht so ist, dass das menschliche Bewusstsein ein Produkt physiologischer Prozesse des Gehirns ist!

Dann erklärt sich auch die Individualität einer subjektiven Lernerfahrung nicht als mechanistisch, sondern als unbegrenzt im Rahmen einer Lernerfahrung, die unabhängig von der gängigen, pathologischen Vorstellung bewusstseinserweiternd wirken kann.

Exakt betrachtet, geht es nicht um die Kausalität von physiologischen Prozessen zwischen Gehirn/Bewusstsein, sondern ursächlich zwischen Seele/Archetypenstruktur und Bewusstsein/Materie, also akausalen Wirkzusammenhängen.

Das Bewusstsein existiert jenseits von Raum/Zeitvorstellungen in der Qualität der dritten und vierten Dimension. Trotzdem greifen die notwendigen Aspekte einer tiefgreifenden Lebenserfahrung direkt in unsere messbare Realität ein, es scheint, dass die unbegrenzte Ebene unseres Seins eine Art göttlichen Ursprung darstellt, in welchem die Archetypen in zeitloser Regie denjenigen mit heilsamen Energien aufladen, der affinitiv eine Resonanz hierzu hat oder herstellt, auch durch Krisen impliziert!

Der freie Wille wird hierbei in keinster Weise eingeschränkt.
In poetischer Hinsicht sprechen die Religionen und Philosophien der Jahrtausende nicht umsonst von den ewigen Wassern des Seins, woraus im menschlichen Denken schon immer die Vision der Unsterblichkeit als unstillbarer Wunsch wurde. Das Unsterbliche wird selbstverständlich durch die zeitlosen Prinzipien der Archetypen repräsentiert.

Unter anderem wurde gerade in den östlichen Lebensanschauungen daraus der optimistische Kollektivgedanke der Reinkarnation, mit all seinen moralischen Vor- und Nachteilen des Kastenwesens.

Irgend einen Namen muss man jedoch für die tiefe Sehnsucht des Menschen finden, Unsterblichkeit zu erreichen!

Ob wir dafür den „Göttern" im klassischen Sinn dienen müssen, bleibt vorerst dahingestellt, da die alten Griechen im „Opfer" eine persönliche Haltung gegenüber einem Lernprinzip sahen, dass es galt, selbst zu erfüllen.

Dies dient doch gerade in therapeutischer Hinsicht dafür, selbst Verantwortung zu übernehmen und nicht, wie üblich, in der Außenwelt einen Schuldigen bzw. eine beliebige Projektionsfläche zu suchen, um sich ein einigermaßen verbindliches Alibi für sein eigenes Ego (dem Gegenteil von selbstbewusster Lebensgestaltung) zu finden.

Einem Urprinzip etwas zu opfern meint doch, jetzt bewusst einem bestimmten Archetyp Aufmerksamkeit zu schenken, um nicht in der Kompensation die destruktive Bekanntschaft mit diesem zu machen!

Wir sind Teil eines unbegrenzten Bewusstseinsfeldes, dass alle physischen wie psychischen Realitäten umfasst.
Überzeugende Resultate hierfür liefern außerdem die hervorragenden Ergebnisse der Thantalogie nebst den Pionieren Dr. Kübler-Ross, R.Moody und natürlich Kenneth Ring. Die Nahtoderfahrungen, die eingangs schon Erwähnung fanden, zeigen in überzeugender Weise, wie gerade in außergewöhnlichen Bewusstseinszuständen die Autonomie des Bewusstseins das wirkliche Leben, also auch die physische Realität steuert.
Die westliche Wissenschaft und die altehrwürdigen Systeme Asiens haben durchaus fruchtbare Verknüpfungspunkte hinsichtlich des

Bewusstseinsmodells von Therapie, Heilung und Bewusstseinsentfaltung.

Ob wir nun tatsächlich sog. "frühere Leben" kausal früheren Zeitepochen zuordnen müssen, halte ich für überflüssig, *da die inkarnatorischen Erlebnisse immer den zeitnahen, persönlichen Konflikten des Betroffenen entsprechen!*

Erkennen wir die gleichzeitig mitschwingende Machtidee, aus der alle Religionen geboren wurden, so stellt der religiöse Hintergrund des klassischen Reinkarnationsgedankens nur den moralischen Zeigefinger dar, der für unsere therapeutische Bemühung unwichtig ist, da das Archetypenmodell nicht nacheinander, Leben für Leben abrollt, sondern latent gleichzeitig jederzeit verfügbar bzw. abrufbar ist.

Vollkommenheit kann zwar in Zeitschritten gedacht auch in einem Hintereinander vollzogen werden, jedoch bleibt die Folge von dieser einseitigen Idee jene, dass wir nur in einem unendlichen Zyklus von unterschiedlichsten Leben in die Nähe von Vollkommenheit rücken.

Die Synthese besteht nun darin, grundsätzlich das Modell der parallelen Reinkarnationstherapie ohne wertende Moral, ohne religiöse Hintergründe und als akausal zu verstehen.

Da bei meinem Modell keine erbbiologischen Faktoren ausschließlich die Gene des Menschen und dessen Schicksal bestimmen, eine Tatsache, die Biologen im übrigen gar nicht beweisen können, steht das Bewusstsein primär im Mittelpunkt.

Ist es nicht sinnvoll, diese Synthesefähigkeit zu fördern?

Heilungstraditionen

Der Mensch kann nicht den rational-kausalen Modellen von verknöcherten Wissenschaften überlassen werden, ohne die Schätze der alten Kulturen, die im übrigen seit Jahrtausenden weiterexistiert haben und bis zum heutigen Tage leben. Trotz aller unangenehmen Bemühungen seitens der Wissenschaft, alte Heilungstraditionen für blanken Unsinn zu erklären, ist es gelungen, nahezu aus allen Kulturbereichen dieser Erde diese alte Weisheit zu erhalten.

Wenn wir ehrlich sind, helfen diese „alten“ Systeme sogar in medizinischer Hinsicht denjenigen unter uns, die schon lange von der Schulmedizin aufgegeben wurden (Heilungstraditionen der Philippinen, Brasilien, Venezuela, Guatemala, Mexiko, China, Indien uvm.) Allen gemeinsam ist der integrative Umgang mit der Seele des Menschen als Grundlage jeder Heilungspraktik.

Ich meine, dass schon viele Mediziner, die nicht unbedingt dafür bekannt sind und bestimmte Verfahren auch nicht auf dem Praxisschild ankündigen, trotzdem selbst über derartige Verfahren verfügen bzw. diesem Ansatz folgend auch die entsprechend „offenen“ Patienten daran Anteil haben lassen.

Wie auch immer darüber diskutiert werden mag, unsere Schulmedizin in Verbindung mit all dem „Hig-Tech“ hat insgesamt versagt, da technische Geräte alleine über eine fehlende Sensibilität zwecks des ganzheitlichen Heilungsansatzes, nicht hinwegtäuschen können.

Das seelische Heil des Patienten benötigt seelenkundiges Fachwissen um entsprechende Sorge tragen zu können. Auch wenn dies noch ein weiter Schritt sein mag, die Kostensituation „zwingt“ uns im Allgemeinen, die Natur der Seele zu erforschen, man nennt dies präventiv-ganzheitliche Vorsorge.

Die Zeiten sind längst vorbei, wo der Klerus für die seelische Entwicklung des Menschen alleine verantwortlich ist.

Um die praktische Seite näher zu erläutern, repräsentiert in der Quintessenz dieser Verfahren die Seele den zeitlosen Aspekt unseres Seins.

An Ihr, und deren Gesetzmäßigkeiten entlang orientiert man sich, um die grundsätzliche Balance wieder herzustellen.

Fast alle Verfahren versuchen ausschließlich vom Seelischen her die ursprüngliche Energie des Menschen in Fluss mit der Lebensenergie seines Körpers in Übereinstimmung zu bringen um danach diesen Heilungsstrom auch biochemisch durch die korrespondierenden Naturheilverfahren zu festigen.

Das Potential selbst, die Quelle der Heilung findet sich in allen Fällen in der Archetypenstruktur.

Ob diese zeitlosen Realitäten als Prinzipien, Götter, Wesen, Energien oder einfach als Archetypen definiert werden, ist sekundär und vom jeweiligen Standpunkt des Betrachters sowie dem kulturellen Umfeld abhängig.

Ich selbst habe auf meinen ausgedehnten Reisen bei schamanischen Riten derart überzeugende Resultate miterleben dürfen, so dass für mich kein Zweifel besteht, dass unsere Schöpfung selbst hinsichtlich Kausalität neu definiert werden muss.

Die Schöpfung selbst steht in einer impliziten Ordnung (Bohm) zum Menschen und entwickelt sich selbst in einem dynamischen Prozess ständig weiter.

Die Schöpfung, bzw. Jungs „kollektives Unbewusstes", Freuds „Menschheitsgedächtnis" Stanislav Grofs „phylogenetischem Unbewusstes" oder Timothy Learys „neurogenetischer Schaltkreis" ist ein in sich dynamisch-rotierendes Energiefeld, dass weder Anfang- noch Ende an irgend einem Punkt dieses Universums kennt oder kannte!

Die Dynamik und das kontinuierliche Werden der Schöpfung

In der modernen Physik gibt es keine solide Materie mehr. In der quantenphysikalischen Feldtheorie scheinen alle Elementarteilchen innerhalb des Atoms von geheimnisvollen und höchst eigentümlichen Feldkräften beherrscht zu werden.

Ähnlich der *impliziten* Ordnung Bohms´ basiert die Grundordnung des Universums nicht auf Zufälligkeit oder Chaos, sondern auf dem grundlegenden Fundament harmonikaler Gesetzmäßigkeiten, die später im Prozess der Modifizierung Energie zu Materie innerhalb der *expliziten* Ordnung werden lässt.

Nichts anderes als Schwingung reduziert sich gemäß einer energetischen Grundstruktur, um später eine unglaubliche Vielfalt von Lebensformen, die im übrigen von Anfang an eine feste Überlebensstruktur intern besitzen, um sich artgemäß entwickeln zu können.

Auch wenn manch einer glaubt, alles sei durch spezifische Lernerfahrungen und Anpassung „erlernt" worden, so muss doch implizit das Vorhandensein eines Energiefeldes, gleich welchen Namens, grundsätzlich adäquat existieren. Es entbehrt doch jeder normalen Diskussion, Instinkte im Nichts oder im Zufall anzusiedeln!

Der Mensch selbst konnte sich u.a. durch emotionale Intelligenz weiterentwickeln bzw. dem Spezie des Wilden entkommen.
Rupert Sheldrakes *morphogenetische Felder**[5] und insbesondere deren *morphischen Resonanzen**[6] stellen einen Ansatz dar, dass Universum selbst als dynamischen Lernprozess zu verstehen. Nicht unbedingt übertragbar auf den therapeutischen Verlauf einer parallelen Reinkarnationstherapie, jedoch ist das Fundament der Morphogenetik einsichtiger als die Vorstellung Keplers, leere Körper kreisen zufällig um den Erdtrabanten.

Zusammenfassend möchte ich an dieser Stelle koordinierend feststellen, dass es jederzeit eine Rückwirkung einer impliziten Ordnung auf die äußere Ordnung gegeben haben muss, sonst wäre jegliche Entwicklung, personal, global oder universal überhaupt nicht möglich gewesen. Wer nun ein wenig in die Tiefe der Seelenentwicklung des Menschen blickt erkennt, dass menschliches Bewusstsein auch über äußere Veränderungen Wachstum erfahren konnte, jedoch lernt der Mensch über die Verbindung zu seiner individuellen Natur, seiner Archetypenstruktur eben, sich mehr als nur zu behaupten und zu überleben, seinen „Instinkten“ zu folgen. Der biographische Mensch folgt zuerst inneren, psychischen Parametern, bevor dieser sich äußeren Konditionierungen orientiert.

Neueste Forschungen haben ergeben, dass bereits vor 90.000 Jahren im Süden Australiens bereits menschliche Kunst existierte,

---

[5] Morphogenetische Felder sind nicht-lokale organisierende Strukturen, die Formen und Verhaltensweisen von Organismen und toter Materie prägen. Diese sind unabhängig von Raum und Zeit formbildend für biologische, physikalische, chemische und animalische Entwicklungen zuständig; diese existierten nach der Feldtheorie vorher in latentem Zustand.

[6] Morphische Resonanzen: Der wechselseitige Einfluss ähnlicher morphogenetischer Felder über Raum und Zeit. Morphische Resonanz vollzieht sich durch morphogenetische Felder und veranlasst die Entstehung ihrer charakteristischen Strukturen. Es verhält sich nicht nur so, dass ein spezifisches mor.Feld die Form eines Systems beeinflusst, sondern die Form dieses Systems beeinflusst auch das m. Feld und vergegenwärtigt sich durch dieses Feld für alle folgenden ähnlichen Systeme.

die den Bezug des Menschen zum Kosmos in heilender Form darstellt (Volk der Aborigines.)

Für diesen Zeitraum stellt sich im Jahr 2000 kaum ein Wissenschaftler intelligentes Leben seinerzeit auf der Erde vor, da die Annahme existiert, erste menschenähnliche Lebensformen kämen aus Afrika, ca. 60.000 Jahre vor unserer Zeitrechnung.

Wir besitzen außerdem nicht mehr die Gene unserer Vorfahren, sondern können aufgrund dieser kosmischen Ordnung die Informationen unserer Vorfahren über morphische Resonanzen abrufen. Es existiert eine ständige Rückkoppelung von der Welt der Erscheinungen zurück zu den Formen der impliziten Ordnung.

Es muss nachvollziehbar sein, dass diese morphogenetischen Felder fortlaufend durch das modifiziert werden, was sich in dieser Welt ereignet. Eine immerwährende Veränderung der sicht- wie unsichtbaren Weltordnung gewährt im übrigen, dass Fehlentwicklungen global und für die Entwicklung des Menschen korrigiert werden können.

Bei der Betrachtung ökologischer Kreisläufe sind sich die meisten Menschen einig, dass selbsterhaltende Organisationsformen, angefangen bei Mikroorganismen bis hin zur Erde als Organismus selbst, funktionieren. Woher kommt dieses „Programm?“

Weiterhin ist es eine bekannte Tatsache, dass innerhalb einer jeden Lernerfahrung der Natur Fehlzeiten und Rückschläge zwecks Selektierung und Stabilisierung einer vorhanden Lernerfahrung existent waren. Diese Kontrollmechanismen wurden und werden heute noch verschwiegen, weil es einfach nicht erklärbar ist!

Höhere Organisationsformen existieren nun seit über drei Milliarden Jahren um zu einem bestimmten Zeitpunkt einfachste, biologische Lebensformen auf unserer Erde überhaupt zu ermöglichen.

Es kann doch nicht angehen, dass jegliche Lernprozesse grundsätzlich nicht möglich sind, weil die Wissenschaft schlichtweg Angst davor hat, sich selbst zu widersprechen.

Das Heilungspotential

Eine grundsätzliche Ordnung, die das „Heil" bzw. das grundsätzliche Heilungspotential des Menschen beschreibt ist jedoch vonnöten, da alleine der kausal-wissenschaftliche Ansatz in Wirklichkeit mehr Kranke produziert als Geheilte. Von daher kann die Heilkunst Homöopathie, Heilungsverfahren wie die Akupunktur, Ayurveda, schamanische Praktiken, Meditation u.a. eine Ergänzung zur Psychotherapie und zur Medizin darstellen, da wir zum psychischen Prozess behandlungsgemäß der parallelen Reinkarnationstherapie auch die physikalischen Prozesse fokussieren sollten. Behalten wir jedoch primär die Dimension des Bewusstseins bei allen wichtigen Veränderungen im Leben eines Menschen im Auge.

Diese zeitlose Realität, die kausal betrachtet ständig zwischen Vergangenheit, Gegenwart und Zukunft hin und her pendelt, soll eine Verbindung zur Archetypenstruktur herstellen. Orientiert sich das Bewusstsein an der zeitlosen Realität der Archetypenstruktur, so fokussiert es auch seine innewohnende Kraft und transformiert diesen Energietransfer zwischen Seele und Bewusstsein zu neuen *Erkenntnissen.*

Wir müssen auch über die funktionale Seite dieses Prozesses hinausschauen und dürfen die Wandlungs- und Erkenntnisfähigkeit der menschlichen Psyche nicht außer acht lassen.

Oft existiert keine andere, strukturierte Möglichkeit für den Betreffenden, in der Therapie sein Schicksal, seine Krise als Initiation für diesen Weg der Heilung einzuschlagen.

Gehen wir mit diesem Weg konform, entsteht Selbstvertrauen in die Weisheit der eigenen, seelischen Potentiale.

Um über die Kohärenz von Krisen und Bewusstseinserweiterung mehr zu erfahren, sehen wir den Körper bzw. das persönliche Umfeld des Betreffenden als formalen Aspekt an, also als Auslöser eines seelischen Geschehens.

Die psychosomatische Forschung ist heute bereits auf einem erfolgsversprechenden Weg, so dass niemand mehr leugnen kann, dass die Lehre der Psychosomatik eine der *wichtigsten* Bindeglieder der ganzheitlichen Medizin wie auch Psychotherapie darstellt.

Die Verbindung von Materie und Bewusstsein

Viel später, im Sinne der hermetischen Prinzipien zeigt sich über den Körper ein psychosomatischer Bezug. Die Pathologisierung eines seelischen Zusammenhangs kann unter anderem zum Schluss als ergänzender Faktor hinzugenommen werden, nicht jedoch fälschlicherweise als Grundlage im Sinne des kartesanisch-newtonschen Denkens verwendet werden!

Jede Leiderfahrung eröffnet ein neues Spektrum von bewusstseinserweiternden Möglichkeiten außerhalb des kausalen Denkens.

Die Erfahrungen der transpersonalen Psychologie bestätigen nun seit über drei Jahrzehnten, dass sich im Rahmen der diesbezüglichen Krisenerfahrungen ein unbegrenztes Bewusstseinsfeld öffnet, dass wiederum seit Jahrtausenden von vielen alten Kulturen auf das Genaueste beschrieben wurde, die Beziehung zwischen Bewusstsein/Materie und Seele/Archetypenstruktur (siehe die Heilungstraditionen der „alten" Völker).

Unter anderem kann durch gezielte Atemarbeit der Kontakt zur eigenen Archetypenstruktur hergestellt werden, ohne unbedingt physich oder psychisch krank sein zu müssen.

Das menschliche Bewusstsein ist zu Dingen fähig, die das Gehirn und die Sinnesorgane erst viel später biochemisch nachvollziehen können.

Es ist zwar bekannt, dass das Gehirn eine Vermittlungsfunktion für das menschliche Bewusstsein übernimmt und auch diesbezügliche Erfahrungen wiedergibt, jedoch verursacht das Gehirn diese nicht selbst.

Das Bewusstsein und alle menschlichen Erfahrungen existieren autonom und unabhängig vom Gehirn.

Symbolik des Unbewussten

Ein Beispiel: Würde ein Patient, der in Eigenregie z.B. seine Träume bewusst verfolgt, diese in einer Meditation aufarbeitend oder in einem von ihm gemalten Mandala wiedergebend von sich behaupten, einen Zugang zu seiner inneren Stimme gefunden zu haben, so würde ihn ein Psychiater klassisch pathologisierend überhaupt nicht erst nehmen und sicher annehmen, es handele sich um eine neurotische Störung. Man spricht ihm jede Qualität der persönlichen Individuation ab.

Weiterhin könnte dieser beim Patienten feststellen, wenn dieser wiederum innerhalb einer Krise auch noch spirituelle Visionen entwickelt, dass es sich um einen psychotischen Schub handelt, verbunden mit Größen- und Machtphantasien usw. Die Ironie dieses Vorfalls fände sein jähes Ende, indem es dem Patienten aus der Sicht des Psychiaters gar nicht besser gehen darf, da dieser im Kontakt zur inneren Stimme oder einer „anderen" Instanz außerhalb den Grenzen des „Ich" eine Wahnpsychose sehen würde.

(Keine Universität in Deutschland lehrt bis zum heutigen Tag als Pflichtfach eine ganzheitliche Sichtweise im Bereich individueller, psychologischer Traumsymbolik.)

Dass mit dem klassischen Ansatz ganzheitliche oder spirituelle Energien im Fluss sein könnten, also Affinitäten zur Archetypenstruktur im Spiel sind, wird in den meisten Fällen ausgeschlossen. Auch wenn es pathologisch wenige Ausnahmen gibt, die dem Wahn gleichen könnten, muss in jedem Fall *auch* überprüft werden, ob die persönliche Ausdrucksform, für die weder die Psychologie noch die Psychiatrie nur im Entferntesten eine Erklärung hätte, auch Potentiale enthält, die dem Patient zwar unbekannt erscheinen könnten, aber mit dem Wissen z.B. aus der analytischen Psychologie Jungs´ ein rechter Weg gefunden wird (Traumarbeit.)
Jede therapeutische Bemühung steht und fällt daher einerseits mit dem dahinterstehenden Weltbild, andererseits mit der Qualität der Symboldeutung (Seelenbilder.)

Würde die Urform menschlichen Wirkens innerhalb eines jeden psychischen Prozesses, nämlich z.B. dem kreativen Ausdrucksprozess des Malens symbolisch eine andere Deutungsstruktur erfahren, so könnte der Psychiater zusätzlich durch das Mandala selbst einen roter Faden subjektiven Erlebens erkennen.

Träume, auch induzierte Tagräume, erfahren durch akausale Deutungen, schon alleine aus den Grundformen heraus, eine Bewusstseinserweiternde Dimension.

Würde der Patient auch dazu angeregt werden, selbst seine seelischen Bilder zu fördern (Imaginations,-Tagtraumtraining oder klassische Bildmeditationen), könnten beide im Verbund kooperieren bzw. andere Umgangsformen miteinander eingehen.

Auch Traumdeutungen erfahren eine andere Tragweite, wenn ein ganzheitlich-spirituelles Verständnis, zumindest als Ergänzung dienend, Anwendung findet.

Würden *innere Stimmen*, *höhere Selbste* oder wie auch immer definierte persönliche Instanzen, für ernst genommen werden, was nicht heißt, in eine psychonanalytische Struktur gepresst zu werden, so kommt man zu sehr interessanten Ergebnissen: Innere Stimmen müssen keinesfalls psychotischer Natur sein, diese sind z.B. in vielen Fällen lebensrettend, präkognitiv oder auch inspirativ wirkend.

Es darf nicht angehen, dass persönliche Selbsterfahrung, die eben aus der Introjektion auch ihren Ursprung definiert, als unheilsam oder mystisch verworfen wird.

Ich selbst habe im Laufe meiner 17-jährigen Tätigkeit häufig mit Psychologen und Psychiatern gearbeitet und bin dort mit meinem Ansatz auf sehr befriedigende Resonanzen gestoßen.

Manchmal hatte ich den Eindruck, dass es *urpersönliches Recht* eines jeden Menschen ist, seine spirituelle Ganzheit erfahren zu dürfen, unabhängig, welcher Norm und Lebensanschauung den Einzelnen auch tragen mag.

So einfach ist das aus wissenschaftlicher Sicht, wenn Ursachen ausschließlich im organischen Bereich angesiedelt wären!

Elementale und Fremdenergien

Die neurotische Einstellung der Schulmedizin gegenüber geistigen und spirituellen Phänomenen innerhalb einer Krise, einer problematischen Lebensphase, hat zum Großteil heute noch die Psychologie und Psychiatrie beeinflusst, so dass die freudianischen, triebtheoretischen Überlegungen ihren Fundus in der frühen Kindheit vermuten.

Ein Wort noch zu den diagnostischen Verfahren der Schulmedizin- wie auch der Schulpsychologie. Es ist ihr vollkommen fremd, überhaupt mit psychischen Phänomenen umzugehen, da sie in den meisten Fällen nicht weiß, dass jede Geisteskrankheit auf Besetzungen fremder Energien beruht. Körperlose Seelen können einen schizophrenen Patienten zu fünft oder sechst besetzen, auch wenn der Psychiatrie der Begriff der multiplen Persönlichkeit bekannt ist.

Verordnet werden jedoch lediglich starke Medikamente, welche die Sinneswahrnehmung derart betäuben, so dass jede Wahrnehmungsfähigkeit grundsätzlich eingeschränkt wird, also im guten wie weniger guten Sinn.

Heilung-
oder die Suche nach dem heiligen Gral

In der Diskussion um frühere Leben oder Regressionsarbeit fällt auf, dass die Suche nach dem Urtrauma eine Endlosschleife ohne tatsächlichen Bezug zum jetzigen Leben ist.

Die erforderliche Rückkoppelung an unser Heilungsbewusstsein, der Grad der Einsicht, welcher im integrativen Prozess erarbeitet wurde und Individualität überhaupt ermöglicht, fehlt gänzlich im Jetzt, da trotz aller morphischen Resonanzen die Dynamik einer jeden einmal existenten Energieform, auch Erfahrungsqualitäten menschlichen Bewusstseins, einer natürlichen Veränderung unterliegen.

Die Erhaltungssätze der Physik beweisen dies in einem Gesamtresultat aller existenten Energien, doch bleibt die Rückwirkung einer individuellen, persönlichen Realität auf die heutige Zeit aus.

Der persönliche Bezug einer Lernerfahrung taucht in das Gesamtenergiefeld ein, doch hat niemand ein spezielles Konto für gute oder weniger gute Taten (falsche Karmaauslegung.)

Der Kollektivismus energetischer Erfahrungen ist trotzdem jedem in einem progressiven Lernfeld zugänglich, nur wem nützt es, wenn im alten Rom zur damaligen Zeit eine Form von Aggression (Archetypenfeld 1) ausgelebt oder verdrängt wurde und durch moralische Zweifel im heutigen Leben zu einer sog. Wiederholung bzw. Wiedergutmachung führen (falsches Schuldbewusstsein?)

Zeitunabhängig wird jeder Mensch in jedem Leben mit allen Archetypenstrukturen konfrontiert, gemäß seinem Wunsch, Individualität zu erreichen.

Trotzdem müssen wir uns von dem für die westliche Kultur typischen Idealbild des perfekten oder vollkommenen Menschen verabschieden, da das Streben nach Erleuchtung häufig zu einem neurotischen Egotrip führt.

Selbstverständlich ist die vollkommene Rücknahme bzw. Integration aller Projektionen nicht ausgeschlossen, die letztendlich in die absolute Einsicht in die Geheimnisse der menschlichen Seele bzw.

der Schöpfung führen. Wer dieses Ziel verfolgt, hat sogar im Archetypenmodell eine wertvolle Hilfe gefunden.

Schließlich wird das gesamte Universum nicht von irgendeiner Energieform getragen, sondern von der höchsten Form der Liebe überhaupt.

Auch wenn alle Versuche, persönliche Mängel oder Defizite auf die Vergangenheit abzuschieben, kurzfristig zur Befriedigung des Betreffenden führen, ist die Aussicht auf Heilung damit noch geringer, weil die „Aufarbeitung" derselben für eine Symptomverschiebung nach dem Sündenbockprinzip sorgt.

Ob wir bei der Geburt, der Konzeption oder in früheren Leben nach Traumata suchen, ist sekundär, da wie bereits angesprochen, das kausale Konzept auf der Stelle treten muss.

Manche Menschen sprechen von Seelenwanderung in der Hoffnung, dass einmal Erkanntes und Gelerntes nicht verloren ginge. Das ist nach der morphogenetischen Feldtheorie wie auch den Erhaltungssätzen richtig, jedoch taucht die individuelle Erfahrung des Einzelnen, wann immer diese Person einmal gern gelebt hätte, als morphische Resonanz ins kollektive Unbewusste ein. Ein einzelner Mensch ist zwar ein Kosmos für sich, jedoch bewegt ein einzelner Mensch nicht das Universum!

Über derartig große Zeitspannen diverser Leben reicht die Vorstellung eines Jenseits, eines gütigen Gottes oder einer besonders resistenten Aura nicht aus, um mentalen Profit aus den Vorleben ziehen zu können.

Genauso wenig kann daher „altes Karma" belasten, noch bestrafen irgendwelche Götter den Menschen dafür, dass er von Menschen aufgestellte Regeln oder Gebote, die bisweilen Jahrtausende alt sind, ihn zur Buße, zum Abtragen von Karma und sonstigen weniger überzeugenden Schuldzuweisungen zwingen könnten. Ich verweise hier auf die differenzierten Formen von Karma in diesem Werk, die zu Liebe und Einsicht führen.

Die Urschuld alleine wäre im übrigen wieder ein Alibi in einer anderen Maskierung, die dem Opferdenken Tür und Tor öffnen würde.

Ich sehe langfristig vom Grundsatz her keinen Unterschied, ob ich jetzt von der Erbmasse, den Eltern oder Umwelt abhängig bin oder weit in der menschlichen Entwicklungsgeschichte zurückliegend von der Urschuld geprägt wurde, latent bin ich nach diesen Auffassungen immer Opfer, im übrigen ohne freien Willen!

Meint den wirklich ein bewusst denkender Mensch, dass das menschliche Individuum so chancenlos geboren wird?

Viele Menschen durchblicken den Charakter der Absolution, einer grundsätzlichen Trennung von Gott/Schöpfung und Mensch/Seele nicht ausreichend!

Die Schizophrenie der Ausgangskonstellation muss geklärt werden, entweder hat der Mensch ein göttliches Potenzial oder nicht. Wenn ja, kann dieses Kraft des freien Willens verdrängt werden, einen unbewussten Weg im Leben gehen zu wollen? Bemerkenswert in diesem Zusammenhang ist, dass viele kreative, geniale und schöpferische Menschen zu allen Zeiten Zugriff auf dieses Bewusstseinsfeld hatten und haben.

Die grundsätzliche Verfügbarkeit des göttlichen Potenzial steht jedem Menschen uneingeschränkt und zu jederzeit offen.

Wenn wir uns auf diesen Punkt einigen, ist der folgerichtig nächste Schritt die Klärung, welche Voraussetzungen einzig und alleine vom Menschen selbst geschaffen werden müssen, um *darüber* verfügen zu können.

Gleichzeitig ist es möglich, in Verbindung mit diesem schöpferischen Potential derart heilsame Energien zu empfangen, so dass die Trennung Ego/Seele aufgehoben werden kann.

Das ist im übrigen der springende Punkt (Bewusstsein), da der Großteil menschlichen Seins durch die Suche nach seelischen, konstanten Werten geprägt ist, um in Harmonie mit der Schöpfung zu leben.

Alle alten Kulturen zeugen in vielfältigsten Variationen davon, wobei in der heutigen Zeit nicht die Verehrung von Göttern, Priestern oder religiösen Autoritäten im Vordergrund stehen, sondern der Entwurf eines eigenen Lebenssystems.

Das Streben nach Individualität und Autonomie war noch in keiner Kulturepoche so ausgeprägt wie in der heutigen Zeit. Die Menschen von heute benötigen keine zusätzlichen Grenzen durch Machtstrukturen und Autoritäten, die eigentlich ganz andere Ziele verfolgen, als die Freiheit des Einzelnen.

Trotz der schwierigen Übergangszeit bis zum Jahre 2012 (ein neues Zeitalter benötigt 2 x 25 Jahre um die Relikte des vorangegangenen Fischezeitalters zu reformieren, so dass die Zeiträume 1962-1987 und 1987-2012 zum Nachsinnen anregen sollten hinsichtlich der kollektiven Bewusstseinsveränderung) ist gerade die heutige Zeit reif geworden, seine geistigen Kulturschätze mit den technolgischen Neuerungen in Übereinstimmung zu bringen.

Der wunde Punkt, der Heilung im kollektiven Sinne verhindert, ist die *Schwerfälligkeit,* alle kausalen Prinzipien zu hinterfragen und die dahinterstehenden patriotistischen Machtstrukturen einer geistigen Monogamie zu ergänzen.

Fließende Übereinstimmung eigener Projektionsflächen- (Inkarnationen)

Wie auch immer die Meinungen auseinandergehen mögen, der tatsächliche Nachweis kann weder genetisch, geistig, seelisch oder philosophisch erbracht werden.

Warum verstehen die meisten Menschen zwar, dass die implizite Ordnung die harmonikalen Gesetze zur dynamischen Entwicklung alles Lebendigen *entwirft*, jedoch der Mensch sich auf einmal über diese Gesetze beliebig hinwegsetzen sollte?

Auch wenn dem Leser, und die Fachkundigen unter Ihnen sind dabei nicht ausgeschlossen, unwohl dabei ist, irgend etwas umsonst erfahren zu haben, so trägt die individuelle Erfahrung zur Verstärkung eines Kollektivfeldes bei. Die morphischen Resonanzen bilden ja gerade die Grundlage für ein kollektives Sein, der seelisch-geistigen Grundlage aller Menschen.

Ist es nicht so, dass Menschen über Jahrtausende ihre eigenen, individuellen Erfahrungen, unabhängig von Erbsünden und religiösem Verfolgungswahn gestalteten?

Die Rückwirkung unserer Erscheinungswelt basiert auf beidem: Den Archetypen und den gewachsenen Erfahrungen der Menschheit. Nur so kann eine mögliche Korrektur aufgrund von Lernerfahrungen überhaupt erst erfolgen.

Die Naturgesetze sind fließend und systemübergreifend, prozessorientiert und lebensfreundlich.
Die Seele agiert nach den gleichen Gesetzmäßigkeiten.

Statik oder Dynamik?

Schon die Tatsache, dass Evolution im nichtdarwinschen Sinne zwar implizit die Urideen oder Archetypen, wie Plato sie seinerzeit schon formulierte, die explizite, äußere Ordnung erschafft und aufrechterhält, schließt sich eine auf gegenseitige Wechselwirkung beruhende Dynamik zueinander nicht aus.

Vorausgesetzt, die Schöpfung liefe im mechanistischen Sinne Newtons´ wie eine Maschine ab, so erleben oder erleiden alle Lebewesen und Naturreiche keine wirkliche Erweiterung der jeweiligen Kompetenzen, sondern nur einseitige, gesteuerte Wiederholungen abgeschlossener Urmuster oder Urideen.
Natürliche Anpassungs- und Lernschritte, wie wir sie kennen, sind wenn überhaupt, immer nur in einem von vornherein abgesteckten Rahmen möglich.

Gehen wir einen Schritt weiter, und verstehen die Naturgesetze nicht als *Gewohnheiten*, sondern als unabhängige, autonome, und doch dezentrale Regelkreisläufe, können so die unterschiedlichen Lebensformen erst sinnvoll in Koexistenz miteinander überhaupt entstehen und wachsen!

Wir nehmen in Raum und Zeit eine mit begrenzten Mitteln messbare Realität wahr, jedoch gibt es keine schlüssige letzte oder erste Wahrheit. Schon alleine der Betrachtungswinkel entscheidet über die Wahrnehmung des Lichts, entweder als Welle oder Korpuskel.

Die platonischen Grundformen oder Archetypen der Schöpfung, die geistigen Bausteine unseres Universums, zeigen beim genaueren Hinsehen keine Rückkoppelung auf die Modifikation aktueller Lernerfahrungen, weder im persönlichen noch im kollektiven Bereich.
Alles scheint hier patriotisch von einer göttlichen Allmacht gelenkt zu werden. Nur für denjenigen, der Heilung als Bewusstseinspro-

zess erfährt oder begreift, ist dies viel zu ungenau. Festgelegte Grundformen strahlen unmöglich nur in *eine Richtung*.
Alles in diesem Universum fließt kreisförmig, nicht linear. Daher existiert ein immerwährender Veränderungsprozess zwischen Archetypen und menschlicher Entwicklung in modifizierter Form, da sich heute über das menschliche Bewusstsein nicht mehr die Bedürfnisse des Neanderthalers abspielen!

Urschuld oder Liebe?

Die Schöpfung wurde nicht am siebten Tag vollendet!

Angenommen, aufgrund der gängigen Hypothese, dass Krisen im jetzigen Leben ihren Ursprung vor diesem Leben haben sollten, wann, wo und wodurch wäre die erste Ursache, sozusagen die Ur-Ursache jemals erschaffen worden?

Wie es vielleicht der in Deutschland bekannte T.Dethlefsen einmal formulierte, wäre zwar die Suche nach Traumata alleine dadurch begrenzt, dass niemand den ersten Stein des Anstoßes findet, jedoch wäre die Urschuld des Menschen im Verlust seiner Göttlichkeit, seiner Absonderung aus dem klassischen Paradies zu finden.

Diese Anschauung ist zwar nicht komplett widerlegbar, jedoch äußerst unpersönlich, dass in grauer Vorzeit eine kollektive Urschuld geschaffen wurde, die großteils, bar jeder Individualität, heute noch wirken sollte.

Ob man es sich so einfach mit dem Beginn persönlichen Schicksals machen sollte, bezweifle ich sehr stark, auch wenn religiös orientierte Menschen eine Bestätigung darin finden, sich von Gott getrennt zu fühlen, um dann um so eifriger ans Werk gehen zu können.

Im Kapitel „Schuld und Freiheit im Seinsbegriff" habe ich ausführlich dargelegt, wie das Phänomen *Zeit* aus religiöser Sicht zustande kommt. Wenn der Mensch mikrokosmisch als Repräsentant des Makrokosmos auf den Plan tritt, so ist dieser nicht den Launen der Natur unterworfen. Er kann es schlichtweg nicht sein, da ihm entwicklungstechnisch der Bezug fehlt.

Gehen wir davon aus, dass viele Menschen noch heute darunter leiden zu glauben, die Schöpfung wäre von Anfang an perfekt gewesen, nur der Mensch hätte so seine Probleme mit seinem Auftrag, die Schöpfung in seiner Vollkommenheit zu repräsentieren, so kann makro- wie mikrokosmisch der Nachvollzug eines kosmischen Urplanes einzig und allein durch Entwicklung entstehen.

Dargestellt in einer universalen Spirale, einem Bild das übrigens die hochentwickelten Kulturen unserer Vorfahren verwandten, dehnt sich in Form einer Doppelhelix das Universum selbst im unbegrenzten Raum jederzeit *weiter aus.* Es bleibt *nicht* bei einer festgelegten Urspiralform, sondern die energetischen Abstrahlungen bewirken immer neue Kosmen, die sich gegenseitig durchdringen.

Das allesdurchdringende Prinzip ist somit dynamisch, die Schöpfung wurde nicht nach dem *siebten Tag* vollendet.

Unabhängig von wissenschaftlichen, religiösen oder esoterischen Theorien musste jede Amöbe im Sinne aristotelischer Entelechie, ihren eigenen Weg finden, der in keinem *Urknall* noch in einer undefinierbaren *Ursuppe* vorgegeben sein konnte. Durch die Summe vieler Einzelerfahrungen kann diese Lernerfahrung allmählich nach dem Prinzip „Ähnliches beeinflusst Ähnliches" ein Lebensfundament garantieren. Die morphische Resonanz bestätigt, dass es kein festes Klassensystem in der Natur geben kann.

Es kann auch nicht angehen, dass das Karma einer Amöbe erst viel später den Menschen persönlich beeinflusst!

Hier müssen die Zusammenhänge sehr fein getrennt werden, da die menschliche Seele nicht den kausalen Theorien der biologischen Entwicklung unterworfen werden kann.

Mutation als Ausweg?

Ironischerweise machen es sich einige Forscher ganz einfach. Sie gehen davon aus, dass wir in grauer Vorzeit mutiert wurden. An einer bestimmten, meist komplizierten Phase menschlicher Entwicklung, wurde durch höhere Intelligenzen das seelische Wachstum beschleunigt. Also kein Schöpfungsprinzip, sondern Außerirdische implantierten unserer Seele das richtige Know-How! Der Platz würde nicht ausreichen, um noch abenteuerlichere Varianten menschlicher Seelenentwicklung darzustellen.

Fakt bleibt jedoch, dass die personale Übertragung einer Lernerfahrung aus einem willkürlichen früheren Leben weder *dem geistigen Entwicklungsstand der Jetztzeit entspräche*, da sich erfahrungsgemäß mit jeder Generation Ziele, Lebensinhalte und individuelle Lebensführung ändern. Die seelische Chemie kann dafür nicht adäquat sein, zumal Zeitdifferenzen von einigen Jahrhunderten eine völlige diffuse Kombination und Verkettung von Bewusstseinsinhalten ergeben würde. Der Mensch hätte zudem nicht die entsprechenden Neuronenstrukturen im Gehirn, die auch vorhanden sein müssten, wenn ich an Reinkarnation im Sinne eines seelischen Erbgutgedächtnisses bzw. Seelenwanderung glauben würde.

Die gutgläubigen Versuche, eine Sprache aus einem früheren Leben wieder zu aktivieren, sind allesamt fehlgeschlagen, da die Affinität zum Jetzt nicht existiert!

Ein Beispiel von *Identifikation*: Aus der Hypnoseforschung der ehemaligen UdSSR existieren Fälle von Dauerhypnosen über mehrere Wochen, in denen bestimmte Fähigkeiten musikalischer oder künstlerischer Art derart einsuggeriert wurden, so dass kurzfristig ein russischer Musiker die Geige ähnlich der Paganinis spielen konnte oder ein Maler verblüffend ähnliche Werke Picassos schuf.

Allen gemeinsam war jedoch, dass keiner die Fähigkeit aufrechterhalten konnte bzw. verbessern konnte. Es trat über Jahre eine tief depressive Phase ein, welche die Lebensqualität des Einzelnen extrem herabsetzten.

Seelenwanderung

Der nächste Fehler im Sinne der Seelenwanderung wäre durch die veränderte Sinneswahrnehmung während der Reinkarnationssitzungen zu orten. Innerhalb einer Reinkarnationssitzung ist der Klient zwar bei vollem Bewusstsein, jedoch läuft die *Orientierung* über die Energie des Unbewussten ab, dass wiederum in hundertprozentiger Resonanz mit den Archetypen in Verbindung steht.

Die menschliche Seele resoniert zuerst mit archetypischen Strukturen während einer Sitzung, bevor ihre Wahrnehmung ins Bewusstsein dringt.

Durch diese Möglichkeit erst entsteht der Abgleich hinsichtlich der bekannten sinnlichen Wahrnehmung, die eine Objektivierung persönlicher Inhalte möglich macht.

Vergessen Sie bitte in diesem Zusammenhang nicht, dass *erst bei einem vollkommen bewussten Menschen* ausgeschlossen ist, dass dieser von abgespaltenen Persönlichkeitsanteilen beeinflusst werden kann.

Diese abgespaltenen Persönlichkeitsanteile sind mit den Archetypenstrukturen verbunden, die ins Bewusstsein genommen werden sollten. Da es nicht irgendwelche Strukturen sind, die Berücksichtigung seitens des Klienten erfahren werden, bezieht sich dieser Terminus immer auf die gegenwärtige Situation, die dadurch komplex erscheint, weil sich der Betreffende nicht über die Affinität der jeweiligen Archetypenstruktur bewusst ist.

Die Seele in ihrer Gesamtstruktur bildet morphische Resonanzen, ähnlich einem zeitlosen Gedächtnis, dass Informationen der Vergangenheit abrufen kann. Hierzu müssen wir jedoch wiederum in Resonanz mit einem bestimmten Lerninhalt stehen, sonst existiert keine Verbindung zur Archetypenstruktur. Die Information bleibt immerwährend erhalten, der subjektive Zugriff benötigt die Notwendigkeit der Veränderung bzw. Ergänzung betreffs des Klienten, um an diesem Bewusstseinsfeld partizipieren zu können.

Die Annahme, alle Fähigkeiten und Krisen kämen als selbsterarbeitetes Resultat aus früheren Leben, ist zu oberflächlich, da diese kausale Form von Theorie ja in Wirklichkeit vom Sündenfall ausgeht, einer grundsätzlichen Einengung persönlicher Freiheit. Alles ist Energie in modifizierter Form, daher kann es keine Trennung und auch keinen Gewaltakt gegeben haben.

Der freie Wille kann übrigens, so ganz nebenbei bemerkt, unmöglich in einem festen, kausalen Korsett seine Wirkung entfalten.

Auch hier helfen die vermeintlichen Additive und Ideale wie kulturelle Erlösungsvorstellungen eines jüngsten Tages bzw. mit Vorlauffunktion des jüngsten Gerichts, Erleuchtung durch göttliche Gnade, Vollkommenheit durch Weltabgeschiedenheit und

Meditation, indem ich besonders bedacht und anständig religiöse Regeln befolge, um es im nächsten Leben „besser zu haben“ nicht aus.

Die Religionen selbst existierten nicht von Anfang an als monotheistische Qualität, waren auch niemals in der Form organisiert wie wir es uns heute vorstellen, sondern entstanden aus einem gleichberechtigten Schöpfungsprinzip (z.B. Isis-Osiris, Vater-Mutter-Geist, Yin-Yang). Nichts anderes bestätigt die Physik im Atommodell.

Wenn wir von Heilung sprechen, müssen wir vom Grundsatz her die *übergeordnete Berechtigung dafür zuerst als kulturelles Erbe anerkennen.* Es müssen hierfür, der morphischen Resonanz wegen, jahrtausendalte Bewusstseinstraditionen existieren.

Das Heilungspotential der Archetypen

Es ist naiv anzunehmen, dass ein Mensch, durch ein Verfahren oder eine Technik geheilt werden könnte. Was heilt, *ist die Öffnung des eigenen Heilungspotentials,* da für jede Wirkung bekanntermaßen eine Gegenwirkung nur dann stattfindet, wenn dic Resonanz dazu existiert, auch wenn energetische Unterschiede existieren sollten (Bsp.: Die Arbeit eines Heilers mit einer kranken Person, die von dort die fehlende Energie zur Gesundung erhält- der Heiler kann nur Energie übertragen, wenn er beim Gegenüber ein Resonanzfeld hierzu vorfindet.)

Ich finde es absolut müßig, den Großteil der Reinkarnationsliteratur zu interpretieren, ob es sich um psychologisch fundierte Forschung handelt oder abgehobene Verschwörungstheorien im Bereich des New-Age. Allen gemeinsam ist, dass eine pseudoreligiöse Wurzel das Übel erzeugt, gegen das nun anhand von Therapie stark gemacht wird.

Diese Substitutionsmethode macht kurz- bis mittelfristig Hoffnung, da Symptome tatsächlich zum Verschwinden gebracht werden.

Es sind jedoch kaum Fälle bekannt, wo sich aufgrund der elementaren Zuordnung nach meiner Archetypenstruktur, die Probleme,

Neurosen und Krisen nicht auf der nächsthöheren Ebene wiederholt hätten (Symptomverschiebung.)

Ich bin nicht der Auffassung, dass Leid chronisch zum Leben gehören muss, da ich mit dieser Einstellung alleine meine morphische Resonanz abwerte und entsprechende destruktive Resonanzen im Leben erzeuge (siehe 2.hermetisches Gesetz der positiven oder negativen Verstärkung).

Wir sind im übrigen auch nicht dazu geboren, ein Leben lang Therapie zu beanspruchen noch Seminarbesuche zum Lebensinhalt zu machen!

Parallelleben und Heilungsbewusstsein

Kommen wir konkret zum Ausgangspunkt unserer Betrachtung, der Heilung des Bewusstseins: Wir benötigen einen *Zeitmechanismus*, um subjektive Inhalte symbolisch in einem konstruktiven Nacheinander darstellen zu können. In den sog. Rückführungen werden in komprimierter Form u.a. persönliche Fähigkeiten, Ideale, Ängste, Krisen, Zwangsvorstellungen, Ziele, Sehnsüchte und unverarbeitetes Material symbolisch in bildhafter Form wiedererlebt.

Hinzu kommt, dass die meisten Erlebnisse starke, emotionale Ausprägungen beinhalten, die unmissverständlich die energetische Ladung eines bestimmten Archetyps verkörpern. Nehmen wir z.B. das Feld fünf der Archetypenstruktur, erscheinen auf der projizierten Leinwand der Dimension *Zeitpsyche* Erlebnisse, wo die eigene Kreativität in kompensierter Form erlebt wird.

Ob ich im jetzigen Leben von meinen Eltern belächelt wurde, keiner meiner Lehrer oder Professoren den Einblick in mein Potenzial hatte oder einfach keine Gelegenheit zur kreativen Selbstentfaltung vorhanden war, betrifft dieses Leben. Alle frustrierenden Erfahrungen werden peu a´ peu durcherlebt, so dass immer subtilere Verknüpfungen in einem Leben zustande kommen.

Es entsteht ein roter Faden, dadurch ergeben sich fundierte Merkmale, wie mein Opferbewusstsein im Jetzt zustande kommt.

Dies ist auf einer Zeitebene, eben diesem aktuellen Leben, wahrscheinlich auch nachprüfbar. Problematisch wird es dann, wenn wir entlang der Dimension Zeitpsyche am Faden der Zeit zurück in die Vergangenheit eintauchen, wenn es um die Ursachen geht.

Der gesamte Themenkomplex erhält nur dann seine Glaubwürdigkeit, wenn parallel hierzu auch das entsprechende Täterbewusstsein ausfindig gemacht wird.

Nichts kann in der äußeren Erscheinungswelt als Formaspekt ohne geistigen Inhalt entstanden sein.

Nun wird in grauer Vorzeit nach dem Prinzip der Ähnlichkeit zwar nach diesbezüglichem Material geforscht, Freudianer schlüsseln u.a. die Gespräche vor und nach der Konzeption des Kindes auf mit dem Ziel, in den ersten Lebensjahren signifikante Prägungen zu entdecken, suchen nach fehlender Verantwortung des Vaters usw. um dort den Fehler auszumachen.

Esoterisch bekennende Klienten treffen häufig auf eine Machtinkarnation in Atlantis oder bevorzugt Ägypten an, wo höheres Wissen missbraucht wurde, so dass zum heutigen Zeitpunkt der rechte Umgang damit geübt werden muss usw.

Wo auch immer die erste Ursache für das Archetypenfeld *fünf* nun vermutet wird, selten kann in diesem Leben der Protagonist im Klienten selbst entdeckt werden, der in seiner Funktion den Gegenpol zu seinem überfälligen Verhalten darstellen würde.
Wie soll Verantwortung, eine der wichtigsten Grundlagen für den Heilungsprozess auf allen Ebenen übernommen werden, wenn andere Personen die Schuld tragen?

Häufig ist die symbolisch zeitversetzte Ebene einer Inkarnation eine zeitgleiche Parallelebene, die Zugriff auf einen Archetyp gewährt. Es rollt sich nichts anderes als ein selbstbewusstes Erleben auf der Täterseite ab, z.B. wo wir selbstverständlich mit unserem kreativen Ausdruck umgehen könnten, jedoch meist einseitig oder auf Kosten anderer Personen.

Der unbedingte Abgleich von Opfer/Täterrollen bzw. Inkarnationen wurde bereits ausreichend dargestellt und dient einem professionellen Umgang, Selbstverantwortung zu erkennen um dieses Bewusstsein integrativ im Alltag anwenden zu können.

Der fatale Unterschied an diesem Punkt ist jedoch entscheidend: Wenn ich jetzt gerade in einer anderen *Inkarnation* unterdrückt oder gefoltert werde, deshalb, weil diese Inkarnation auch *jetzt* gerade läuft!

So neu kann diese These nicht sein, sonst wäre die wiederholte Rückführung mit authentischem Erlebnisinhalt gar nicht möglich (probeweise kann ohne Vorankündigung eine bereits *bekannte* Inkarnation jederzeit in der gleichen Länge wiedererlebt werden, so dass reine Schauspielerei ausgeschlossen werden muss).

Manche Therapeuten haben noch ein Problem damit, dass der fehlende Zugriff auf die Archetypenstruktur gerade dadurch das Täterbewusstsein vermissen lässt und von daher, eine imaginäre Zeitebene herhalten muss, um die notwendige Ausgleichsfunktion zur Opferhaltung des Klienten herzustellen (versetzte Raum-Zeit-Beziehung anstelle einem fließenden Miteinander vom Raum-Zeit-Kontinuum).

Auch wenn der Klient vorerst auf der symbolischen Zeitschiene erkennt, dass er u.a. auch Macht auf andere ausübt, gewinnt dieser Einsicht in den Zusammenhang, welches Lernprinzip zur Zeit ansteht. Affinität und Betroffenheit sind primäre Faktoren, die mein Bewusstsein erweitern sollten.

Nur so entsteht allmählich Eigenverantwortung. Die Quintessenz zeigt sich nun nach dem zweiten Drittel der parallelen Reinkarnationstherapie: Ob ich nun als Identifikation Täter oder Opfer bin, gleich welches Vorzeichen die jeweiligen Inhalte der Sitzungen prägt, ich gehe aktiv oder passiv mit einem archetypischen Prinzip um!

Hier ist die wertfreie, neutrale Einstellung des Therapeuten gefragt, denn von *positiven* oder *negativen* Vorzeichen des Erlebten zu sprechen, unterbricht alle Mühen bis zu diesem Zeitpunkt. Damit ich richtig verstanden werde, es geht um die Erkenntnis, dass alle Erfahrungen des Klienten modifizierte Energieformen sind und nichts im geringsten mit Lebensanschauungen oder moralischen Bewertungen zu schicken haben.

Unheil entsteht daher, weil wir uns immer nur mit *einem Teil* unserer wahren Identität identifizieren

Nun ermöglicht sich der Klient eigentlich durch sich selbst, die Koordination beider Vorzeichen anzuschauen, um selbst zu entscheiden, ob eine *Wiederholung* gewünscht wird. Sie als Leser verstehen, dass unabhängig vom Vorzeichen der jeweiligen Erlebnisqualität (Opfer oder Täter) nach dem Gesetz der Wiederkehr des Verdrängten eine Wiederholung nicht mehr notwendig wird.

Die Entladung (seelisch-emotionaler Natur) und Bewusstmachung eines Problems oder Prinzips alleine reicht nicht aus, da die konkreten Zuordnungen im Jetzt fehlen.

Das immerwährende Jetzt ist und bleibt die einzige Realität, die tatsächlich existiert, das erkannte Prinzip wird nun allmählich im korresponierenden Bereich der Archetypenstruktur lebendig, also im persönlichen Alltag.

Es kann doch kein so großes Problem für Klienten und Therapeuten sein, diese Ergänzung anzunehmen, da es eigentlich keinen großen Schritt bedeuten würde, Inkarnationen als symbolische Projektionsebene zu verstehen und gleichzeitig das zugehörige Parallelleben als Vergrößerungsglas zu integrieren.

Alle symbolischen Inkarnationen sind parallele Projektionen eines verdrängten Bewusstseinsinhaltes im Jetzt.

Kommt das richtige Zeitverständnis hinzu, dürfen so viele Inkarnationen wie erforderlich sein, nur mit dem Unterschied, einen individuellen Zugang zur Archetypenstruktur darunter zu verstehen.

In der Rückführung werden entlang der symbolischen Zeitachse ähnlich einem Objektiv sog. *frühere Leben* als archetypische Grundmuster in subjektiven Variationen erlebt.

Die Essenz der zeitlosen Muster, die im menschlichen Sein fortlaufend in immer anderen Maskierungen für unangenehme Wiederholungen sorgen, sind *unerlöste Archetypen* in kompensierter Form. Ist die Opfer/Täter-Parallele erkannt und zugeordnet, übernehmen wir gleichzeitig die Verantwortung und transformieren die Kompensation durch Integration ins Jetzt.

Durch die parallele Reinkarnationstherapie erleben wir konkret auch die persönliche Vergangenheit im Jetzt-Gefühl, also sehr zeitnah.

Dies entspricht der Verbindung der zweiten und dritten Phase unseres integrativen Prozesses (bewusste und transzendente Ebene)

Kommen wir zum Schluss wieder auf den lebendigen Zeitaspekt zurück: Indem wir überhaupt etwas Ursprüngliches, soz. Vergangenes wiedererleben können, beweist, dass diese Inhalte nicht vergangen sein können, da sie jederzeit in immer gleicher Art und Weise abgerufen werden können.

Dies betrifft einerseits die biographischen Daten des Menschen wie auch die kollektive Information, welche konzentriert im morphogenetischen Feld innerhalb des feinstofflichen Körpers existieren.

Die symbolischen Leben existieren als Bezugspunkte in unerlöster Form räumlich gedacht als parallel stattfindende Leben in einem gleichzeitigen Nebeneinander.

Die Vernetzung funktioniert umgekehrt: Anstelle dem kausalen Hintereinander (Zeitaspekt), fließen alle Lernerfahrungen personaler wie kollektiver Art je nach Aufnahmebereitschaft des Einzelnen im Jetzt als Summe fokussiert ein (Raumaspekt).

Natürlich sollten wir nicht inflationär denken und uns vorstellen, dass alle Informationen gleichzeitig wahrgenommen werden können, da die jeweilige Identifikation mit einem Thema zu einem Zeitpunkt nur möglich ist.

Hier liegt die Crux: Potenziell verfügt ein erwachter Mensch gleichzeitig im multidimensionalen Bewusstsein konkret über die Anzahl von Archetypen, die ihm Unabhängigkeit von seinem Ego gewähren, so dass er frei von egoistischen Bestrebungen seine Lebensenergie mit dem kosmischen Strom des Lebens verbinden kann.

Das Thema der Ich-Identifikation, an welchem Punkt auch immer, ist der tiefere Schlüssel zum akausalen Reinkarnationsverständnis.

Therapeutisch gesehen ist es nicht so wichtig, wie wir das Seelenpotential nennen. Ob der Klient atheistisch oder gläubig ist, Fakt bleibt, dass die Synthese von Opfer/Täterbewusstsein die Zeitlosigkeit des Problems in immer neuen Maskierungen deutlich macht.

Diese Form der Objektivierung ermöglicht es, den entsprechenden Archetyp anzunehmen und versöhnlich in das jetzige Leben einzubringen. Alle Bewusstseinsinhalte erfahren im übrigen ab diesem Zeitpunkt eine erhöhte Frequenz, so dass vereinfacht ausgedrückt, blockierte Lebensenergie frei werden kann.

Ironischerweise profitieren gerade Rheumapatienten sowie Personen mit chronischen Muskelverspannungen bzw. sklerotischen Symptomen im Anfangsstadium von diesem fünften Archetyp der Heilung. Als wäre es Zufall (im Sinne von Koinzidenz), dass das umgebende Muskelgewebe des Bewegungsapparates stark in dieser Verbindung steht.

Um dem Leser einen spielerischen Einblick in die internen Verknüpfungen der Archetypenstruktur zu geben, geht der Klient ursächlich mit der Ebene 4 eine statische Verbindung ein, um über Autoritäten und Erziehungsberechtigte die Wurzeln seiner eigenen Existenz zu finden. Physische Blockaden können in der Erhöhung, dem Archetyp 5 entsprechend wiederum rückwirkend besser aufgeklärt werden, da diese Ebene die Potenzierung darstellt (siehe auch Kapitel Archetypenstruktur und Parallelleben.)

Dieser Ausschnitt dient dazu, auch einmal über die psychosomatischen Verknüpfungen nachzudenken, da chronische Prozesse im Krankheitsgeschehen ja in vielfältigsten Variationen *zeitunabhängig* endlose Wiederholungen eines verdrängten Lernschrittes in der Biographie des Klienten darstellen!

Das Unheil der Ich-Identifikationen

Heilungsbewusstsein ist das Spektrum unserer archetypischen Veranlagungen. Die scheinbare Trennung davon wird mit der Verliebtheit unseres Egos in äußere, materielle Gegebenheiten sowie persönliche Eitelkeiten und Etiketten dokumentiert. Tatsache ist, dass jeder Mensch zu Beginn einer Krise einen unglaublich einseitigen Lebensstil bis dorthin vorzuweisen hatte, um seinen Betrachtungswinkel seinem Leben selbst gegenüber zu ändern.

Hier geschieht etwas Natürliches, nämlich Bewusstseinserweiterung. Es ist keine Fügung oder Schicksal, wenn diese Einseitigkeit uns soweit von unserem seelischen Ursprung entfernt, dass Änderungen in vielfältigster Art und Weise unser Leben verändern werden. Dies kann bildlich gesprochen nur dann geschehen, wenn die Bequemlichkeit und Sattheit des Egos dem Grundgedanken unserer Schöpfung widerspricht, nämlich autonome Freiheit in allen Lebensbereichen zu erreichen.

Die morphischen Resonanzen sind dann derart gesunken, dass die seelische Depression nach Integration des inneren Selbstes verlangt. Psychosomatisch würden wir, parallel gedacht, kurz vor der Chronifizierung eines Symptoms stehen, einer deutlichen Herausforderung des Körpers, notwendige Änderungen durch Einsicht selbst vorzunehmen.

Die bekannte Formulierung des Schattens hilft uns, die abgelehnten, ins Unbewusste verdrängten Persönlichkeitsanteile besser zu verstehen. Schatten beinhaltet jedoch auch alle möglichen Illusionen über das Leben, unsere eigenen, subjektiven Hoffnungen und Assoziationen für eine „bessere“ Zukunft, einem Programm, dem wir alle mehr oder weniger unterliegen.

Im Fall der Psychosomatik wird auf derjenigen Ebene ein Thema deutlich, wo wir es auch verstehen. Einem matcricll eingestellten Menschen wird eben bei fehlender Sensibilität für die seelische Ebene dort ein Zeichen von seiner Seele gesetzt, wo dieser sie unmissverständlich verstehen kann. Ein Symptom als verschlüsselte Form eines fehlenden Bewusstseinsinhaltes, möchte auf der Ebene beginnen, wo wir reif sind, anzunehmen!

Das Symptom ist eine Inkarnation der seelischen Ebene, eigentlich eine eindeutige Sache, die uns heiler werden lässt. Der Bezug alleine lässt erkennen, dass Elemente der Archetypenstruktur so zeitnah notwendige Reaktionen auf der physischen Ebene als Auslöser bewirken, dass wir eine *organisierte Form von Intelligenz* dahinter entdecken.

Ein Problem ist immer zeitunabhängig wirksam, bis es aus dem Schattenbereich erlöst wird.

Welche Zeitebene, evtl. frühere Leben hierzu symbolisch verwandt wird, ist sekundär. Alle Projektionsschienen dienen dem Klienten, eine möglichst große Auswahl an Variationen seines Musters zu entdecken. In diesem Sinn erlebt der Klient ausschließlich sich selbst in allen Formen persönlicher Verstrickungen bzw. Ego-Identifikationen.

Die Zeitpsyche ermöglicht ihm in diesem erweiterten Rahmen erstmalig eine objektive Sicht seiner Schattenbereiche. Diese Fata Morgana der sog. Vergangenheit, besser Vergangenheiten als Jetztprojektion, ist seine Heilungschance, da alle Verstrickungen einem Grundmuster bzw. Archetyp zugrunde liegen. Jede Form von Verdrängung erzeugt eine immer neue Variation des einen Grundmusters in der Schattenwelt, wenn wir diesen jung´schen Begriff verwenden möchten.

Alle selbsterschaffenen Projektionen, die wie aufgeblasen in der Raum-Zeitkoordinate stehen, sind persönliche Illusionen und Ängste, die für sich isoliert betrachtet, den Klienten letztendlich erkranken lassen. Nach den hermetischen Gesetzmäßigkeiten entstehen so immer neue kontraproduktive Kreisläufe, die schlussendlich zur Krise führen müssen.

Die parallele Reinkarnationstherapie greift nun bewusst diese Inhalte nach dem Konzept der Archetypenstruktur auf um auf allen drei Ebenen die Voraussetzung zur Heilung zu schaffen.
Unheil entsteht daher, weil wir uns immer nur mit *einem Teil* unserer wahren Identität identifizieren
Dieses Konzept setzt die Bereitschaft voraus, an einem Gesamtkomplex der Trinität Körper-Seele-Geist aktiv zu arbeiten.

Lösung aller Ego-Identifiktionen

Wenn die östlichen Systeme von Erleuchtung oder Vollkommenheit sprechen, meinen diese in eingeschränktem Umfang das Gleiche: Bin ich mir über alle Ich-Identifikationen nach und nach bewusst, kann ich zur Ganzheit, zur Heilung meines wahren Selbst finden. Das Spektrum der Ganzheit des innewohnenden Potentials wird vernetzt und ungespalten zum Ausdruck gebracht.

Das Ziel lautet auch hier, jede Form von Bewertung bewusst fallen zu lassen, weil ich um die Vernetzung der Archetypenstruktur weiß.

Die Fähigkeit, eine zielgerichtete Koordination subjektiver wie objektiver Erkenntnisse zu entwickeln um der Realität einer übergeordneten Wahrheit näher zu kommen, lohnt im Sinne einer ganzheitlichen Bewusstseinsentwicklung.

Kein einfacher Weg, aber der Westen benötigt hierfür keinen Ashram oder Kloster, da die Muster dort bearbeitet werden, wo sie entstanden sind, nämlich im Alltag.

Bevor jedoch von Auflösung besprochen wird, muss ich mir im klaren sein, was ich an Bequemlichkeit aufgeben muss, da persönliche Freiheit seinen Preis hat. Ich möchte damit andeuten, dass es bei der parallelen Reinkarnationstherapie nicht ausschließlich um die Aufarbeitung persönlicher Schattenbereiche geht, *sondern primär um Bewusstseinsentwicklung.*

Ein Mann, den ich sehr schätzte, sagte dies mit einfachen Worten: „Das Ego kann so weit gehen, dass es sich für erleuchtet hält." *(Chögyam Trunpa).*

Symbolregister

Heilung ist der Ursprung unseres Seins, unser Geburtsrecht dorthin, seinen Weg zu bahnen, lohnt.

(Die im kommenden Abschnitt behandelten Symbole beziehen sich weitestgehend auf das Sitzungsbeispiel im Buch. Selbstverständlich existiert für ca. 450 Symboltypen in unserem Institut ein Verzeichnis)

Im Unterschied zu traditionellen wissenschaftlichen Disziplinen und Forschungsmethoden, wo Theorien über unbelebte Körper täglich neu definiert werden bzw. sich ständig selbst widersprechen, die ich an dieser Stelle uninterpretiert stehen lassen möchte, geht es bei meinem Symbolregister nicht um die Klassifizierung subjektiver Erfahrungsqualitäten im Sinne von Statistik und Kausalität.

Die Beziehung des Menschen zu seiner Psyche respektive der Beziehung zu seiner Archetypenstruktur stellt eine organische Auseinandersetzung mit der subjektiven Persönlichkeit des Einzelnen dar.

In der Literatur macht sich allgemein das Problem breit, im Sinne kausalen Denkens und Handelns Schubladensysteme zu entwerfen, die möglichst an das kollektive Interesse angepasst sind bzw. sein sollten.

Die Gefahr der Flachheit ist mit kausalem Hintergrund derart groß, dass individuelle Erfahrungen, Assoziationen und Hintergründe häufig außen vor gelassen werden.

Das Bezugssystem Psyche benötigt als Orientierung das Verständnis eines ausgewichteten, fließenden Fundamentes persönlichen Erfahrungsaustauschs mit dem Menschen selbst, die *nicht* in ein vorgegebenes Korsett intellektueller Konstruktionen und Anstrengungen *eingepasst* werden.

Selbstverständlich werden alle zur Verfügung stehenden Hilfsmittel bewährter Modelle berücksichtigt, um dem Klienten ein möglichst objektives Medium für seine persönliche Symbolik an die Hand zu geben. Falls ein Klient die Symbole seiner eigenen Wand-

lung z.B. nur über die mystische, mythologische, analytische oder astrologische Ebene verstehen kann, sollte dieser Umfang gewährt sein.
Trotzdem nutzt eine Auswahl mehr als das bloße Abtun durch einen einseitig-kausal orientierten Therapieansatz, dem nur eine Form von Symbolinterpretation geläufig ist. Den persönlichen Symbolen des Klienten so nahe wie möglich zu kommen, ist eine umfangreiche Aufgabe, jedoch kann ein Grundmuster, das sich nach dem Gesetz der Analogie, also dem senkrechten Denkansatz, auf allen Ebenen in seinen Maskierungen und Rollen, lokalisiert werden.

Grundregel: Es wird *niemals* ein Symbol innerhalb einer Sitzung, eines Traumes oder Gesprächs, *isoliert* von der aktuellen Lebensphase des Klienten betrachtet.

Zudem sind physische Symptome, wichtige Veränderungen auf der inneren wie äußeren Lebensebene genau so Bestandteil der Betrachtung, wie die subjektiv-assoziative Ebene des Klienten, seiner eigenen Meinung dazu!

Bei einem bekannten Verfahren, dass hier nur als Veranschaulichung dient und keineswegs beworben werden sollte, dem katathymen Bilderleben nach Hanscarl Leuner, werden in der Grundstufe mit seinen ca. 10 Standardmotiven *nach* einer Sitzung alle Motive miteinander im Verbund gedeutet. Der Verfasser selbst betont zudem die Sinnlosigkeit, einzelne Motive bzw. Erlebnisqualitäten isoliert zu deuten, da nur das koordinative Zusammenwirken ein Gesamtbild ergibt. Sitzungsinhalte werden gesamtinhaltlich innerhalb der Archetypenstruktur gedeutet.

Zudem ist außerdem zu bemerken, dass die vorgegebenen Motive des Tagtraums ihre psychodynamische Wirkung erst dann entfalten, wenn die Verknüpfung der entsprechenden Motive stattfindet, ähnlich einem Alphabet. Danach werden Parallelen zum Alltag geknüpft.

Ein Beispiel: Im Allgemeinen interessieren wir uns alle für Träume. Ein Mensch träumt des Nachts von einem Sarg als Regieprinzip. Die Effizienz dieses Symbols fördert das Interesse, die nachhaltige Wirkung des Traumes bei vollem Bewusstsein im Alltag zu verstehen bzw. für sich deuten zu wollen.

Nach mehr oder weniger befriedigenden Diskussionen besorgt man sich Traumbücher und stellt bald fest, dass in den bekannten Interpretationen, womit ich nicht die kommerziellen Ausschlachtungen meine, äußerst unterschiedliche Auffassungen hinsichtlich dieses Traumsymbols existieren.

Diese gehen sogar soweit auseinander, dass mystische Vereinigungen persönlicher Polaritäten kurz vor der persönlichen Erleuchtung okkulter Traumliteratur ein wirkliches Kontrastbild zu den Todessehnsüchten freudianischer Prägung darstellen! Scheinbar eignet sich das Symbol des „Sargs" bestens für endgültige Bewusstseinsprozesse zwischen Himmel und Hölle!

Bei triebtheoretischen Ansätzen haben wir es meist mit Todes- und Existenzängsten zu tun, bei individualpsychologischen Ansätzen gilt es Strategien zu entwickeln, die das Selbstbewusstsein fördern im Sinne einer Substitution, beim jung´schen Ansatz haben wir es nicht mit Todesängsten primär zu tun, sondern um die Bereitschaft, alte Schattenbereiche anzuschauen, um diese zu transformieren.

Dieser Auszug möge genügen, um die Verwirrung zu komplettieren, was denn nun der Sarg wirklich bedeuten möge. In Wirklichkeit ist es doch klar, dass kollektive Verallgemeinerungen nie oder nur sehr selten einem subjektiven Prozess individuell beschreiben können.

In der Welt des Träumers existiert eine unglaublich diffizile psychische Biographie, ob diese nun aktiv oder in der Kompensation den Möglichkeiten des Nutzers gemäß genutzt wird oder nicht. Es wäre doch eine Verunglimpfung ersten Grades, müsste der Sarg ausschließlich der ersten, allgemeinen Assoziation dienen, es handele sich konkret um eine Auseinandersetzung mit einem biologischen Sterbeprozess.

Würden wir nur beispielsweise etwas in unserer europäischen Kultur zurückblicken, so ist die Urform des Sarges im ägyptischen Sarkophag zu finden, *der unter anderem* auch als Aufbewahrungsgefäß für tote Leiber diente (morphische Resonanz zu unserem kollektiven Kulturgut.)

Auch geomantische Plätze wie z.B. die Externsteine (bei Horn im Teuteburger Wald-BRD) künden noch von den Einweihungsriten

und Initiationen, die offen oder geschlossen in einer vorgegebenen Steinform dem menschlichen Körper Platz für seinen Individuationsprozess während bestimmter Zeremonien gewähren. Niemals handelte es sich dabei um biologische Sterbeprozesse, sondern um die willkürliche Bereitschaft, Körper, Seele und Geist in Übereinstimmung zubringen.
Wenn es sich hier auch nur um *ein* Symbol handelt, darf damit nicht oberflächlich umgegangen werden, da die Effizienz enorm darunter leiden würde, wenn sich z.B. im gleichen Traum bekannte Personen aus dem Lebenskreis des Träumers zeigen würden. Natürlich würde es nur in destruktiver Art und Weise die Demut und die Abhängigkeit zum Therapeuten fördern, wenn die bestehenden Ängste nicht im Sinne einer individuellen, auf die Gesamtsituation des Klienten bezogenen Deutung behandelt werden.

Die innere Symbolik ist zu wertvoll, um nicht den Klienten selbst teilhaben zu lassen im Sinne einer transzendenten Sichtweise, bezogen auf seine Jetztrealität.

Relativiert betrachtet, ist der Traum mehr als eine Kompensationsform, dieser ist immer auch ein Glied im Verbund der Ganzheit <*Archetypenstruktur- Bewusstsein-Körper*>.

Meine Erfahrung, die ich an dieser Stelle nicht primär sehe ist die, dass mir in tausenden von Sitzungen, mögen diese in der Supervision, Therapie oder Diskussion behandelt worden sein, sich niemals die triebtheoretischen Thesen nur annähernd bestätigten. Ich kann nur bestätigen, dass jeder Mensch naturgemäß eine eigene Version dieses Symbols in sich trägt und gemäß seines aktuellen Bewusstseinszustandes, auch im Laufe von Jahrzehnten, trotzdem Veränderungen hinsichtlich des Sarges erfährt bzw. in relativierter Form selbst erweitert.

Ein Beispiel:

Würde ein Kind während eines fiebrigen Traumes von einem Sarg träumen, ist dies naturgemäß ein *anderer* Sarg, den z.B. seine Großmutter nach dem allsonntaglichen Besuch des Friedhofs erträumen würde.

Während einer Krise hat der Sarg wiederum bezogen auf die biographische Gesamtsituation des Klienten eine katharsische Bedeutung *während* der Krise, jedoch kann nach Abschluss einer Therapie oder Ausbildung bei der selbigen Person der Sarg z.B. eine in sich geschlossene Erkenntnis, die zu neuen Lebensinhalten führt, bedeuten.
Temporär, subjektiv, phasenbezogen sowie eingebunden in den jeweiligen Lebensprozess des Einzelnen, wird selbstverständlich auf dieses Ursymbol menschlichen Seins vieles auf das Symbol des *Sargs* projiziert.

Die Kunst ist es, die Gegensätzlichkeiten persönlicher Unwissenheit bzw. dem Weltbild des Therapeuten insofern in Balance zu bringen, dass beide Beteiligten im laufenden Prozess die **aktuelle** *Bedeutung herausfinden!*

Würde nun in einer Reinkarnationssitzung in einer *sog. Inkarnation* ein Sarg auftauchen, wird nach ähnlichen Grundsätzen verfahren. Vorrangig ist die subjektive Assoziation des Klienten bezogen auf seine gegenwärtige Situation zu sehen, um später im Kontext der Symbole der Wandlung innerhalb einer Krise eine individuelle Bedeutung zu finden.

Ob in Wirklichkeit in einem sog. früheren Leben jemand mit diesem Symbol zu tun hatte oder nicht, ist sekundär. Der springende Punkt ist die Übertragung in die gegenwärtige Zeit, der Bezug zum Jetzt!

Wie wir uns in einem begrenzten Kausalsystem den Sarg vorstellen, ob symbolisch oder echt, ist nicht entscheidend.
Der rein funktionelle Aspekt rundet später das Gesamtbild ab, jedoch messen wir dieser keine Primärfunktion bei. Häufigst zeigte sich statistisch in der Realität, dass das Symbol des Sarges ein Bild der Transformation darstellte, also ein Prozess des Umdenkens im Leben des Klienten selbst, stattfand.

Parallelität und Symbolik des Unbewussten

Das Unbewusste des Klienten *wählt* aus der Archetypenstruktur zuerst phasengemäß ein Grundmuster aus, dass seinem gegenwärtigen Zustand entspricht (Gesetz der Affinität.)

Danach erlebt dieser subjektive Variationen und Ausgestaltungen auf der Raum-Zeit-Koordinate, die seine unerlösten Projektionen bzw. den Kampf und das Ringen nach Erkenntnis zeigen (Opfer/Täter-Variationen).

Durch die parallele Reinkarnationstherapie erlebt der Klient aufgrund der Archetypenstruktur in veränderter Form z.B. die Struktur 9 um über die Analogiebene „Transformation" seinem Ursprung näher zu kommen.

Welche individuellen Konstellationen dabei gewählt werden hängt stark davon ab, welches Bezugssystem (seine eigene Welt psychisch wie physisch) z.Zt. zur Disposition steht.

Dies meint, dass ein okkult orientierter Mensch Transformationsprozesse in anderen Symbolen erlebt (z.B. Einweihungsriten im alten Atlantis, Mönch in Tibet usw. als Symbol und Wandlung, um von konventionellen und sozialen Strukturen „endlich" in spirituelle Dimensionen eintauchen zu können), als ein unvorbelasteter Mensch, der die erste Ehekrise als völligen Zusammenbruch seines eigenen Selbstwertgefühls erlebt.

Hier tauchen in den Sitzungen keine Tempel, mystische Einweihungsstätten oder futuristischen Glaspaläste auf, sondern das eigene Elternhaus, die unfairen, ungelösten Streitereien der Eltern.

Die kompensierten Erfahrungen damit, nicht mit Konflikten umzugehen oder die Spannungen, die ins Unbewusste übernommen wurden, um so später eigentlich das gleiche in der eigenen Beziehung wiederleben zu dürfen.

Allen gemeinsam ist jedoch, dass ein alter Teil des Bewusstseins abstirbt, um sich den aktuellen Anforderungen des eigenen Entwicklungs- und Individuationsprozesses gemäß zu erneuern.

Selbstverständlich werden dabei alle affinitiven Erfahrungen in koordinativer Weise noch einmal „kausal" ablaufen müssen, um das persönliche Bezugssystem zu hinterfragen.

Diese Weisheit des Unbewussten ist um so erstaunlicher, weil dieses die entsprechenden Bilder, Eindrücke und Assoziationen von selbst ungeachtet vom dahinterstehenden Weltbild steuert und entwirft!

Der Prozess des Bilderns:

Es mag deutlich werden, dass ein einzelnes Symbol wie z.B. die Situation des Marktplatzes bei Ursula eine Projektion ihres eigenen Umfelds darstellt, ihre Psyche interpretiert und formt gemäß Ursulas Bewusstseinsmöglichkeiten absolut **subjektiv** *das Geschehen.*
Diese Sensibilität und der Blick dafür muss sein, da es einerseits entweder Illusionen, Projektionen oder Abspaltungen sind oder auf einer einfachen Interpretationsebene, ein früheres Leben. Beides ist jedoch eine **zeitlose** *Ausdrucksform ihrer Situation, es gilt hier im Zusammenhang ihr Grundmuster aufzudecken, dass sich in immer weiteren Variationen wiederholen wird.*

Häufige Symboltypen

Im Sinne einer ganzheitlichen Betrachtungsweise scheint es mir angebracht, die Symbole bzw. symbolischen Inkarnationen von Sitzungen aufzugreifen, die in der Koordination miteinander häufig auftraten.

So macht es Sinn, die drei integrativen Prozessphasen bei der Parallelisierung <*Symbolebene – Jetzt*> zu berücksichtigen.

Aufgrund des Archetypenmodells, dass im übrigen keine endgültige Größe darstellt und nur in diesem Werk den Ansatz vorstellt, möchte ich betonen, dass es nicht um ein mechanisches Auswerten statistischer Relativitäten geht.

Primär sehe ich die individuelle, psychische Persönlichkeit im zeitlosen, ewigen Jetzt, der einzigen, tatsächlichen Realität in Beziehung des Klienten zu seinem Heilungsprozess, dem eigentlichen Ziel. Das Individuum ist die einzige Realität.
Ausschließen möchte ich auch die Verwechslung mit der Symbolik der Träume, da von der These des kollektiven Unbewussten her Ähnlichkeiten mit jedem, psychischen Geschehen aus der Anthropologie des Menschen naturgemäß existieren.

Klassische Archetypen die z.B. denen der Traumsymbolik oder Mythologie entstammen, werden nur additiv berücksichtigt, um abstrakte Bezüge deutlicher werden zu lassen, im Sinne eines ergänzenden Bezugssystems.

Deutungsansatz zum Fall Ursula:

In der katharsischen Phase erleben wir im Opferbewusstsein die Rückkoppelung unseres Egos in protagonistischer Form über das Umfeld und auslösenden, teils symbolischen Bezugspersonen, die einer späteren Zuordnung bedürfen.

Marktplatz/Öffentliche Plätze: Offizielle Projektionsfläche mit finalem Charakter, da sachlich betrachtet, dieser Ort die individuelle Wunschtätigkeit in der Form zum Ausdruck bringt, wie Ursula heute gerne handeln möchte aus der Initiative heraus, vom Partner unverstanden, den angestrebten Dienstleistungsbereich „alleine" zu aktivieren (u.a. Heilen.)

Da diesbezüglich noch Unklarheit in der Gegenwart herrscht, möchte sie ihre Interessen trotzdem „öffentlich" zum Ausdruck bringen ungeachtet evtl. Verluste gegenüber ihrer „Verwandtschaft" im Sinne von projektiven, ungeklärten Beziehungsverhältnissen.

Häufige Entsprechungen: Öffentliche Plätze, die einer bestimmten Personengruppe dann zugänglich werden, wenn persönliche Entscheidungen aus dem Jetzt nicht mehr hinausgezögert werden können (Ursula hatte vor Beginn der parallelen Reinkarnationstherapie eindeutig ihre Ziele definiert).

Dann sind es auch durchaus Örtlichkeiten mit religiösem Charakter wie Klosterhof, Tempelanlage oder Exerzitienplätze, an denen eindeutige Entscheidungen getroffen werden oder getroffen werden müssen, hinsichtlich wichtiger Wandlungen und Wendepunkte im Leben des Einzelnen.

Ohne diese Örtlichkeiten zu wortwörtlich zu nehmen, zeigt ihr Unbewusstes eine *zeitnahe Dringlichkeit*, persönliche Interessen nicht mehr anonym zu halten. Da wir ähnlich einem Traum eine Art präkognitiver Vorausschau vom Unbewussten erhalten, zeigen sich über die Projektionsfläche Inkarnation einige Möglichkeiten oder Vorschläge des Unbewussten, in welcher Qualität der Betroffene mit seinen Lernthemen z.Zt. umgehen sollte.

In jedem Fall ist Ursula daran interessiert eine Lösung herbeizuführen, die ihren Fähigkeiten entspricht, die Inkarnation, die mit einer Verurteilung auf dem *Marktplatz endet,* deutet auch ihren Mut zur Eigeninitiative an.

Diese Orte bilden den Hintergrund für Stationen persönlicher Wendepunkte, wo sich viele Klienten alleine gelassen fühlten. Wie bereits erwähnt, ist es immer wieder auffallend, dass ohne die Intervention des Therapeuten einschneidende Erfahrungen häufig in *früheren Leben* alleine vonstatten gehen. Affinitiv dazu erlebt man diese Szenen, die durchaus auch konstruktiv sein können (meist dritte Prozessphase), an diesen Örtlichkeiten, die komprimiert die aktuelle Stimmungslage in Symbolform nach dem Gesetz von Inhalt und Form wiedergeben.

Dies meint, dass die archetypischen angesprochenen Sitzungsinhalte sich in allen drei Prozessphasen bildhaft auch die entsprechenden Szenerien wie oben selbst neu gestalten oder erschaffen.

Insofern dürfte dem geneigten Leser dieser Punkt wichtig für sein Gesamtverständnis sein: Gemäß der eigenen Erkenntniskraft, wandeln sich die Projektionen bzw. Inkarnationen in erfreulicher Weise dahingehend in dem Maße, wie die Bereitschaft des Klienten oder Teilnehmers proportional wächst, seine Verantwortung für alle Formen der persönlichen Vergangenheit integrativ im Jetzt zu platzieren!

Bsp.: Wie im Fall Ursulas entspricht die „Verurteilung“ auf dem Marktplatz mit väterlichen Bezugspunkten der Intoleranz ihrer heutigen Umwelt. Deswegen erlebt sie die Menge schweigend, zwar neugierig, aber ohne jegliche Hilfsbereitschaft im Hintergrund (Mangel in Ursulas Leben.)
Die beobachtende Menge entspricht vom Charakter her ausnahmslos ihrem heutigen Umfeld, die Anonymität der anwesenden Menge spiegelt dies projektiv auf der erweiterten Zeitschiene *Inkarnation* wieder.

Wald

Allgemein gilt der Wald in seiner natürlichen Form noch als Stätte der Zuflucht im Sinne einer zeitlosen Ursprünglichkeit. Im Vergleich zum bewohnbar gemachten Land enthält dieser mythologisch einen herausfordernden Charakter, da archetypisch gesehen, der erwachsen werdende Mensch (im Sinne seiner Initiation als Reifeprüfung) als Held oder Heldin hier geprüft wird, um Eigenverantwortung für sich selbst zu gewinnen. Was auch immer innerhalb des bewaldeten Gebietes geschieht, es geschieht nicht in konventioneller Art und Weise.

Im Wald selbst erlebt sich der Mensch in konstruktiver Auseinandersetzung mit seinem Schatten, gebiert dort Fähigkeiten und Eigenschaften, die aus der Auseinandersetzung mit den <dunklen> (unbewussten) Aspekten seiner Natur hervorgehen. Wer zusätzlich einen bestimmten Menschen im Wald aufsucht, anerkennt seine Fähigkeiten, in unserer Betrachtung die tatsächlichen oder projektiven Heilerfähigkeiten Ursulas. Unbewusst sind bei allen Menschen diese Fähigkeiten vorhanden, jedoch bleibt immer noch offen, ob der Bezug hierfür tatsächlich für eine berufliche, erfüllende Neigung ausreicht.

Beim vergeistigten Menschen ist der Wald ein Ort des bewussten Rückzuges geworden, der nach dem Gesetz von Inhalt und Form äußerlich den Grad der Bewusstheit widerspiegelt, obwohl unserer westlichen Auffassung nach, dieser „wilde" Ort eher ungeläufig scheint hinsichtlich eines bestimmten Bewusstseinsgrades. Wir stellen uns gerne im kausalen Sinn eine offizielle, geistige Stätte außerhalb konventionell bewohnter Gebiete vor. So z.B. Klöster, Kirchen, Kathedralen, aber auch Höhlen, Buchten, unterirdische Kammern etc.

Diese lassen augenscheinlich keinen anderen Eindruck, als den des kontemplativen Rückzugs zu. Wichtig ist jedoch, *was* an diesen Orten für die persönliche Transformation geschieht, der architektonische oder dekorative Hintergrund ist nur für die rationelle Auslegung von Interesse.

Ganz interessant dürfte jedoch der tiefenpsychologische Ansatz sein: Der Wald als Archetyp des als unheimlich erscheinenden

Prinzips des Weiblichen, den es zu erforschen gilt. Unabhängig vom Geschlecht geht es um das ursprüngliche weibliche Sein, das von jeher dem schöpferischen, heilenden und gebärenden Aspekt entspricht. Da außer dem holzfarbenen Braun und dem tragenden Grün (Chlorophyll als Lebensträger) wenig farbige Abwechslung im Wald herrscht, kann dieser nach der Farbenlehre unverwechselbar im Verbund miteinander gedeutet werden.

In der chinesischen Elementenlehre, die als erstes oder ursprüngliches Element Holz definiert (nicht vergleichbar mit der aristotel´schen Elementenlehre!), aus welchem sichtbares Leben entsteht.

Holz gilt trotz des ständig im Wachstum begriffenen Zustandes als stabil und ist gleichzeitig Grundlage für alle transformativen Prozesse (Feuer als Entsprechung des menschlichen Geistes, aber auch im Sinne des Prometheus, der durch den Diebstahl des Feuers den Menschen in zweifacher Hinsicht eine Eigenentwicklung ermöglichte.) In jedem Fall dient diese in der Folge gedachte Relation der Bewusstwerdung und Wandlung.

Das chlorophylle Grün ist nicht besonders erklärungsbedürftig, da es bekanntermaßen als lebensspendendes, erhaltendes Prinzip gilt. Die lebendige Urkraft deutet einen Wandlungsprozess an, den wir unter der Jahreszeit des Frühlings in seiner vollendeten Form kennen. Ganze ökologische Regelkreisläufe hängen an diesem Prozess, so dass auch rein kausal gedacht, symbolisch neues Leben am Entstehen ist.

Reinkarnatorisch ist der Wald als Begegnungsstätte prädestiniert, die Bereitschaft oder den Wunsch zu verdeutlichen, an all diesen ursprünglichen Potenzialen der Vitalität einerseits, an heilsamer Kontemplation andererseits, zu arbeiten.

Parallelisiert im Sinne von Zeitlosigkeit sind hiermit Zielvorstellungen verbunden, die den Betreffenden aus seiner momentanen Lage befreien sollten.

Heilkräuter/ Pflanzen

Symbolisch aus der ökologischen Vernetzung terristischer Substanzen zu verstehen. Für die Nutzbarmachung bedarf es eines umfangreichen Wissens, so dass die landläufige Projektion, wie mittelalterliche Alchemisten arbeiten zu wollen eher dem Wunsch entspricht, auf natürliche, eben naturverbundene Weise heilen zu wollen.

Wortwörtlich bedurfte es seinerzeit eine halbe Lebenszeit, um mit Heilkräutern auf eigene Faust, d.h. in unchristlichem Sinne, umgehen zu können, da dieses Wissen nicht öffentlich gelehrt wurde.

Trotzdem darf beim Deutungsbeispiel nicht außer acht gelassen werden, dass erstens die Heilkräuter und deren Produkte *im Zusammenhang* mit der Symbolik des Waldes verstanden werden. Zweitens sind die Produkte davon als Ausdruck der eigenen Fähigkeiten in Aktion zu sehen.

Weitergehende Deutungen bedürfen der klaren Ausformulierung, um welche Heilkräuter oder Pflanzen es sich handelt, um die spagyrische, homöopathische oder auch medizinische Bedeutung in Relation zu setzen.

Nach der Traumsymbolik handelt es sich erfahrungsgemäß meist um diejenigen Substanzen, die aktuell für den Klienten vonnöten sind.

Um ein Beispiel im Sinne der Parallelleben und Akausalität zu geben: Nimmt der Klient die Pflanze des Spitzwegerichs wahr, so deutet schon alleine die Signaturlehre auf den Bezug zu den Bronchien hin. Da diese Pflanze vorwiegend an Weg- und Waldrändern zu finden ist, sind wahrscheinlich die Atmungsorgane im Begriff, über das Projektionsfeld Reinkarnation, Traum oder Meditation präventiv über das Unbewusste des Klienten eine warnende Funktion einzunehmen.

Dies ist um so interessanter in der Beobachtung bei Menschen, die kein oder ein nur sehr geringfügiges Wissen über Pflanzenheilkunde besitzen.

Auch in der psychonanalytischen Literatur von Leuner wird hin und wieder der Hinweis bei seinen Auswertungen des katathymen Bilderlebens gegeben, insbesondere beim Standardmotiv der

Grundstufe (Wiese) auf Pflanzen und Kräuter zu achten. Diese werden in psychodynamischer wie psychosomatischer Hinsicht aufgeklärt. Insofern hat Leuner, der sein Verfahren u.a. aus der Aktiven Imagination Jungs´ entwickelte recht, wenn er die Bezüge zum „Unkraut" aufklären lässt.

Schon Wochen vor Ausbruch eines symptomatischen Prozesses künden die inneren Bilder über Pflanzen, gleich durch welche Umstände in Erfahrung gebracht, von der Weisheit des Unbewussten (Archetypenstruktur), dem Menschen selbst ohne diesbezüglicher Erfahrung, zu schützen.

Im übrigen wäre es fatal zu behaupten, dieses Wissen aus einem früheren Leben mitgebracht zu haben. Wer sich ein wenig mit der inneren Symbolik des Menschen auseinandersetzt, weiß um die innere Weisheit des Unbewussten, die bereits ohne individuelle Lernerfahrungen im kollektiv Unbewussten eingespeichert ist und von dort, je nach Bedarf, über morphische Resonanzen abgerufen wird oder darüber in Erscheinung tritt.

Todesszenen (Verlust und Transformation)

In jeder Hinsicht eine Säule im Leben eines jeden Menschen, die uns mit der Vergänglichkeit kausaler Werte in Berührung bringt.

Die Berührung auf der reinkarnatorischen Ebene entspricht dem unbedingten Wunsch, zum Zeitpunkt des Erlebens über eine *geistige Neugeburt* nachzudenken.

Der Geist trennt sich vom Stofflichen; das Bewusstsein ist bereit, Standpunkte und Einsichten über die Einmaligkeit des Lebens zu hinterfragen.

Mythologie, Religion, Esoterik, Philosophie, Psychologie und Kunst haben es sich seit Anbeginn menschlicher Zivilisation zur Aufgabe gemacht, die Begrenztheit von Zeit und Raum darzustellen.

Transformation, Tanssubstitution, Metamorphose oder Wiedergeburt bezeichnen einen Vorgang, wo Wesentliches von Unwesentlichem getrennt wird, einer wichtigen Übergangszeit, die meist von Krisen begleitet wird.

Nicht umsonst erleben Teilnehmer oder Klienten symbolisch ihren „Tod“ zu einem parallelen Zeitpunkt, an dem wichtige Erkenntnisse im Alltag umgesetzt werden.

Da diese Erlebnisse nicht auf Knopfdruck abgerufen werden können, ist die zeitnahe Bereitschaft hierzu zu beachten, indem der Betreffende auch Willens ist, seine persönliche Wahrheit zum Ausdruck zu bringen.

Das Wahrnehmungsvermögen der bisherigen Persönlichkeitsstruktur *war* das einer undifferenzierten Ich-Persönlichkeit, die nun zum Erwachsen-Sein reift. Lebensübergänge, meist durch Krisen gekennzeichnet (erste Phase), zeichnen sich durch die Katharsis als reinigende Phase aus, ähnlich der Verpuppungsphase eines Schmetterlings.

Das Bild des Phönix ist der Prototyp für die mythologische Vorstellung, dass Zeitlosigkeit, Unsterblichkeit und Auferstehung in einem Prozess vereinigt sind.

Das Wort selbst finden wir in seiner griechischen Bedeutung (phoinix) das uns den Hinweis gibt, auf die rote Farbe zu achten, die in der reinigenden Flamme den Phönix erneuert. Der Sage nach, ernährt sich dieser Paradiesvogel nur vom Tau der Pflanzen. Dieser fliegt durch fremde Länder, um Heilpflanzen zu sammeln. Diese wiederum opfert er auf dem Altar von Heliopolis (vgl. Kapitel Einführung der hermetischen Gesetze), um selbst durch den inszenierten Brand darin zur Asche zu werden. Nach drei Tagen entsteht er daraus zu neuem Leben.

Im Alltag figuriert sich dieser Wandlungsprozess häufig dadurch, dass die kindlichen Neigungen, die häufig vom Ego stilisiert und dramatisiert wurden (z.B. der persönlichen Verantwortungslosigkeit gegenüber der Umwelt), sich zur Sensibilisierung und erhöhten Aufmerksamkeit wandeln, den Bedürfnissen der Außenwelt und den eigenen Bedürfnissen eine ausgewogene Balance zu geben.

Eine verblüffende Ähnlichkeit im Erleben eines symbolischen Todes mit den Erfahrungen klinisch toter Menschen, die wieder zum Leben reanimiert wurden, stimmen sehr nachdenklich, zumal vor einer entsprechenden Meditation oder Therapiesitzung häufig überhaupt keine praktische Erfahrung mit diesem Thema existierte!

Ob die Forschungen der Thantalogie, Initiationsriten oder bloßer Aberglaube, die Vorstellung eines Weiterlebens nach dem Tod ist in allen Kulturen zutiefst verankert.

Auch in unserem Organismus spielt sich dieser Prozess ständig ab: alte Zellen „sterben" um neuen Platz zu schaffen.

Denken wir wieder in 7-Jahres-Zyklen so fällt auf, dass keine Zelle unseres Organismus nicht älter als sieben Jahre alt wird, ausgenommen der Krebszellen. Woher stammt dieses Programm?

Die Vielzahl unabhängiger Erfahrungen beweist jedoch, dass ein direkter Zusammenhang in allen Erfahrungsberichten ausschlaggebend ist. Transformative Erfahrungen mit der bewussten Auseinandersetzung mit dem symbolischen oder projektiven Tod einer „Lebenszeit" nehmen die pure Angst vor dem endgültigen Ende, in dem diese die grundsätzliche Spannung nach und nach auflösen, irgend etwas im Leben „umsonst" (im Sinne einer leistungsbezogenen Lebenseinstellung) getan zu haben.

Der materiell eingestellte Mensch hat um so ausgeprägter Angst vor der Konfrontation mit dem Tabuthema Tod, als ein ganzheitlich eingestellter Mensch. Trotzdem kann diese Spannung durch symbolische Wiedergeburtserfahrungen aufgearbeitet werden, in dem der gelöste Bewusstseinszustand ein „Nachher" aufzeigt. Da während einer Sitzung beliebig oft von einer Inkarnation in die Andere „gewechselt" werden kann, also auch verschiedene Todeserlebnisse innerhalb einer Sitzung möglich sind, existieren Vergleichsmöglichkeiten.

Allen gemeinsam ist jedoch die kognitive und klärende Wirkung auf unser gesamtes Zell- und Immunsystem!

Bleiben wir jedoch bei der damit verbundenen Angst des Verlustes. Verstehen wir die Notwendigkeit der Wandlung aller Lebenserfahrungen, ist uns der Tod ein vertrauter Freund geworden. Transformation ist vergleichbar mit dem unendlichen Klang der Schöpfung, die Verwandlung des eigenen Ichs mit unserem Ursprung, der Archetypenstruktur zu verbinden.

Kontrolle weicht beim erwachten Mensch dem Vertrauen in die Sinnhaftigkeit einer schöpferischen Ordnung, die das Erwachen zum eigenen Potential fördert. Anstelle von Jenseitskulten und determinierter Abhängigkeit, setzt sich der Mensch in Verbindung mit seiner eigenen Re-ligo, seiner Rückverbindung, daher stirbt sein Ego tausendfach in einem Leben in konstruktiver Weise.

Auszug Todesarten:
Tod durch Erhängen: Trennung vom Kommunikationszentrum (5. Chakra).
Analogie zur aktuellen Situation: Aktiv oder passiv wird die sprachliche Auseinandersetzung mit dem Alltag als unüberwindlich empfunden. Die symbolische Blockade im Hals wandelt sich als Verknüpfungsszene in Form einer Inkarnation

Schmerz

„Der Schmerz zeigt, wo ich mir in der Vergangenheit nicht verziehen habe (Kahil Gibran)"

Wir haben es mit stark komplementären, energetischen Auseinandersetzungen im archetypischen Bereich zu tun, da Schmerz auf der psychosomatischen Ebene die Konflikte zum Ausdruck bringt, deren Inhalte wir zu lange verdrängt haben.
Diese energetisch stark geladenen Erfahrungen sind grundsätzlich mit Aggressionen verbunden.

Der Schmerz zeigt, wo ich mir in der Vergangenheit nicht verziehen habe, womit ein Stau und eine unangenehme Rückkoppelung von persönlichen Schattenanteilen mir selbst gegenüber gemeint ist. Szenen mit Schmerz und Folter sind Dringlichkeiten, welche die Ausweglosigkeit der Einstellung des geringsten Widerstandes beweisen.

Bei Ursula wird der Schmerz somatisch dort wahrgenommen, wo symbolisch die stärkste Verdrängung seinerzeit existierte: Im Brustkorb, dem Ort, der zärtlichen Gefühle, dem Verlangen nach Liebe und Anerkennung. Das Defizit, das jeder Schmerz zum Ausdruck bringt, will eine natürliche Ordnung wiederherstellen durch einen deutlichen, unmissverständlichen Druck. Alleine der

Spannungsdruck eines Schmerzes zeigt psychosomatisch den schwelenden Konflikt, den ich nicht mehr verweigern kann. Reinkarnatorisch wird die Einleitung einer depressiven Phase angezeigt. In der Depression, der psychischen Folge einer unterdrückten Aggression, fließen über das Unbewusste symbolisch in Form ihrer Sehnsüchte ihre Liebesgefühle- und Sehnsüchte ein.

Was geschieht mit einem Mensch, der starke Schmerzen auf der seelischen Ebene (Reinkarnation) spürt? Er lässt letztendlich los und stellt sich seinem Thema. Das Unbewusste kann sich frei gestalten, die seelischen Defizite werden offenkundig in der Folge von Bildern und Visionen, erfahrbar.

Es soll hier nicht der Eindruck entstehen, dass Schmerz so wertvoll ist, dass wir ohne ihn nicht leben könnten. Doch der Verlust von Kontrolle ist in den Bereichen wichtig, wo wir uns selbst in der eigenständigen Entwicklung verweigert haben. Das Symptom Schmerz zeigt an der Position, wo dieser symbolisch empfunden wird, die Bereitschaft zur Konfrontation mit schmerzhaften, alten Mustern der katharsischen Phase.

Betrachten wir uns energetisch diese reinkarnatorischen Erfahrungen (siehe auch der Parallelisierungseffekt bei Ursula bzw. dem gleichzeitigen Auftreten von Inkarnationsthemen und dem Jetzt), wandelt sich genau dieser Schmerz in diejenigen Szenen um, die wir emotional so gerne mit bestimmten Bezugspersonen versöhnlich aufarbeiten möchten. Aber der Druck, mit gewohnten Egostrategien eine Situation zu lösen, also Bedingungen an Bezugspersonen zu stellen, löst zusätzlichen Schmerz aus.

Die Bedingungen des Schmerzes sind ähnlich denen der Sehnsucht, nur mit dem Unterschied, dass in der Kompensation psychosomatisch der Schmerz bereits ein Fehlverhalten korrigieren möchte.

Spirituelle Hochkulturen (Atlantis, Ägypten, Tibet)

Häufig auftretende (Wunsch)-Inkarnation, in denen häufig spirituelle Qualitäten angesiedelt werden. Ob nun das sagenhafte Atlantis in der Form als spirituelle Hochkultur der Antike existierte, wie wir uns das gerne wünschen, sei an dieser Stelle dahingestellt. Tatsache ist, dass Platons Werke „Timaios und „Kritias“ einen deutlichen Aufschluss über die perfekte Konstruktion einer spirituellen Gesellschaft gab. Dieser Grundlage folgend, stellt sich der Mensch in seinem Alltag in harmonischer Verbindung mit den damaligen Göttern dar.

Das oft als paradiesisch dargestellte Inselland entspricht dem Urtraum der Menschheit, in vollkommener Harmonie mit der Schöpfung zu sein. Es ist bei genauerem Hinsehen jedoch in seiner komprimierten Form ein geographischer Nachvollzug des christlichen Sündenfalls. Durch die Kontrolle der höchsten, spirituellen Wirkkräfte kam es seinerzeit zu ganz menschlichen Auseinandersetzungen um Macht und Einfluss, die letztendlich für den Untergang des sagenumwobenen Kontinents sorgten.

Die Grundform des Plans der Königsstadt Basileia mit seinen drei konzentrischen Kreisen, ist gleichzeitig Grundlage des Atlantis-Symbols: Die konzentrische Mitte wird von drei Kreisen umschlossen. Ein Kreuz im Hintergrund, dass sich in die schwarz/weiß Peripherien der Kreise einfügt, deutet auf den wahren Hintergrund hin: Drei Kreise symbolisieren selbstverständlich die Harmonie der Trinität Körper-Seele und Geist bzw. Schöpfung–Kultur-Mensch.

Das Kreuz, Ursymbol der Materie, manifestiert in vollkommener Weise diese Trinität. Die Vorstellung einer göttlichen Ordnung als Grundlage menschlicher Kultur.

Wieder sind wir mit dem archetypischen Phänomen des spirituellen Machtwahns konfrontiert, zu dem sich allzu menschliche Züge eines modernen „Denver-Clans-Syndroms“ gesellen.

Dem Absturz aus dem Paradies gleicht auch der Untergang von Atlantis: Nur wenige behielten das kosmische Urwissen und konnten sich rechtzeitig vor dem Untergang absetzen. Ob wir diesen Bezug wortwörtlich verstehen oder als morphische Resonanz zu diesem Archetypus, im jetzigen Leben zeigt sich die enorme Sehnsucht des Betreffenden in einer spirituell orientierten Gesellschaft oder Gemeinschaft zu leben.

Der Verzicht auf Religion, Politik und Medizin in der herkömmlichen Weise wäre auch nur allzu verständlich.

Die Frage, die sich bei all diesen Formen morphischer Resonanz zu alten, mystischen Kulturen stellt, ist das kollektive Bedürfnis, nach kollektiver, spiritueller Führung. Nicht umsonst tauchen immer dann „Atlantisinkarnationen" oder deren teilweiser Relation in Sitzungen auf, wo Klienten sich mit ihren Wurzeln, ihrer familiären Herkunft auseinandersetzen.

Um diesen heiklen Punkt objektiv zu definieren: Es kann kein Zufall (im Sinne von Koinzidenz) sein, dass der Großteil der parallelen Affinitäten zu Atlantis gerade dann auftauchen, wenn wir uns innerlich von den Verknotungen des Elternhauses, den Familienangehörigen usw. *versöhnlich* trennen möchten. Die Betonung liegt auf versöhnlich, da wir die Familie als kleinste, soziale Einheit emotional, intellektuell und seelisch erforschen und feststellen, dass in den meisten Fällen *keinerlei* spiritueller Hintergrund vorhanden war.

Im Sinne einer aufgeklärten Klienten- oder Teilnehmerpersönlichkeit kann es durchaus sehr konstruktiv sein, seine seelenverwandten Themen objektiv ohne Schuldzuweisungen zu betrachten.

Die Familie außerhalb ihrer biologischen Dimension ist der Spiegel unserer Entwicklung. Nur die westliche Kultur hat seine spirituellen Riten seit der Christianisierung verloren, fast alle alten Kulturen hatten eine eigene Kosmologie im Sinne der Analogiekette „schöpferische Erde–Familie–Initiation-Selbstverwirklichung."

Wer sich mit dieser Thematik eingehender auseinandersetzen möchte, dem gilt der Hinweis zum Archetyp des Helden bzw. der Heldin.

Möglichkeiten der Integration:

Fakt bleibt, dass in der parallelen Auseinandersetzung mit alten Hochkulturen eine Flucht in Form einer Idealisierung als Ersatzposition für zerrüttete Familienverhältnisse gewählt wird.

Hier bleibt zu klären, ob es tatsächlich notwendig ist, sich auf der Idealebene dieses künstliche Paradies aufrecht zu erhalten.

Sinnvoll ist es, die Symbolik, also die gewählten *atlantischen* Fähigkeiten und Eigenschaften wie Hellsichtigkeit, Hellfühligkeit, heilerischen Tätigkeiten und der Ausübung eines hohen spirituellen Amtes jetzt im Alltag zu erwerben und anzuwenden. Es nützt niemanden, wenn wir in grauer Vorzeit phantastische Möglichkeiten hatten und heute nur davon träumen!

Es soll in keinster Weise abgestritten werden, dass Klienten tatsächlich dieses Potenzial bzw. die Resonanz dieser Zeitepoche im Jetzt verwirklichen können. Der Punkt dieser Resonanz ist und bleibt der persönliche Bezug zu unserer wirklichen Herkunft und dem daraus resultierenden Lebensauftrag.

Es kann nicht verschwiegen werden, dass eine auffallende Affinität einer unverarbeiteten Familienkrise und dem Wunsch in komplementierter Form nach einer spirituellen Herkunft existiert. Isoliert lebende Menschen haben einen stärkeren Bezug zu Atlantis-Inkarnationen, als Personen in harmonisch lebenden Familienverhältnissen.

Ägypten: Zur archetypischen Grundlage von Atlantis gesellt sich eine strenge Hierarchie von unterschiedlichsten spirituellen Graden hinzu (Priesterkasten). Kulturell ergibt es sich aus der Tatsache, dass Ägyptens Hochkulturen als das „Non-Plus-Ultra" unserer spirituellen Herkunft betrachtet wird. Wir haben außerdem umfangreiche Unterlagen, die vom zentralen Gedanken der Wiedergeburt und Transformation künden. Ob wir im ägyptischen Totenbuch verblüffende Parallelen zu modernen, wissenschaftlichen Erkenntnissen der Thantalogie entdecken oder der exakten Zuordnung der vielen Gottheiten, die im gesamten Kontext der Seelenwanderungen, eine inspirierende und erleuchtende Rolle spielen, Ägypten nimmt eine zentrale Rolle für unser Gesamtthema ein.

Dieses ist außerdem im Zusammenhang als Folge von Atlantis zu sehen.

In der parallelen Reinkarnationstherapie interessiert jedoch primär die klare Trennung der spirituellen Aufgaben oder Rollen innerhalb dieses Systems.

Wieder haben wir es mit einer Unmenge von Graduierungen bzw. Einweihungsgraden zu tun, der das Gefühl einer besonderen Erhabenheit anhaftet. Zur Bedeutung von Atlantis (Thema Familie) kommt die Variante der Individualisierung hinzu: Durch Eigenengagement und gutem Karma kann ich zur persönlichen Unabhängigkeit gelangen. Meist treten Ägypteninkarnationen bei denjenigen Klienten auf, die schon über bestimmte Praktiken verfügen, mit denen Sie nicht mehr alleine zurecht kommen.

Das meint, dass ein gewisser Grad von Eigeninitiative und Selbstverantwortung erreicht wurde, jedoch fehlen im Alltag die passenden Bezugspersonen, die Spiritualität in allen Bereichen leben wollen.

Kann dieser Bezug geklärt werden, kann ein Großteil des persönlichen Narzissmus abgebaut werden, der häufig dadurch entsteht, sich eine Rechtmäßigkeit dadurch zu erschaffen, spirituell weiter und entwickelter als seine Zeitgenossen zu sein.

Um es klar auszudrücken: Hierarchiedenken hat nichts mit spiritueller Entwicklung zu tun!

Tibet: Die einzig noch lebendige spirituelle Kultur unserer Erde. Sicher existiert ein Großteil von Übereinstimmungen mit den Kulturen Atlantis und Ägypten.
Tibet hat jedoch wieder den Gottvaterkomplex, dem allmächtigen Rinpotsche und seiner weltlichen Kraft, dem Dalai Lama.
Die Schöpfung wird durch einen Männerkult vertreten, wobei Ägypten in seiner besten Zeit bewiesenermaßen eine gesunde Form des Matriarchats lebte, ebenso Atlantis. Dies soll keine Kritik an Tibet darstellen, ist es doch ein unschlagbares Kriterium dafür, dass sich nur die Wahrheit über Jahrtausende unverfälscht erhalten kann!
Es gilt bei den *Tibetinkarnationen* insbesondere das eigene Verhältnis zu folgenden Themen im Sinne der Gleichzeitigkeit aller Inkarnationen zu hinterfragen: Vater, Autoritäten, Behörden, Vorgesetzte, Erfolg, Unabhängigkeit, Verbindlichkeit und äußere Anerkennung.

Farben

Gemäß der Chakrenlehre besitzt der Mensch ein feinstoffliches Energiesystem, dass zur natürlichen Entwicklung alle wichtigen Bewusstseinselemente zur Verfügung stellt.
Nach dem Gesetz der Analogie ist außerdem eine qualifizierte Zuordnung zu bestimmten Entsprechungen der seelischen Entwicklung möglich.
Farben bekommen dann eine besondere Bedeutung zuerkannt, wenn entweder wiederholte Szenen in immer gleichen Farbumgebungen auftauchen oder Einzelmotive bzw. Szenen eindeutige Farbzuordnungen zulassen.
Grundlage ist das Spektralfarbensystem, dass die Verbindung Bewusstsein/Materie steuert.
Ich habe mir die Mühe gemacht und eine große Anzahl von Sitzungen mit Einzelpersonen wie Gruppen unter diesem entwicklungsbedingten Hintergrund ausgewertet mit der Prämisse, die Gleichzeitigkeit persönlicher Lernaufgaben und Parallelen in spezifischen Lebensphasen aufzuzeigen.
Doch zunächst zur Einführung in dieses System die notwendige Denkvoraussetzung.

Der feinstoffliche Körper des Menschen

Im Sinne einer qualifizierten Zuordnung wird es später über das System der Chakren und deren Analogien noch besser möglich zu diagnostizieren, in welcher Lebensphase welcher Lernprozess auf die bestmöglichste Art und Weise definiert, therapiert und geheilt werden kann.
Das zeitlose System der Chakren ermöglicht so, Therapeut und Klient einen leichteren Einstieg in die Bewusstseins- bzw. Lernstruktur des Problems zu geben.
Gemäß unseres Modells kann hier eine Grundlage zur verbesserten Selbsterkenntnis und damit zur Selbstheilung seitens des Klienten geschaffen werden. Ausgehend von der Archetypenstruktur, wird in jeder Phase unseres Seins die

Bewusstseins- bzw. Lebensenergie des Menschen mit seinem feinstofflichen Körper (Seele) in Verbindung gebracht bzw. selbständig koordiniert.

Das älteste Wissen um dieses Energiesystem, das psychische wie physische Energien im Sinne eines Entwicklungsprozesses unserer Seele mit dem Bewusstsein verbindet, stammt aus der Lehre der Lebensenergie oder der *Chakralehre.*

Ätherleib und Chakren

Der Begriff *Chakra* stammt aus dem Sanskrit und bedeutet wörtlich übersetzt Rad oder kreisende Spirale. Damit sind die feinstofflichen Energiezentren oder Organe des feinstofflichen Körpers gemeint. Gleichwohl koordinieren sie als Kraftwirbel den Fluss unserer Lebensenergie und unserer Bewusstseinsentwicklung.

Die Chakren sind somit feinstoffliche Zentren der Ausstrahlung von Urenergie, die in einer bestimmten Reihenfolge entlang des Rückrats angeordnet sind und z.B. den Körperorganen zugeordnet werden können.

Innerhalb des feinstofflichen Energiekörpers, auch Aura oder Ätherleib genannt, sind wie in *Fig.4* ersichtlich, die Energiezentren angeordnet.

Die Aureole („Aura") ist Ausdruck unserer Lebensenergie.
Der psychische Körper ist das direkte Gegenstück zu unserem materiellen Körper und strahlt ca. 6-8 cm über diesen hinaus. Dieser wirkt wie eine Schutzschicht gegenüber schädlichen Strahlungen sowie Krankheitskeimen. Negative Gedanken und Energien stören den gleichmäßigen Energiefluss im Ätherkörper. Dieser ist von dunkelblauem Licht umgeben und strahlt bei einem gesunden Menschen nach Außen in einem goldenen Lichtkranz.
Der Ätherleib wird durch die Bewegung der einzelnen Chakren und deren energetischer Wechselwirkung untereinander erzeugt.

Es handelt sich somit um ein paralleles Konzept von Energiekörper und physischem Körper.

Lebensenergie und Bewusstsein

Die mystischen Traditionen Asiens (Taoismus, Hinduismus und Buddhismus) haben seit über 38.000 Jahren v. Chr. (Überlieferungen aus dem Surya-Vedanta) ein überragendes Modell des feinstofflichen Körpers entwickelt, dass die Aktivität unseres Bewusstseins in Verbindung mit unserer Lebensenergie exakt analysiert und fließend kategorisiert.

Im folgenden Diagramm sehen wir in einzigartiger Weise die Verbindung des menschlichen Nervensystems mit dem feinstofflichen Körper des Menschen.

Wir können uns vergegenwärtigen, dass das Urbild unseres physischen Körpers einer feinstofflichen Hülle folgt, gemäß seiner geistigen Struktur. *Dieser geistige Leib ist der erste Informationsträger unseres Lebens und prägt die stoffliche Hülle entsprechend der Bewusstseinsentwicklung.*

Die Akupuktur z.B. differenziert sehr genau die unterschiedlichen Meridiane und Nervenverbindungen, im Sanskrit als *Nadis* bezeichnet. Dieses System, dass nicht nur im philosophischen oder spirituellen Bereich Erwähnung findet, funktioniert seit Jahrtausenden im medizinischen Bereich zur Anamnese wie auch zur Heilung.

Anders ausgedrückt, repräsentiert unser feinstoffliches Energiesystem gleichzeitig auch unser Immunsystem.

In der einschlägigen Literatur existieren inzwischen eine Großzahl von Titeln über das Thema der Chakren, so dass an dieser Stelle auf Allgemeininformationen verzichtet wird.

Diese Urzentren der Lebenskraft strahlen ihre Energien über den physischen Bereich hinaus, so dass der Mensch als psychophysisches Fahrzeug ähnlich einem Sender/Empfängerprinzip erfasst werden kann.

Der Mensch ist in der Gesamtsumme seiner Schwingungen mehr als sein Körper und darüber hinaus, stärker als seine vergangenheitsbetonten, persönlichen Erfahrungen und Prägungen.

Wollten wir dem klassischen Bewusstseinsmodell von Freud folgen, so existiert überhaupt keine psychische oder spirituelle Energie, die analog deren Existenz gemäß einer höheren Energieordnung zur Höherentwicklung des Menschen vorhanden wäre. Außer triebtheoretischen Überlegungen ist auch heute noch der Psychoanalyse der feinstoffliche Körper und dessen Entwicklung entweder fremd oder äußerst unangenehm, da dessen Vorhandensein deren gesamtes System im übrigen in Frage stellen würde!

Da wir archetypische Prägungen schon vor unserer Geburt mitbringen, muss ein System gemäß der geistigen Natur des Menschen Anwendung finden, dass die obigen Transformationsprozesse exakt beschreiben kann.

Mir ist kein praktischeres Modell hierfür bekannt, als eben das Chakrenmodell und dessen stufenweise Möglichkeiten der Bewusstwerdung im Sinne der Individuation.

Zwischen Geburt und Tod werden wir zyklisch, meist in Sieben-Jahres-Zyklen, mit den entsprechenden Themen eines Chakras konfrontiert.

Denkvoraussetzung

Betrachten wir das menschliche Sein als Entwicklungsweg, bedarf es einiger Grundlagen, die Lernerfahrungen innerhalb bestimmter Lebensabschnitte nachvollziehbar machen. Wir sollten nicht sofort in pathologischen Strukturen denken und verzweifeln, wenn sich ein Chakra nicht fotografieren oder abwiegen lässt.

Gemäß der Elementenlehre können wir progressive Lernerfahrungen, Krisen und problematische Konstellationen innerhalb des individuellen Entwicklungsweges des Menschen besser bestimmen.

Allein der psychosomatische Bezug Krise/Symptom oder Krise/Krankheit lässt deutlich werden, dass in bestimmten kritischen Zeiten immer ein psychosomatischer Bezug zwischen dem Klient und seiner energetischen Verfassung besteht.

Die Beziehung Chakra/Körper bzw. Chakra/Bewusstsein kann wissenschaftlich als ein *elektromagnetisches Feld* bezeichnet werden, dass tatsächlich in der oben beschriebenen Weise einen ausgleichenden Einfluss auf Körper und Geist ausübt.

Mit Gewissheit kann davon ausgegangen werden, dass ähnlich der Archetypenstruktur überpersönliche Regulationsmechanismen die Psyche des Menschen positiv beeinflussen.
Doch zunächst folgen die konkreten Zuordnungen im Kontext Materie/Bewusstsein sowie die Analogien der stufenweisen Bewusstseinsentwicklung in verschiedenen, differenzierten Analogiezuordnungen.

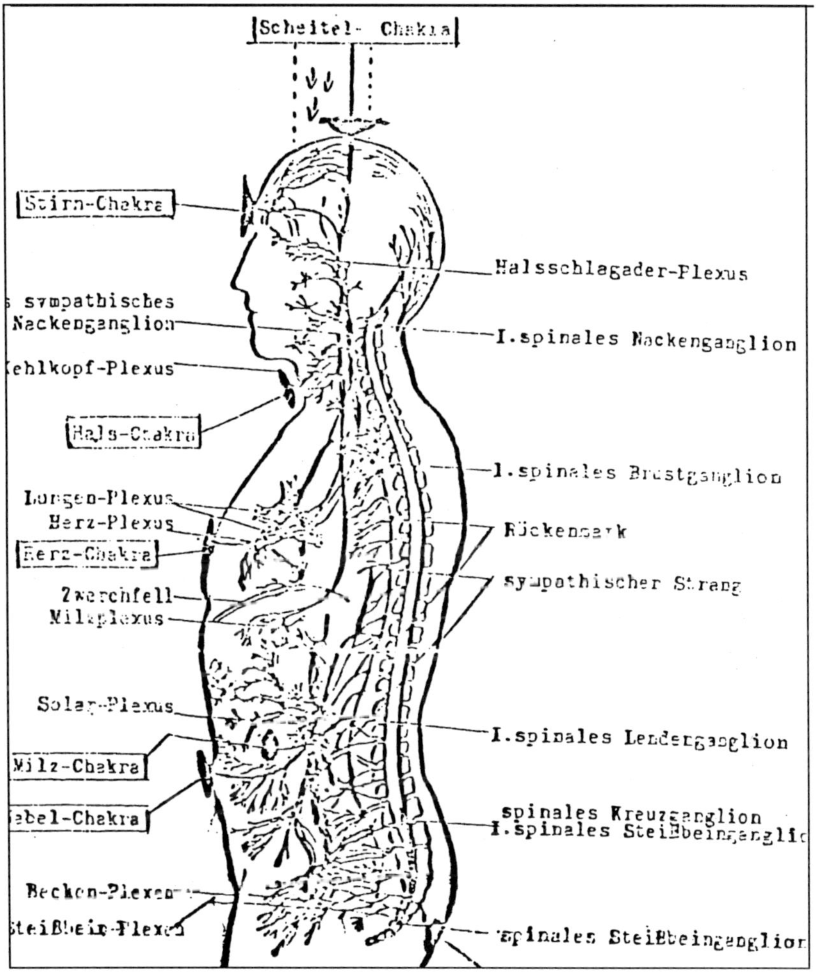

Fig. 4 - Der Feinstoffliche Körper

Analogie der Chakren

Die erste Zuordnungstabelle zeigt die Analogie der Nervenzentren und deren Organe sowie der entsprechenden Funktionen.

Die Farben der Energiezentren entstehen durch die ständige Rotation der feinstofflichen Zentren. Das Wechselspiel der psychischen wie physischen Zentren der Kraft erhält in symbiotischer Art und Weise die Gesundheit des Menschen aufrecht, indem Über- oder Unterspannungen im Energiesystem ausgeglichen werden.

Bei der Durchsicht des Diagramms beginnt der Bezug zu diesem System hinsichtlich des menschlichen Entwicklungsweges deutlicher zu werden, indem die *mentalen Zuordnungen die Prinzipien und Lebensthemen erläutern.* Im Sinne der parallelen Reinkarnationstherapie sind von der Anlage her ab der Zeugung an, alle sieben Chakrabereiche vollkommen existent.

Ähnlich dem Modell der Archetypenstruktur müssen jedoch die anlagebedingten Strukturen und Themen persönlich zum Ausdruck gebracht werden bzw. individualisiert werden. Ansonsten erreicht der Mensch eben keine individuelle Stufe, d.h. es kommt nicht zum vollkommenen Ausdruck seines Potenzials.

Themen wie z.B. bedingungslose Liebe, ein ausgeglichenes Verhältnis von Geben und Nehmen, Befreiung von destruktiven Familienstrukturen, Gesundheit, Erfüllung in Beruf und Partnerschaft u.a. werden auf Dauer konfliktträchtig bleiben.

Begreift er dieses System als Stufenweg, lernt er unabhängig von den umweltbedingten, erdbetonten Strukturen seiner äußeren Herkunft, seinen eigenen Lebenswillen allmählich zu entfalten. Er wird als Beispiel zwar auch nach materieller Absicherung streben, sucht aber in dieser nicht den Sinn des Lebens. Im Sinne des ersten Chakras wird er Festigkeit in seinen äußeren Lebensrahmen in Form von klaren Strukturen einbringen. Er wird sich im Sinn des zweiten Chakras um seine emotionale Selbständigkeit kümmern und dafür sorgen, auch im Alltag seine Gefühlswelt zu integrieren. Die Zuordnung des Wasserelementes sorgt gleichzeitig auch für die Bereiche Kreativität, Sexualität und Selbstvertrauen.

Da es sich um ein lebendiges, fließendes System handelt, sind die Folgestufen abhängig von der Integration der ersten Bereiche.
So kann das vierte oder fünfte Chakra erst entwickelt werden, wenn die Bereiche eins bis drei integriert wurden.
Die Entwicklung der höheren Erkenntnisbereiche setzt also eine Verantwortungsbereitschaft für die Grundstufen persönlicher Entwicklung voraus.

Ein Beispiel: Es ist trotzdem möglich, eine bestimmte Zeitsequenz lang einseitig und ohne Berücksichtigung der anderen Lebensbereiche beruflich sehr erfolgreich zu sein und dabei die Aspekte der Gesundheit und Partnerschaft zu vernachlässigen. Erfolg kann auch ein Ausdruck von Kompensation sein, der allerdings auf Dauer seinen Tribut zollen wird.

Hier greifen die feinstofflichen Gesetze oder Systeme in den Entwicklungsweg ein und gleichen jede Einseitigkeit im Sinne eines Urprinzips aus (Archetypenstruktur oder Chakrensystem). Zum Vergleich der Verschiebung einer Thematik und der damit destruktiv verbundenen Schicksalsfolge dient die Figur 2 im Sinne des fünften hermetischen Prinzips.

Schauen wir uns nun die prozessorientierten Strukturzuordnungen für die mentale Balance innerhalb des Chakrensystems an.

Chakren und Entwicklungswege

1. Chakra

Thema: Existentielles Sein- Lebenswille auf der physischen Ebene

Analogien: Strukturprinzip- die Materie- Gesetz der Manifestation. Grundbedürfnisse des Lebens – Selbsterhaltungstrieb.

Die Beziehung zur eigenen Herkunft, den eigenen Wurzeln. Verbundenheit mit den Eltern/Lösung oder Konflikte derselben.

Archetypus: Marsprinzip- das Blut des Lebens; Durchsetzung des Ego.

Sinnesfunktion: Riechen

Positiv: Überprüft das Erziehungsmodell und die Anforderungen der Umwelt, hinterfragt sein Selbstwertgefühl. Setzt neue Lebensimpulse, indem die äußere Welt als vorübergehend und daher als Täuschung verstanden wird. Lernen von Stabilität und Durchsetzungskraft in der materiellen Welt.

Negativ: Besitzgier, Verhaftetsein mit der Materie, falsche, konventionelle Überlebensstrukturen anstelle eines festen, individuellen Lebenskonzeptes.

Ziel: Nach der Antwort auf die Frage meines persönlichen Ursprunges, erfolgt eine Umwandlung des vitalen Ego. Das Gesetz von Inhalt und Form gestaltet sich zunehmend zur eigenen Lebenshaltung. Das Gewinnen von Urvertrauen, die Beziehung zur Mutter Erde.

Somatische Zuordnung: Wirbelsäule, Knochen, Prostata, Dickdarm, Enddarm, Nägel, beide Beine, Rektum, Blut.

Natürlicher Entwicklungszyklus: 1.- 7. Lebensjahr

Bewusste Integrationsphase: 42.- 49. Lebensjahr

2. Chakra

Thema: Emotionales Sein- Kreative Ebene- Neuschaffung

Analogien: Anpassungsprinzip- das Gemüt- Gesetz der Schwingung- Geben und Nehmen- Fortpflanzungstrieb – Sexualität- die Beziehung zum anderen Geschlecht.

Verbundenheit mit Gleichgesinnten / der Ursprung meiner Gefühle.

Energietypus: Mondprinzip- der Rhythmus des Lebens; Anpassung des Ego.

Sinnesfunktion: Schmecken

Positiv: Transformation von reiner Sexualkraft in schöpferische Energie. Leidenschaft und Verjüngung. Der gereinigte Mensch. Steigert die eigene Kreativität und Unabhängigkeit durch Lust und vergnügliche Sexualität. Löst sich von klerischen Moralvorstellungen.

Negativ: Emotionales Festhalten durch Märtyrertum. Passt sich nur in egoorientierter Weise an. Verlässt sich ungeprüft auf die eigenen Gefühle, erlebt Spontaneität orgiastisch. Kindheits-Ich. Stellt subjektive Bedingungen an den Partner.

Ziel: Lernt das Unbewusste als Quelle persönlicher Inspiration kennen. Stellt sich seinen Gefühlen und verschafft diesen einen kreativen Lebensraum. Das Gesetz der Vergebung bzw. Versöhnung. Setzt Vertrauen in andere Menschen und erlebt die Multiplikation von natürlichen Beziehungen. Anerkennung und Transformation von Autoritätsenergien. Nutzt seine eigenen Träume. Erschafft kreatürliche Lebensvisionen.

Somatische Zuordnung: Beckenraum, Blase, Fortpflanzungsorgane, Nieren, Lymphe, Verdauungssäfte, Sperma, Keimdrüsen, Eierstöcke, Hoden.

Natürlicher Entwicklungszyklus: 8.- 14. Lebensjahr

Bewusste Integrationsphase: 50.- 56. Lebensjahr

3. Chakra

Thema: Entfaltung der eigenen Persönlichkeit, die Vision des Prometheus.

Analogien: Regieprinzip- das Feuer der Erkenntnis - Gesetz der Verwirklichung. Grundbedürfnisse des Lebens – Selbsterhaltungstrieb- Die Beziehung zur eigenen Herkunft, den eigenen Wurzeln- Verbundenheit mit den Eltern / Lösung oder Konflikte derselben Erforschung der eigenen Möglichkeiten- Das Prinzip der Fülle.

Energietypus: Jupiterprinzip- Expansion der Lebenskräfte; die Reise des Helden.

Sinnesfunktion: Sehen

Positiv: Entwickelt ein gesundes Selbstwertgefühl. Lernt den Widerspruch zwischen Willen und Gefühl zu vereinen. Findet eine eigene Identität im Beruf, transformiert diesen später zur Berufung.

Negativ: Persönliche Machtvorstellungen. Fehlendes Selbstvertrauen durch mangelnde Kenntnis der eigenen Fähigkeiten und Qualitäten. Abhängigkeit vom Beruf. Kein Vertrauen in langfristige, private Beziehungen. Kooperationsschwäche.

Ziel: Die eigene Lebensvision. Auf der Suche nach der eigenen Wahrheit entwickelt er aus dem Gefühl zur eigenen Identität Liebe zu seinen Mitmenschen. Kreative Gestaltung in der Partnerschaft. Übernahme von Verantwortung in der Beziehung. Klare Definitionen und Werte in derselben. Entwicklung sozialer Werte.

Somatische Zuordnung: Unterer Rücken, Bauchhöhle, Magen, Milz, Pankreas, Gallenblase, vegetatives Nervensystem, Verdauungssystem.

Natürlicher Entwicklungszyklus: 15.- 21. Lebensjahr

Bewusste Integrationsphase: 56.- 63. Lebensjahr

4. Chakra

Thema: Entfaltung von Liebe und Mitgefühl. Das Herz als Zentrum der Weisheit. Selbstlosigkeit. Hingabefähigkeit. Heilung.

Analogien: Transformation von Ego/Seele. Das Zusammenspiel aller kosmischen Gesetzmäßigkeiten erzeugt Leben, eine höhere Form von Liebe. Grundbedürfnisse des Lebens – Selbsterhaltungstrieb. Die Beziehung zur eigenen Herkunft, den eigenen Wurzeln. Verbundenheit mit allem Lebendigen. Löst Besitzansprüche an andere Menschen auf. Liebe ist eine neutrale, schöpferische Energie.

Energietypus: Venusprinzip- die Balance zwischen Innen- und Außen. Liebe und Mitgefühl lösen subjektive Bewertungen auf.

Sinnesfunktion: Riechen

Positiv: Erfolg durch Liebe. Integrationskraft. Verantwortungsbewusstsein. Gibt Gefühle der Trennung auf, löst Blockaden durch das Prinzip des bewussten Dienens (Verstehen) auf. Kann über die Entwicklung der normalen Sinnesfunktionen hinaus eine besondere Form von Sinnlichkeit und Lebenskunst entwickeln. Kann wechselseitig Herzkraft und Verstand einsetzen.

Negativ: Festhalten an alten Beziehungsnormen. Besitzansprüche durch Machtausübung, narzisstische Formen von Beziehungen. Kann Beziehung von weltanschaulichen Fragen abhängig machen.

Ziel: Unabhängigkeit in Herzensangelegenheiten. Persönliche Wertvorstellungen auf allen Ebenen fallen lassen. Kann sein Mitgefühl allen Naturreichen und Elementen angedeihen lassen. Koordination von kosmischen Bewusstsein und Heilung.

Somatische Zuordnung: Brustkorb, Brusthöhle, Herz, Blutkreislaufsystem, Hände, Haut, Lungen, Immunsystem.

Natürlicher Entwicklungszyklus: 21.- 28. Lebensjahr

Bewusste Integrationsphase: 64.- 70. Lebensjahr

5. Chakra

Thema: Intelligentes Sein- Höhere Formen der Wahrnehmung und Kommunikation.

Analogien: Geistprinzip. Gestaltungsbewusstsein. Nonverbale Kommunikationsformen. Zugang zu den feinstofflichen Ebenen des Seins. Inspiration. Befreiung alter Denkschemata. Konstruktion des eigenen Lebensfilmes.

Energietypus: Merkurprinzip- Leben ist Kommunikation.

Sinnesfunktion: Hören

Positiv: Unterstützung anderer Lebensformen. Erforschung geistiger Gesetzmäßigkeiten. Die Suche nach Übereinstimmungsformen von Physik und Geisteswissenschaften. Überprüft die Konditionierungen vieler Gesellschaftsschichten. Offenheit gegenüber anderen Lebens- und Weltanschauungen.

Negativ: Verharren auf Neutralität. Überaktivität im Denken. Mangelndes Körperbewusstsein. Geschäftigkeit und

Unverbindlichkeit. Symbolischer Bezug zum eigenen Ursprung. Ehrgeiz und Ichsucht.

Ziel: Das vermittelnde Prinzip. Kreativer Selbstausdruck. Konstruktive Symbiose aus Wissenschaft und Spiritualität.

Somatische Zuordnung: Bronchien, Speiseröhre, Kehle, Sprechapparatur, Nacken, Kiefer, Kinnbacken, Schilddrüse, Atemwege.

Natürlicher Entwicklungszyklus: 29.- 35. Lebensjahr

Bewusste Integrationsphase: 71.- 77. Lebensjahr

6. Chakra

(Diese Themen betreffen nicht mehr die Therapieinhalte und werden nur der Vollständigkeit halber erwähnt)

Thema: Spirituelles Sein- Erkenntnis der Natur

Analogien: Intuition. Auflösung aller materiellen Bindungen. Das Gesetz der Polarität. Medialität. Hellsichtigkeit. Psychische Kräfte. Enorme Gedächtniskraft. Verbundenheit mit transzendenten Bereichen.

Energietypus: Uranusprinzip – „Das Leben ist Täuschung und Vollendung in Einem."

Positiv: Entwirft neue Kommunikations- und Beziehungsformen für die Zukunft. Technologisch hochentwickelt und seiner Zeit weit voraus. Hat Visionen für ein Zusammenleben aller Menschen jenseits von Glaube, Religion und Lebensanschauung"Jeder Mensch entwirft seine eigene Form von Religion"

Negativ: Auflösen jeglicher Konvention. Status „Die Welt ist ein Gedanke“ - Überlebensstrukturen anstelle eines festen Lebenskonzeptes. Glaubt vorwiegend an die geistige Heilung aller Probleme. Missionsähnliches Verhalten.

Ziel: Suche nach dem letzten Mysterium, der Entstehung von Leben. Visionäre Lebensformen. Empfang galaktischer Signale und Suche nach anderen, unbekannten Lebensformen. Einswerdung mit dem männlichen und weiblichen Seelenpol.

Somatische Zuordnung: Kleinhirn, Ohren, Nase, Nebenhöhlen, Augen, Zähne, Zahnfleisch, Zirbeldrüse.

Natürlicher Entwicklungszyklus: 36.- 42. Lebensjahr

Bewusste Integrationsphase: 78.- 85. Lebensjahr

7. Chakra

(Diese Themen betreffen nicht mehr die Therapieinhalte und werden nur der Vollständigkeit halber erwähnt)

Thema: Einheit mit der Schöpfung- Ursprüngliches Sein

Analogien: Universelle Liebe. Chymische Hochzeit. Satori. Verbundenheit mit seiner archetypischen Struktur, Verschmelzung mit derselben. Höhere Intelligenz oder Wahnsinn.

Energietypus: Neptunprinzip- Transzendenz und Auflösung des Seins

Positiv: Auflösung aller Bewertungsmodelle “Der Weg ist das Ziel, das Ziel ist der Weg.“ Ausschließliche Hingabe an den spirituellen Weg.

Negativ: Selbstverherrlichung oder Selbstopfer. Hingabe an einen Guru, eine Sekte oder ähnliche Gruppierungen. Fehlende eigene Lebenskonzepte.

Ziel: Verwirklichung geistiger Schöpfungskräfte. Verbundensein mit der Heilkraft der Natur, Entwicklung geistiger Heilkräfte.

Somatische Zuordnung: Großhirn, Schädeldecke, Nerven, Schlaffunktion.

Natürlicher Entwicklungszyklus: 42.- 49. Lebensjahr

Bewusste Integrationsphase: 85.- 92. Lebensjahr

Kurs- und Ausbildungsprogramm

Wir bieten Ihnen drei Möglichkeiten, unser Grundseminar- und Ausbildungsprogramm kennen zu lernen.

Sie haben folgende Möglichkeiten:

- Grundseminar für alle interessierten Personen
- Fortbildungsseminar für therapeutische Berufe und Heilpraktiker
- Ausbildung in Paralleler Reinkarnationstherapie mit Zertifikat

Die Kurse finden grundsätzlich am Wochenende oder in den Ferien statt.

Anfragen und Mitteilungen bitte direkt an:

Email: info@kritzinger.de
Tel.: 06221 - 89 56 11
Fax: 06221 - 89 53 611
Fax Ausland: +49 (0) 6221 - 89 53 611
Tel.Schweiz: + (41) 81 - 740 59 41
Tel./Fax USA: 001 – 505 466 4638

Veranstalter aus der Schweiz, Österreich und den Niederlanden wenden sich direkt an die Akademie.

Weitere Bücher, Tonträger und Video´s

von Helmut von Kritzinger (Auswahl):

Lebenslinien der Seele (Windpferd-Verlag)
ISBN 3-89385-181 X

Numerologie und Partnerschaft (Windpferd-Verlag)
ISBN 3-89385-109-7

Das Tibet-Training® (Phönix – Verlag)
ISBN 3-9807264-2-8

8 Meditationen des Lebens (Phönix – Verlag)
Nr. 3001 CD/MC Geführte Meditationen zur Heilung und Transformation

2 Meditationen zum Schutz und zur Heilung (Phönix-Verlag)
Nr. 3002 CD/MC

Führung durch das Hohe Selbst (Phönix-Verlag)
Nr. 3502 CD/MC

Seelenverwandtschaft (Phönix-Verlag)
Nr. 3505 CD/MC

Chakrameditation (Phönix-Verlag)
Nr. 3501 CD/MC Die 7 Zentren der Kraft

Der Lebensbaum (Phönix-Verlag)
Nr. 3521 CD/MC

Heilungsmeditation 1 (Phönix-Verlag)
Nr. 3500 CD/MC

Reinkarnation- Heilung der Vergangenheit (Phönix-Verlag)
3 CDs zur Reinkarnationstherapie Nr. 3661

- ☐ Bitte senden Sie mir Ihr Gesamtprospekt zu
- ☐ Senden Sie mir Ihren Kurs – und Seminarprospekt zu
- ☐ Senden Sie mir Ihre Ausbildungsunterlagen zu
- ☐ Erbitte Ihren Sonderprospekt für Gesundheitsprodukte
- ☐ Senden Sie mir bitte folgende Artikel (Bücher, CD/MC, Video) wie umseitig an meine Adresse: ______________________________
(bitte keine Postfachadresse angeben!)

Bestellungen an:

Phönix-Verlag
Leserservice

69080 Heidelberg

Name______________________
Vorname____________________
Straße______________________
PLZ/Ort_____________________